十三經古注

〔漢〕鄭 玄 等注

一

周易
尚書

中華書局

圖書在版編目(CIP)數據

十三經古注/(漢)鄭玄等注. —北京:中華書局,2014.5
(2024.6 重印)
ISBN 978-7-101-10102-7

Ⅰ.十… Ⅱ.鄭… Ⅲ.①經學②《十三經》-注釋
Ⅳ.Z126.2

中國版本圖書館 CIP 數據核字(2014)第 075008 號

責任編輯:張繼海
責任印製:管　斌

十三經古注
(全十一册)
〔漢〕鄭　玄 等注
*
中華書局出版發行
(北京市豐臺區太平橋西里 38 號　100073)
http://www.zhbc.com.cn
E-mail:zhbc@zhbc.com.cn
三河市宏達印刷有限公司印刷
*
880×1230 毫米 1/16 · 147¼印張 · 3000 千字
2014 年 5 月第 1 版　2024 年 6 月第 7 次印刷
印數:6301-8300 册　定價:590.00 元

ISBN 978-7-101-10102-7

出版說明

提起「十三經」，人們首先想到的是《十三經注疏》。的確，將注疏合在一起，使用起來很便利，但是也帶來一個問題，就是篇幅巨大，幾乎不可能通讀，一般只能查檢和翻閲。疏的内容數倍甚至數十倍於經文的篇幅，是一個重要原因。如果去掉唐宋人的疏，只保留經文和漢晉古注，則整套十三經將簡潔輕便得多。

昔賢早已注意及此，宋元以來，有各種「十三經古注」的刊刻。上世紀二三十年代，中華書局出版《四部備要》，便是既收「十三經古注」，也收「十三經注疏」，正是考慮到了讀者的不同需求。今人有瞭解國學、閲讀原典的願望，但是苦於時間有限，對於像十三經這樣的大部頭圖書，就迫切需要一部篇幅適中的版本。而不帶疏的經文加古注本，恰好符合了這種要求。

遺憾的是，迄今爲止，「十三經古注」還没有一套經過嚴格整理校訂的合用的現代版本。經過比較，我們認爲《四部備要》中的「十三經古注」具有幾個相對的明顯優勢：第一，這是一個近代的排印本，全部用精緻的聚珍仿宋版排印，版式美觀悦目；第二，經文和注文全部有斷句，經文加圓圈，注文用黑點，方便閲讀；第三，底本選擇精善，校刻認真，錯訛很少。鑒於此，我們決定利用《四部備要》的洋裝斷句本進行影印。

《四部備要》中的「十三經古注」，其各書情況如下：

周易王韓注	十卷
尚書孔傳	十三卷
毛詩鄭箋	二十卷
周禮鄭注	四十二卷
儀禮鄭注	十七卷
禮記鄭注	二十卷
春秋左氏傳杜氏集解	三十卷
春秋公羊傳何氏解詁	二十八卷
春秋穀梁傳范氏集解	二十卷
孝經唐玄宗御注	九卷

論語何氏等集解　二十卷
孟子趙注　十四卷
爾雅郭注　十一卷

以上合計共二百五十四卷。

十三部書中，《周易》、《尚書》、《毛詩》、《禮記》和《春秋經傳集解》五部書用相臺岳氏家塾本爲底本，另外八部書用明永懷堂本爲底本。凡是以永懷堂本爲底本的，書前皆有目録，中縫文字包括書名、卷次和篇目三項；而凡是以相臺岳氏家塾本爲底本的，書前没有目録，中縫文字則只有書名和卷次兩項。爲了體例統一和方便使用，我們此次在每册書前統一編製了新的目録。新目録中頁碼用漢字表示，與之對應的正文頁碼用阿拉伯數字表示。個别原本目録有錯誤的，比如《周禮》部分，則新目録予以訂正。中縫文字缺篇目的五部經書，則用字號相近的仿宋體字予以補排。

在編製目録時，我們想到了《四部備要書目提要》一書，有必要在這裏説一下。這部《四部備要書目提要》是上世紀三十年代中華書局專門爲《四部備要》編製的，綫裝四册。在該《提要》中，每一種書除了列載書名和卷數外，還有「著者小傳」、「本書略述」和「卷目」三項，非常實用。受它的啓發，我們在新編目録之後增列了「著者小傳」一項，基本上照録了《四部備要書目提要》的内容，施以現代標點，使讀者得以讀其書而知其人。

在參考《四部備要書目提要》時，我們發現「十三經古注」中所收的《孝經》標爲「唐玄宗御注」，而《孝經》正文則標爲「漢鄭氏注」。經過核對，確認所收《孝經》是唐玄宗注，不是鄭玄注。由於是影印，我們未對《孝經》正文作任何處理，這裏特别指出來，請讀者注意。

這十三部經書，篇幅相差懸殊。爲了方便取閲和庋藏，我們採用了分册函裝的方式。《周易》和《尚書》合爲一册，《孝經》和《論語》合爲一册，其他各經單獨成册，這樣共成十一册。

特此説明。

中華書局編輯部
二〇一四年二月

本册目録

周易
卷第一
上經
乾……三
坤……五
屯……六
蒙……七
需……七
訟……八
師……九
比……九
小畜……一〇
履……一〇
卷第二
上經
泰……一三
否……一三
同人……一四
大有……一四
謙……一五
豫……一五
隨……一六
蠱……一六
臨……一七
觀……一七
卷第三
上經
噬嗑……一九
賁……一九
剥……二〇
復……二〇
无妄……二一
大畜……二一
頤……二三
大過……二三
坎……二三
離……二四
卷第四
下經
咸……二五
恒……二五
遯……二六
大壯……二六

晉……二七
明夷……二七
家人……二八
睽……二八
蹇……二九
解……三〇
損……三〇
益……三一
卷第五
下經
夬……三三
姤……三三
萃……三四
升……三五
困……三五
井……三六
革……三七
鼎……三七
震……三八
艮……三九
漸……三九
歸妹……四〇
卷第六
下經
豐……四三
旅……四三
巽……四四
兑……四五
渙……四五
節……四五
中孚……四六
小過……四六
既濟……四七
未濟……四八
卷第七
繫辭上……五一
卷第八
繫辭下……五七
卷第九
説卦……六三
序卦……六四
雜卦……六六
卷第十
周易略例……六九

［著者小傳］王弼，三國魏山陽人。字輔嗣。少知名，好論儒道，游才逸辨。注《易》及《老子》。爲尚書郎。年二十餘卒。韓伯，晉長社人。字康伯。幼穎悟，及長，清和有思理，留心文藝。其舅殷浩稱爲「出羣之器」。仕至吏部尚書、領軍將軍，改太常，未拜而卒。

尚書

尚書序……七九
卷第一
虞書
堯典……八一
舜典……八三
卷第二
虞書
大禹謨……八七
皋陶謨……八九
益稷……九〇
卷第三
夏書
禹貢……九三
甘誓……九六
五子之歌……九七
胤征……九七
卷第四
商書
湯誓……九九
仲虺之誥……九九
湯誥……一〇〇
伊訓……一〇一
太甲上……一〇二
太甲中……一〇二
太甲下……一〇三
咸有一德……一〇三
卷第五
商書
盤庚上……一〇五
盤庚中……一〇六
盤庚下……一〇七
說命上……一〇八

說命中……一〇九
說命下……一〇九
高宗肜日……一一〇
西伯戡黎……一一〇
微子……一一一
卷第六
周書
泰誓上……一一三
泰誓中……一一三
泰誓下……一一四
牧誓……一一五
武成……一一五
卷第七
周書
洪範……一一九
旅獒……一二一
金縢……一二二
大誥……一二三
微子之命……一二五
卷第八
周書
康誥……一二七
酒誥……一二九
梓材……一三一
召誥……一三二
卷第九
周書
洛誥……一三五
多士……一三七
無逸……一三八
卷第十
周書
君奭……一四一
蔡仲之命……一四三
多方……一四三
立政……一四六
卷第十一
周書
周官……一四九
君陳……一五〇
顧命……一五一
康王之誥……一五三
卷第十二
周書
畢命……一五五
君牙……一五六
冏命……一五六
呂刑……一五七

卷第十三
周書
文侯之命……一六一
費誓……一六一
秦誓……一六二

［著者小傳］孔安國，漢人，孔子後，字子國。受《詩》於申公，受《尚書》於伏生。魯恭王壞孔子舊宅，於壁中得古文《尚書》及《論語》、《孝經》，皆科斗文字，當時無能知者。安國以今文讀之，承詔作《書傳》，定爲五十八篇，以授都尉朝，謂之古文《尚書》之學。又爲《古文孝經傳》、《論語訓解》。武帝朝官諫大夫、臨淮太守。

周易

四部備要

經部

上海中華書局據相臺岳氏家塾本校刊

桐鄉　陸費逵總勘

杭縣　高時顯　吳汝霖輯校

杭縣　丁輔之監造

周易上經乾傳第一

王弼註

☰☰乾下乾上乾元亨利貞初九潛龍勿用文言備矣○〔乾〕竭然反〔亨〕許庚反九二見龍在田利見大人出潛離隱故曰見龍處於地上故曰在田德施周普居中不偏雖非君位君之德也初則不彰三則乾乾四則或躍上則過亢利見大人唯二五焉○〔見〕龍音現下見龍皆同利〔見〕如字下皆同〔離〕力智反〔處〕昌呂反衆經不音者放此〔施〕〔亢〕見後九三君子終日乾乾夕惕若厲无咎處下體之極居上體之下在不中之位履重剛之險上不在天未可以安其尊也下不在田未可以寧其居也純脩下道則居上之德廢純脩上道則處下之禮曠故終日乾乾至于夕惕猶若厲也居上不驕在下不憂因時而惕不失其幾雖危而勞可以无咎處下卦之極愈於上九之亢故竭知力而後免於咎也乾三以處下卦之上故免亢龍之悔坤三以處下卦之上故免龍戰之災○〔惕〕他歷反〔厲〕力世反〔无〕音無易內皆作此字〔咎〕其久反易內同〔重〕直龍反下同〔知〕音智九四或躍在淵无咎去下體之極居上體之下乾道革之時也上不在天下不在田中不在人履重剛之險而无定位所處斯誠進退无常之時也近乎尊位欲進其道迫乎在下非躍所及欲靜其居居非所安持疑猶與未敢決志用心存公進不在私疑以爲慮不謬於果故无咎也○〔躍〕羊灼反〔上〕音可意會〔猶〕以救反〔與〕音預〔謬〕靡幼反九五飛龍在天利見大人不行不躍而在乎天非飛如何故曰飛龍也龍德在天則大人之路亨也夫位以德興德以位敘以至德而處盛位萬物之覩不亦宜乎○〔夫〕音符下皆同上九亢龍有悔用九見羣龍无首吉九天之德也能用天德乃見羣龍之義焉夫以剛健而居人之首則物之所不與也以柔順而爲不正則佞邪之道也故乾吉在无首坤利在永貞○〔亢〕苦浪反彖曰大哉乾元萬物資始乃統天雲行雨施品物流形大明終始六位時成時乘六龍以御天乾道變化各正性命天也者形之名也健也者用形者也夫形也者物之累也有天之形而能永保无虧爲物之首統之者豈非至健哉大明乎終始之道故六位不失其時而成升降无常隨時而用處則乘潛龍出則乘飛龍故曰時乘六龍也乘變化而御大器靜專動直不失大和豈非正性命之情者邪○〔彖〕吐亂反斷也〔施〕始豉反卦內皆同〔累〕劣僞反保合大和乃利貞不和而剛暴首出庶物萬國咸寧萬國所以寧各以有君也象曰天行健君子以自強不息潛龍勿用陽在下也見龍在田德施普也終日乾乾反復道也以上言之則不驕以下言之則不憂反復皆道也○〔復〕芳服反或躍在淵進无咎也飛龍在天大人造也亢龍有悔盈不可久也用九天德不可爲首也○文言曰元者善之長也亨者嘉之會也利者義之和也貞者事之幹也君子體仁足以長人嘉會足以合禮利物足以和義貞固足以幹事君子行此四德者故曰乾元亨利貞初九曰潛龍勿用何謂也子曰龍德而隱者也不易乎世不爲世俗所移易也○〔造〕鄭徂早反王肅七到反〔長〕張丈反〔幹〕古旦反不成乎名遯世无悶不見是而无悶樂則行之憂則違之確乎其不可拔潛龍也九二曰見龍在田利見大人何謂也子曰龍德而正中者也庸言之信庸行之謹閑邪存其誠善世而不伐德博而化易曰見龍在田利見大人君德也九三曰君子終日乾乾夕惕若厲无咎何謂

也子曰君子進德脩業忠信所以進德也脩辭立其誠所以居業也知至至之可與幾也知終終之可與存義也處一體之極是至也居一卦之盡是終也處事之至而不犯咎知至者也故可與成務矣處終而能全其終知終者也夫進物之速者義不若利存物之終者利不及義故靡不有初鮮克有終夫可與存義者其唯知終者乎○〔遯〕徒頓反〔悶〕門遜反〔樂〕音洛〔確〕苦學反〔拔〕蒲八反〔庸行〕下孟反〔幾〕既依反注同是故居上位而不驕在下位而不憂居下體之上在上體之下明夫終敝故不驕也知夫至至故不憂也故乾乾因其時而惕雖危无咎矣惕怵惕之謂也處事之極失時則廢懈怠則曠故因其時而惕雖危无咎○〔怵〕敕律反〔懈〕佳賣反九四曰或躍在淵无咎何謂也子曰上下无常非爲邪也進退无恒非離羣也君子進德脩業欲及時也故无咎九五曰飛龍在天利見大人何謂也子曰同聲相應同氣相求水流溼火就燥雲從龍風從虎聖人作而萬物覩本乎天者親上本乎地者親下則各從其類也上九曰亢龍有悔何謂也子曰貴而无位高而无民下无陰也賢人在下位而无輔賢人雖在下而當位不爲之助○〔當〕都浪反易內皆同是以動而有悔也處上卦之極而不當位故盡其闕也獨立而動物莫之與矣乾文言首不論乾而先說元下乃曰乾何也夫乾者統行四事者也君子以自強不息行此四者故首不論乾而下曰乾元亨利貞餘爻皆說龍至於九三獨以君子爲目何也夫易者象也象之所生生於義也有斯義然後明之以其物故以龍敘乾以馬明坤隨其事義而取象焉是故初九九二龍德皆應其義故可論龍以明之也至於九三乾乾夕惕非龍德也明以君子當其象矣統而舉之乾體皆龍別而敘之各隨其義

潛龍勿用下也見龍在田時舍也終日乾乾行事也或躍在淵自試也飛龍在天上治也亢龍有悔窮之災也乾元用九天下治也此一章全以人事明之也九陽也陽剛直之物也夫能全用剛直放遠善柔非天下至理未之能也故乾元用九則天下治也夫識物之動則其所以然之理皆可知也龍之爲德不爲妄者也潛而勿用何乎必窮處於下也見而在田必以時之通舍也以爻爲人以位爲時人不妄動則時皆可知也文王明夷則主可知矣仲尼旅人則國可知矣○〔遠〕去聲潛龍勿用陽氣潛藏見龍在田天下文明終日乾乾與時偕行與天時俱不息或躍在淵乾道乃革飛龍在天乃位乎天德亢龍有悔與時偕極與時運俱終極乾元用九乃見天則此一章全說天氣以明之也九剛直之物唯乾體能用之用純剛以觀天天則可見矣乾元者始而亨者也利貞者性情也不爲乾元何能通物之始不性其情何能久行其正是故始而亨者必乾元也利而正者必性情也乾始能以美利利天下不言所利大矣哉大哉乾乎剛健中正純粹精也六爻發揮旁通情也時乘六龍以御天也雲行雨施天下平也君子以成德爲行日可見之行也潛之爲言也隱而未見行而未成是以君子弗用也君子學以聚之問以辯之以君德而處下體資納於物者也○〔粹〕雖遂反爲〔行〕下孟反下之行行而皆同未〔見〕賢遍反〔辯〕如字寬以居之仁以行之易曰見龍在田利見大人君德也九三重剛而不中上不在天下不在田故乾乾因其時而惕雖危无咎矣

九四重剛而不中上不在天下不在田中不在人故或之或之者疑之也故无咎夫大人者與天地合其德與日月合其明與四時合其序與鬼神合其吉凶先天而天弗違後天而奉天時天且弗違而況於人乎況於鬼神乎亢之為言也知進而不知退知存而不知亡知得而不知喪其唯聖人乎知進退存亡而不失其正者其唯聖人乎○〔重剛〕直龍反下同〔夫〕音符發端之字皆放此〔先〕悉薦反〔後〕胡豆反〔喪〕息浪反

䷁坤下坤上坤元亨利牝馬之貞坤貞之所利利於牝馬也馬在下而行者也而又牝焉順之至也至順而後乃亨故唯利於牝馬之貞○〔坤〕困魂反〔牝〕頻忍反君子有攸往先迷後得主利西南得朋東北喪朋安貞吉西南致養之地與坤同道者也故曰得朋東北反西南者也故曰喪朋陰之為物必離其黨之於反類而後獲安貞吉○〔攸〕音由〔喪〕息浪反下並同〔離〕力智反彖曰至哉坤元萬物資生乃順承天坤厚載物德合无疆含弘光大品物咸亨牝馬地類行地无疆地之所以得无疆者以卑順行之故也乾以龍御天坤以馬行地○〔疆〕居良反柔順利貞君子攸行先迷失道後順得常西南得朋乃與類行東北喪朋乃終有慶安貞之吉應地无疆地也者形之名也坤也者用地者也夫兩雄必爭二主必危有地之形與剛健為耦而能永保无疆用之者不亦至順乎若夫行之不以牝馬利之不以永貞方而又剛柔而又圓求安難矣象曰地勢坤地形不順其勢順君子以厚德載物初六履霜堅冰至始於履霜至于堅冰所謂至柔而動也剛陰之為道本於卑弱而後積著者也故取履霜以明其始陽之為物非基於始以至於著者也故以出處明之則以初為潛○〔著〕張慮反象曰履霜堅冰陰始凝也馴致其道至堅冰也六二直方大不習无不利居中得正極於地質任其自然而物自生不假脩營而功自成故不習焉而无不利○〔凝〕魚冰反〔馴〕似遵反象曰六二之動直以方也動而直方任其質也不習无不利地道光也六三含章可貞或從王事无成有終三處下卦之極而不疑於陽應斯義者也不為事始須唱乃應待命乃發含美而可正者也故曰含章可貞也有事則從不敢為首故曰或從王事也不為事主順命而終故曰无成有終也象曰含章可貞以時發也或從王事知光大也知慮光大故不擅其美○〔知〕音智注同六四括囊无咎无譽處陰之卦以陰居陰履非中位无直方之質不造陽事无含章之美括結否閉賢人乃隱施慎則可非泰之道○〔括〕古活反〔囊〕乃剛反〔譽〕音餘又音預〔造〕七到反〔否〕皮鄙反象曰括囊无咎慎不害也六五黃裳元吉黃中之色也裳下之飾也坤為臣道美盡於下夫體无剛健而能極物之情通理者也以柔順之德處於盛位任夫文理者也垂黃裳以獲元吉非用武者也極陰之盛不至疑陽以文在中美之至也象曰黃裳元吉文在中也用黃裳而獲元吉以文在中也上六龍戰于野其血玄黃陰之為道卑順不盈乃全其美盛而不已固陽之地陽所不堪故戰于野象曰龍戰于野其道窮也用六利永貞用六之利利永貞也象曰用六永貞以大終也能以永貞大終者也文言曰坤至柔而動也剛至靜而德方動之方正不為邪也柔而又圓消之道也其德至靜德必方也後得主而有常含萬物而化光坤道其順乎承天而時行積

善之家必有餘慶積不善之家必有餘殃臣弑其君
子弑其父非一朝一夕之故其所由來者漸矣由辯
之不早辯也易曰履霜堅冰至蓋言順也直其正也
方其義也君子敬以直內義以方外敬義立而德不
孤直方大不習无不利則不疑其所行也陰雖有美
含之以從王事弗敢成也地道也妻道也臣道也地
道无成而代有終也天地變化草木蕃天地閉賢人
隱易曰括囊无咎无譽蓋言謹也君子黃中通理正
位居體美在其中而暢於四支發於事業美之至也
陰疑於陽必戰辯之不早疑盛乃動故必戰○[殃]於良反[弑]式志反[蕃]伐袁反[暢]敕亮反
爲其嫌於无陽也爲其嫌於非陽而戰○[爲]于僞反[嫌]戶謙反故稱龍焉
猶未離其類也猶未失其陰類爲陽所滅○[離]力智反故稱血焉猶與陽戰
而相傷故稱血夫玄黃者天地之雜也天玄而地黃

䷂震下坎上屯元亨利貞剛柔始交是以屯也不交則否故屯乃大亨也大亨則无
險故利貞○[屯]張倫反[否]備鄙反勿用有攸往往益屯也利建侯得主則定○則
定本亦作則彖彖曰屯剛柔始交而難生動乎險中大亨貞
始於險難至於大亨而後全正故曰屯元亨利貞○[難]乃旦反卦內同雷雨之動滿盈
雷雨之動乃得滿盈皆剛柔始交之所爲天造草昧宜建侯而不寧屯體不寧
故利建侯也屯者天地造始之時也造物之始始於冥昧故曰草昧也處造始之時所宜之善莫善建侯
也○[造]徂早反[昧]音妹象曰雲雷屯君子以經綸君子經綸之時初九

磐桓利居貞利建侯處屯之初動則難生不可以進故磐桓也處此時也其利安在
不唯居貞建侯乎夫息亂以靜守靜以侯安民在正弘正在謙屯難之世陰求於陽弱求於強民思其主
之時也初處其首而又下焉爻備斯義宜其得民也○[磐]步干反象曰雖磐桓志行
正也不可以進故磐桓也非爲宴安棄成務也故雖磐桓志行正也以貴下賤大得
民也陽貴而陰賤也○[下]遐嫁反六二屯如邅如乘馬班如匪寇
婚媾女子貞不字十年乃字志在乎五不從於初屯難之時正道未行與初
相近而不相得困於侵害故屯邅也時方屯難正道未通涉遠而行難可以進故曰乘馬班如也寇謂初
也无初之難則與五婚矣故曰匪寇婚媾也志在於五不從於初故曰女子貞不字也屯難之世勢不過
十年者也十年則反常反常則本志斯獲矣故曰十年乃字○[邅]張連反[乘]繩證反又音繩[媾]古后反
象曰六二之難乘剛也十年乃字反常也六三即鹿
无虞惟入于林中君子幾不如舍往吝三既近五而无寇難四
比五其志在初不妨己路可以進而无屯邅也見路之易不揆其志五應在二往必不納何異无虞以從
禽乎雖見其禽而无其虞徒入于林中其可獲乎幾辭也夫君子之動豈取恨辱哉故不如舍往吝窮也
○[幾]音祈又音機[舍]式夜反止也徐音捨[吝]力刃反[比]皮志反下皆同[易]以豉反象曰即鹿
无虞以從禽也君子舍之往吝窮也六四乘馬班如
求婚媾往吉无不利二雖比初執貞不從不害己志者也求與合好往必見納矣故
曰往吉无不利[好]呼報反下同○象曰求而往明也見彼之情狀也九五屯
其膏小貞吉大貞凶處屯難之時居尊位之上不能恢弘博施无物不與拯濟微滯
亨于群小而繫應在二屯難其膏非能光其施者也固志同好不容他間小貞之吉大貞之凶○[施]式豉
反下文同象曰屯其膏施未光也上六乘馬班如泣血漣

如處險難之極下无應援進无所適雖比於五五屯其膏不與相得居不獲安行无所適窮困闉厄无所委仰故泣血漣如○[漣]音連象曰泣血漣如何可長也○[長]直良反

䷃坎下艮上蒙亨匪我求童蒙童蒙求我初筮告再三瀆瀆則不告筮者決疑之物也童蒙之來求我欲決所惑也決之不一不知所從則復惑也故初筮則告再三則瀆瀆蒙也能爲初筮其唯二乎以剛處中能斷夫疑者也○[筮]市制反[告]古毒反[三]息暫反又如字[瀆]音獨利貞蒙之所利乃利正也夫明莫若聖昧莫若蒙蒙以養正乃聖功也然則養正以明失其道矣象曰蒙山下有險險而止蒙退則困險進則閡山不知所適蒙之義也○[閡]五代反蒙亨以亨行時中也時之所願唯願亨也以亨行之得時中也○[中]張仲反注同又如字匪我求童蒙童蒙求我志應也我謂非童蒙者也非童蒙者即陽也凡不識者求問識者識者不求所告闇者求明明者不諮於闇故蒙之爲義匪我求童蒙童蒙求我也童蒙之來求我志應故也初筮告以剛中也謂二也二爲衆陰之主也无剛決中何由得初筮之告乎再三瀆瀆則不告瀆蒙也蒙以養正聖功也象曰山下出泉蒙山下出泉未知所適蒙之象也君子以果行育德果行者初筮之義也育德者養正之功也○[行]下孟反下並同初六發蒙利用刑人用說桎梏以往吝處蒙之初二照其上故蒙發也蒙發疑明刑說當也以往吝刑不可長○[說]吐活反又音稅[桎]音質[梏]古毒反在足曰桎在手曰梏象曰利用刑人以正法也刑人之道道所惡也以正法制故刑人也○[惡]烏路反九二包蒙吉納婦吉子克家以剛居中童蒙所歸包而不距則遠近咸至故曰包蒙吉也婦者配己而成德者也體陽而能包蒙以剛而能居中以此納配物莫不應故納婦吉也處于卦內以剛接柔親而得中能幹其任施之於子克家之義象曰子克家剛柔接也

六三勿用取女見金夫不有躬无攸利童蒙之時陰求於陽晦求於明各求發其昧者也六三在下卦之上上九在上卦之上男女之義也上不求三而三求上女先求男者也女之爲體正行以待命者也見剛夫而求之故曰不有躬也施之於女行在不順故勿用取女而无攸利○[取]七住反下同象曰勿用取女行不順也六四困蒙吝獨遠於陽處兩陰之中闇莫之發故曰困蒙也困於蒙昧不能比賢以發其志亦以鄙矣故曰吝也○[遠]于萬反下同象曰困蒙之吝獨遠實也陽稱實也六五童蒙吉以夫陰質居於尊位不自任察而委於二付物以能不勞聰明功斯克矣故曰童蒙吉象曰童蒙之吉順以巽也委物以能不先爲順以巽也○[巽]音遜上九擊蒙不利爲寇利禦寇處蒙之終以剛居上能擊去童蒙以發其昧者也故曰擊蒙也童蒙願發而己能擊去之合上下之願故莫不順也爲之扞禦則物咸附之若欲取之則物咸叛矣故不利爲寇利禦寇也○[擊]經歷反[去]起呂反象曰利用禦寇上下順也

䷄乾下坎上需有孚光亨貞吉利涉大川象曰需須也險在前也剛健而不陷其義不困窮矣需有孚光亨貞吉位乎天位以正中也謂五也位乎天位用其中正以此待物需道畢矣故光亨貞吉○[需]音須[孚]音敷利涉大川往有功也乾德獲進往輒亨也象曰雲上於天需君子以飲食宴樂童蒙已發盛德光亨飲食宴樂其在茲乎○[上]時掌反[宴]烏練反[樂]音洛初九需于郊利用恒无咎居需之時最遠於難能抑其進以遠險待時雖不應幾可以保常也○[遠]于萬反下同[難]乃旦反下文同象曰需于郊不犯難行也利用恒无咎未失常也九二需于沙小有言終吉轉近於難故曰需于沙也不至致寇故曰小有言也近不逼難遠不後時履健

居中以待其會雖小有言以吉終也○〔後〕胡豆反象曰需于沙衍在中也雖
小有言以吉終也九三需于泥致寇至以剛逼難欲進其道所以
招寇而致敵也猶有須焉不陷其剛寇之來也自我所招敬慎防備可以不敗○〔衍〕以善反象曰
需于泥災在外也自我致寇敬慎不敗也六四需于
血出自穴凡稱血者陰陽相傷者也陰陽相近而不相得陽欲進而陰塞之則相害也穴者陰
之路也處坎之始居穴者也九三剛進四不能距見侵則辟順以聽命者也故曰需于血出自穴也○〔辟〕
音避下同象曰需于血順以聽也九五需于酒食貞吉需之
所須以待達也己得天位暢其中正无所復須故酒食而已獲貞吉也○〔已〕音紀又音已象曰酒
食貞吉以中正也上六入于穴有不速之客三人來
敬之終吉六四所以出自穴者以不與三相得而塞其路不辟則害故不得不出自穴而辟之
也至於上六處卦之終非塞路者也與三爲應三來之己乃爲己援故无畏害之辟而乃有入穴之固也
三陽所以不敢進者須難之終也難終則至不待召也己居難終故自來也處无位之地以一陰而爲三
陽之主故必敬之而後終吉象曰不速之客來敬之終吉雖不當
位未大失也處无位之地不當位者也敬之則得終吉故雖不當位未大失也
䷅坎下乾上訟有孚窒惕中吉窒謂窒塞也能惕然後可以獲中吉○〔訟〕才用
反〔窒〕張栗反〔惕〕湯歷反終凶利見大人不利涉大川象曰訟上
剛下險險而健訟訟有孚窒惕中吉剛來而得中也
終凶訟不可成也利見大人尚中正也不利涉大川
入于淵也凡不和而訟无施而可涉難特甚焉唯有信而見塞懼者乃可以得吉也猶復不可
終中乃吉也不閉其源使訟不至雖每不枉而訟至終竟此亦凶矣故雖復有信而見塞懼猶不可以爲

終也故曰訟有孚窒惕中吉終凶也无善聽者雖有其實何由得明而令有信塞懼者得其中吉必有善
聽之主焉其在二乎以剛而來正夫羣小斷不失中應斯任也○〔難〕乃旦反〔復〕扶又反〔令〕力呈反〔斷〕丁亂
反象曰天與水違行訟君子以作事謀始聽訟吾猶人也必也
使无訟乎无訟在於謀始謀始在於作制契之不明訟之所以生也物有其分職不相濫爭何由興訟之
所以起契之過也故有德司契而不責於人○〔契〕苦計反〔分〕符問反初六不永所事小
有言終吉處訟之始訟不可終故不永所事然後乃吉凡陽唱而陰和陰非先唱者也四召而
應見犯乃訟處訟之始不爲訟先雖不能不訟而了訟必辯明也象曰不永所事訟
不可長也雖小有言其辯明也九二不克訟歸而逋
其邑人三百戶无眚以剛處訟不能下物自下訟上宜其不克若能以懼歸竄其邑
乃可以免災邑過三百非爲竄也竄而據強災未免也○〔逋〕補吳反〔眚〕生領反〔竄〕七亂反象曰不
克訟歸逋竄也自下訟上患至掇也六三食舊德貞
厲終吉或從王事无成體夫柔弱以順於上不爲九二自下訟上不見侵奪保全
其有故得食其舊德而不失也居爭訟之時處兩剛之閒而皆近不相得故曰貞厲柔體不爭繫應在上
衆莫能傾故曰終吉上壯爭勝難可忤也故或從王事不敢成也○〔掇〕徐都活反象曰食舊
德從上吉也九四不克訟初辯明也復即命渝安貞吉處上
訟下可以改變者也故其咎不大若能反從本理變前之命安貞不犯不失其道爲仁由己故吉從之○
〔渝〕以朱反象曰復即命渝安貞不失也九五訟元吉處得尊位
爲訟之主用其中正以斷枉直中則不過正則不邪剛无所溺公无所偏故訟元吉象曰訟元
吉以中正也上九或錫之鞶帶終朝三褫之處訟之極以剛
居上訟而得勝者也以訟受錫榮何可保故終朝之閒褫帶者三也○〔錫〕星歷反〔鞶〕步干反〔三〕息暫反或

如字。〔褫〕敕紙反。象曰：以訟受服，亦不足敬也。

䷆坎下坤上　師：貞，丈人吉，无咎。丈人，嚴莊之稱也。為師之正，丈人乃吉也。興役動衆无功，罪也，故吉乃无咎也。○〔稱〕尺證反。象曰：師，衆也。貞，正也。能以衆正，可以王矣。剛中而應，行險而順，以此毒天下，而民從之，吉又何咎矣。毒猶役也。○〔王〕如字，又往況反。〔毒〕徒篤反。象曰：地中有水，師。君子以容民畜衆。初六：師出以律，否臧凶。為師之始，齊師者也。齊衆以律，失律則散，故師出以律，律不可失。失律而臧，何異於否？失令有功，法所不赦，故師出不以律，否臧皆凶。○〔畜〕敕六反，王許六反。〔否〕音鄙，馬方有反。〔臧〕作郎反。象曰：師出以律，失律凶也。九二：在師中，吉无咎，王三錫命。以剛居中，而應於上。在師而得其中者也。承上之寵，為師之主，任大役重，无功則凶，故吉乃无咎也。行師得吉，莫善懷邦，邦懷衆服，錫莫重焉，故乃得成命。象曰：在師中吉，承天寵也。王三錫命，懷萬邦也。六三：師或輿尸，凶。以陰處陽，以柔乘剛，進則无應，退无所守，以此用師，宜獲輿尸之凶。象曰：師或輿尸，大无功也。六四：師左次，无咎。得位而无應，无應不可以行，得位則可以處，故左次之而无咎也。行師之法，欲右背高，故左次之。象曰：左次无咎，未失常也。雖不能有獲，足以不失其常也。六五：田有禽，利執言，无咎。長子帥師，弟子輿尸，貞凶。處師之時，柔得尊位，陰不先唱，柔不犯物，犯而後應，往必得直，故田有禽也。物先犯己，故可以執言而无咎也。柔非軍帥，陰非剛武，故不躬行，必以授也。授不得主，則衆不從，故長子帥師可也，弟子之凶，固其宜也。○〔長〕上聲，下同。〔帥〕音率，又色類反。象曰：長子帥師，以中行也。弟子輿尸，使不當也。上六：大君有命，開國承家，小人勿用。處師之極，師之終也。大君之命，不失功也。開國承家，以寧邦也。小人勿用，非其道也。象曰：大君有命，以正功也。小人勿用，必亂邦也。

䷇坤下坎上　比：吉。原筮元永貞，无咎。不寧方來，後夫凶。象曰：比，吉也。比，輔也。下順從也。原筮元永貞无咎，以剛中也。處比之時，將原筮以求无咎，其唯元永貞乎？夫羣黨相比，而不以元永貞，則凶邪之道也。若不遇其主，則雖永貞而猶未足免於咎也。使永貞而无咎者，其唯九五乎？○〔比〕毗志反。不寧方來，上下應也。上下无陽以分其民，五獨處尊，莫不歸之，上下應之，既親且安，安則不安者託焉，故不寧方所以來，上下應故也。夫无者求有，有者不求所與；危者求安，安者不求所保。火有其炎，寒者附之，故己苟安焉，則不寧之方皆來矣。後夫凶，其道窮也。將合和親，而獨在後，親成則誅，是以凶也。象曰：地上有水，比。先王以建萬國，親諸侯。萬國以比建，諸侯以比親。初六：有孚比之，无咎。有孚盈缶，終來有它吉。處比之始，為比之首者也。夫以不信為比之首，則禍莫大焉，故必有孚盈缶，然後乃得免比之咎，故曰有孚比之无咎也。處比之首，應不在一，心无私吝，則莫不比之。著信立誠，盈溢乎質素之器，則物終來无衰竭也。親乎天下，著信盈缶，應者豈一道而來？故必有它吉也。○〔缶〕方有反。〔它〕敕多反。象曰：比之初六，有它吉也。六二：比之自內，貞吉。處比之時，居中得位，而繫應在五，不能來它，故得其自內貞吉而已。象曰：比之自內，不自失也。六三：比之匪人。四自外比，二為五貞，近不相得，遠則无應，所與比者，皆非己親，故曰比之匪人。象曰：比之匪人，不亦傷乎！六四：外比之，貞吉。外比於五，履得其位，比不失賢，處不失位，故貞吉也。象曰：外比於賢，以從上也。九五：顯比，王用三驅，失前禽，邑人不誡，吉。為比之主，而有應在二，顯比者也。比而顯

之則所親者狹矣夫无私於物唯賢是與則去之與來皆无失也夫三驅之禮禽逆來趣己則舍之背己
而走則射之愛於來而惡於去也故其所施常失前禽也以顯比而居王位用三驅之道者也故曰王用
三驅失前禽也用其中正征討有常伐不加邑動必討叛邑人无虞故不誠也雖不得乎大人之吉是顯
比之吉也此可以爲上之使非爲上之道○射食亦反惡烏路反象曰顯比之吉位
正中也舍逆取順失前禽也邑人不誠上使中也上
六比之无首凶无首後也處卦之終是後夫也親道已成无所與終爲時所棄宜其凶也
○舍音捨象曰比之无首无所終也
䷈乾下巽上小畜亨不能畜大止健剛志故行是以亨○畜敕六反密雲不雨
自我西郊象曰小畜柔得位而上下應之曰小畜謂六
四也成卦之義在此爻也體无二陰以分其應故上下應之也既得其位而上下應之三不能陵小畜之
義健而巽剛中而志行乃亨密雲不雨尚往也自我
西郊施未行也小畜之勢足作密雲乃自我西郊未足以爲雨也何由知未能爲雨夫能
爲雨者陽上薄陰陰能固之然後烝而爲雨今不能制初九之復自道固九二之牽復九三更以不能復
爲劣也下方尚往施豈得行故密雲而不能爲雨尚往故也何以明之夫陰能固之然後乃雨上九獨
能固九三之路故九三不可以進而輿說輻也能固其路而安於上故得既雨既處若四五皆能若上九
之善畜則能雨明矣故舉一卦而論之能爲小畜密雲而已陰苟不足以固陽則雖復至盛密雲自我西
郊故不能雨也雨之未下即施之未行也彖全論一卦之體故曰密雲不雨象各言一爻之德故曰既雨
既處也○施始豉反說吐活反象曰風行天上小畜君子以懿文德
未能行其施者故可以懿文德而已初九復自道何其咎吉處乾之始以升巽初
四爲己應不距己者也以陽升陰復自其道順而无違何所犯咎得義之吉象曰復自道

其義吉也九二牽復吉處乾之中以升巽五五非畜極非固己者也雖不能若陰
之不違可牽以獲復是以吉也象曰牽復在中亦不自失也九三輿
說輻夫妻反目上爲畜盛不可牽征以斯而進故必說輻也己爲陽極上爲陰長畜於陰
長不能自復方之夫妻反目之義也○輿音餘輻音福象曰夫妻反目不能正
室也六四有孚血去惕出无咎夫言血者陽犯陰也四乘於三近不相得
三務於進而己隔之將懼侵克者也上亦惡三而能制焉志與上合共同斯誠三雖逼己而不能犯故得
血去懼除保无咎也去起呂反惡烏路反○象曰有孚惕出上合志也九
五有孚攣如富以其鄰處得尊位不疑於二來而不距二牽己攣不爲專固有孚
攣如之謂也以陽居陽處實者也居盛處實而不專固富以其鄰者也○攣力專反徐力轉反象曰
有孚攣如不獨富也上九既雨既處尚德載婦貞厲
月幾望君子征凶處小畜之極能畜者也陽不獲亨故既雨也剛不能侵故既處也體
巽處上剛不敢犯尚德者也爲陰之長能畜剛健德積載者也婦制其夫臣制其君雖貞近危故曰婦貞
厲也陰之盈盛莫盛於此故曰月幾望也滿而又進必失其道陰疑於陽必見戰伐雖復君子以征必凶
故曰君子征凶○幾徐音祈又音機象曰既雨既處德積載也君子征
凶有所疑也夫處下可以征而无咎者唯泰也則然坤本體下又順而弱不能敵剛故可以
全其類征而吉自此以往則其進各有難矣夫巽雖不能若艮之善畜猶不肯爲坤之順從也故可得
少進不可盡陵也是以初九九二其復則可至於九三則輿說輻也夫大畜者畜之極也畜而不已畜
極則通是以其畜之盛在於四五至于上九道乃大行小畜積極而後乃能畜是以四五可以上進而上九
說征之輻
䷉兌下乾上履虎尾不咥人亨彖曰履柔履剛也說而

應乎乾是以履虎尾不咥人亨凡彖者言乎一卦之所以爲主也成卦之體在六三也履虎尾者言其危也三爲履主以柔履剛履危者也履虎尾而不見咥者以其說而應乎乾也乾剛正之德者也不以說行夫佞邪而以說應乎乾宜其履虎尾不見咥而亨○[咥]音迭[說]音悅剛中正履帝位而不疚光明也言五之德○[疚]音究象曰上天下澤履君子以辯上下定民志初九素履往无咎處履之初爲履之始而履道惡華故素乃无咎處履以素何往不從必獨行其願物无犯也象曰素履之往獨行願也九二履道坦坦幽人貞吉履道尚謙不喜處盈務在致誠惡夫外飾者也而二以陽處陰履於謙也居內履中隱顯同也履道之美於斯爲盛故履道坦坦无險厄也在幽而貞宜其吉也○[坦]吐但反象曰幽人貞吉中不自亂也六三眇能視跛能履履虎尾咥人凶武人爲于大君居履之時以陽處陽猶曰不謙而況以陰居陽以柔乘剛者乎故以此爲明眇目者也以此爲行跛足者也以此履危見咥者也志在剛健不脩所履欲以陵武於人爲于大君行未能免於凶而志存于五頑之甚也○[眇]音妙[跛]波我反象曰眇能視不足以有明也跛能履不足以與行也咥人之凶位不當也武人爲于大君志剛也九四履虎尾愬愬終吉逼近至尊以陽承陽處多懼之地故曰履虎尾愬愬也然以陽居陰以謙爲本雖處危懼終獲其志故終吉也○[愬]山革反象曰愬愬終吉志行也九五夬履貞厲得位處尊以剛決正故曰夬履貞厲也履道惡盈而五處尊是以危[夬]古快反○象曰夬履貞厲位正當也上九視履考祥其旋元吉禍福之祥生乎所履處履之極履道成矣故可視履而考祥也居極應說高而不危是其旋也履道大成故元吉也象曰元吉在上大有慶也

周易卷第一

周易上經泰傳第二

王弼註

䷊乾下坤上泰小往大來吉亨。彖曰泰小往大來吉亨。則是天地交而萬物通也。上下交而其志同也。內陽而外陰。內健而外順。內君子而外小人。君子道長。小人道消也。象曰天地交泰。后以財成天地之道。輔相天地之宜。以左右民。泰者物大通之時也上下大通則物失其節故財成而輔相以左右民也。○〔長〕丁丈反〔相〕息亮反〔左〕音佐〔右〕音佑助也初九拔茅茹。以其彙征吉。茅之為物拔其根而相牽引者也茹相牽引之貌也三陽同志俱志在外初為類首己舉則從若茅茹也上順而應不為違距進皆得志故以其類征吉○〔拔〕蒲八反〔茹〕汝據反〔彙〕音謂象曰拔茅征吉。志在外也。九二包荒。用馮河。不遐遺。朋亡。得尚于中行。體健居中而用乎泰能包含荒穢受納馮河者也用心弘大无所遐棄故曰不遐遺也无私无偏存乎光大故曰朋亡也如此乃可以得尚于中行尚猶配也中行謂五象曰包荒得尚于中行。以光大也。九三无平不陂。无往不復。艱貞无咎。勿恤其孚。于食有福。乾本上也坤本下也而得泰者降與升也而三處天地之際將復其所處復其所處則上守其尊下守其卑是故无往而不復也无平而不陂也處天地之將閉平路之將陂時將大變世將大革而居不失其正動不失其應艱而能貞不失其義故无咎也信義誠著故不恤其孚而自明也故曰勿恤其孚于食有福也○〔陂〕彼僞反象曰无往不復。天地際也。天地將各分復之際六四翩翩。不富以其鄰。不戒以孚。乾樂上復坤樂下復四處坤首不固所居見命則退故曰翩翩也坤爻皆樂下己退則從故不待富而用其鄰也莫不與己同其志願故不待戒而自孚也象曰翩翩不富。皆失實也。不戒以孚。中心願也。六五帝乙歸妹。以祉元吉。婦人謂嫁曰歸泰者陰陽交通之時也女處尊位履中居順降身應二感以相與用中行願不失其禮帝乙歸妹誠合斯義履順居中行願以祉盡夫陰陽交配之宜故元吉也○〔祉〕音恥又音止象曰以祉元吉。中以行願也。上六城復于隍。勿用師。自邑告命。貞吝。居泰上極各反所應泰道將滅上下不交卑不上承尊不下施是故城復于隍卑道崩也勿用師不煩攻也自邑告命貞吝否道已成命不行也○〔隍〕音皇〔施〕始豉反〔否〕備鄙反象曰城復于隍。其命亂也。

䷋坤下乾上否之匪人。不利君子貞。大往小來。彖曰否之匪人不利君子貞。大往小來。則是天地不交而萬物不通也。上下不交而天下无邦也。內陰而外陽。內柔而外剛。內小人而外君子。小人道長。君子道消也。象曰天地不交否。君子以儉德辟難。不可榮以祿。初六拔茅茹。以其彙。貞吉亨。居否之初處順之始為類之首者也順非健也何可以征居否之時動則入邪三陰同道皆不可進故拔茅茹以類貞而不諂則吉亨○〔否〕備鄙反〔長〕丁丈反〔辟〕音避〔難〕乃旦反象曰拔茅貞吉。志在君也。志在於君故不苟進六二包承。小人吉。大人否亨。居否之世而得其位用其至順包承於上小人路通內柔外剛大人否之其道乃亨象曰大人否亨。不亂羣也。六三包羞。俱用小道以承其上而位不當所以包羞也象曰包羞。位不當也。九四有命无咎。疇離祉。夫處否而不可以有命者以所應者小人也有命於小人則消君子之道者也

（今初志在君，處乎窮下，故可以有命无咎而疇麗福也。疇謂初也。）象曰：有命无咎，志行也。九五：休否，大人吉。其亡其亡，繫于苞桑。（居尊當位，能休否道者也。施否於小人，否之休也。唯大人而後能然，故曰大人吉也。處君子道消之時，己居尊位，何可以安？故心存將危，乃得固也。○[休]虛虯反。）象曰：大人之吉，位正當也。上九：傾否，先否後喜。（先傾後通，故後喜也。始以傾為否，後得通乃喜。）象曰：否終則傾，何可長也。

䷌ 離下乾上 同人于野，亨。利涉大川，利君子貞。彖曰：同人，柔得位得中而應乎乾，曰同人。（二為同人之主。）同人曰：同人于野，亨，利涉大川，乾行也。（所以乃能同人于野，亨，利涉大川，非二之所能也，是乾之所行，故特曰同人曰。）文明以健，中正而應，君子正也。（行健不以武，而以文明用之；相應不以邪，而以中正應之，君子正也，故曰利君子貞。）唯君子為能通天下之志。（君子以文明為德。）象曰：天與火，同人。（天體於上，而火炎上，同人之義也。）君子以類族辨物。（君子小人，各得所同。）初九：同人于門，无咎。（居同人之始，為同人之首者也。无應於上，心无係吝，通夫大同，出門皆同，故曰同人于門也。出門同人，誰與為咎？）象曰：出門同人，又誰咎也。六二：同人于宗，吝。（應在乎五，唯同於主，過主則否。用心褊狹，鄙吝之道。○[否]方有反。）象曰：同人于宗，吝道也。九三：伏戎于莽，升其高陵，三歲不興。（居同人之際，履下卦之極，不能包弘上下，通夫大同，物黨相分，欲乖其道，貪於所比，據上之應，其敵剛健，非力所當，故伏戎于莽，不敢顯亢也。升其高陵，望不敢進，量斯勢也，三歲不能興者也。三歲不能興，則五道亦以成矣，安所行焉？○[莽]莫蕩反，[興]如字。）象曰：伏戎于莽，敵剛也。三歲不興，安行也。（安辭也。）九四：乘其墉，弗克攻，吉。（處上攻下，力能乘墉者也。履非其位，以與人爭，二自五應，三非犯己，攻三求二，尤而攻之，違義傷理，眾所不與，故雖乘墉而不克也。不克則反，反則得吉也。不克乃反，其所以得吉，困而反則者也。○[墉]音容。）象曰：乘其墉，義弗克也。其吉，則困而反則也。九五：同人，先號咷而後笑，大師克相遇。（彖曰柔得位得中而應乎乾曰同人，然則體柔居中，眾之所與；執剛用直，眾所未從，故近隔乎二剛，未獲厥志，是以先號咷也。居中處尊，戰必克勝，故後笑也。不能使物自歸，而用其強直，故必須大師克之，然後相遇也。○[號]戶羔反，[咷]道刀反。）象曰：同人之先，以中直也。大師相遇，言相克也。上九：同人于郊，无悔。（郊者，外之極也。處同人之時，最在於外，不獲同志，而遠於內爭，故雖无悔吝，亦未得其志。）象曰：同人于郊，志未得也。（凡處同人而不泰焉，則必用師矣。不能大通，則各私其黨而求利焉。楚人亡弓，不能亡楚；愛國愈甚，益為它災。是以同人不弘，剛健之爻皆至用師也。）

䷍ 乾下離上 大有：元亨。（不大通，何由得大有乎？大有則必元亨矣。）彖曰：大有，柔得尊位大中，而上下應之，曰大有。（處尊以柔，居中以大，體无二陰以分其應，上下應之，靡所不納，大有之義也。）其德剛健而文明，應乎天而時行，是以元亨。（德應於天，則行不失時矣。剛健不滯，文明不犯，應天則大，時行无違，是以元亨。）象曰：火在天上，大有。君子以遏惡揚善，順天休命。（大有，包容之象也。故遏惡揚善，成物之美，順夫天德，休物之命。○[遏]於葛反，又音謁，[休]虛虯反。）初九：无交害，匪咎，艱則无咎。（以夫剛健為大有之始，不能履中，滿而不溢，術斯以往，後害必至。其欲匪咎，艱則无咎也。）象曰：大有初九，无交害也。九二：大車以載，（任重而不危。）有攸往，无咎。（健不違中，為五所任。任重不危，致遠不泥，故可以往。）

而无咎也（〔泥〕乃計反）○象曰大車以載積中不敗也九三公用亨于天子小人弗克（處大有之時居下體之極乘剛健之上而履得其位與五同功威權之盛莫此過焉公用斯位乃得通乎天子之道也小人不克害可待也○〔亨〕許庚反）象曰公用亨于天子小人害也九四匪其彭无咎（既失其位而上近至尊之威下比分權之臣其爲懼也可謂危矣唯夫有聖知者乃能免斯咎也三雖至盛五不可舍能辯斯數專心承五常匪其旁則无咎矣旁謂三也○〔彭〕步郎反〔知〕音智）象曰匪其彭无咎明辯晢也（明猶才也○〔晢〕章折反）○六五厥孚交如威如吉（居尊以柔處大以中无私於物上下應之信以發志故其孚交如也夫不私於物物亦公焉不疑於物物亦誠焉既公且信何難何備不言而教行何爲而不威如爲大有之主而不以此道吉可得乎）象曰厥孚交如信以發志也威如之吉易而無備也上九自天祐之吉无不利（大有豐富之世也處大有之上而不累於位志尚乎賢者也餘爻皆乘剛而己獨乘柔順也五爲信德而己履焉履信之謂也雖不能體柔而以剛乘柔思順之義也居豐有之世而不以物累其心高尚其志尚賢者也爻有三德盡夫助道故繫辭具焉○〔易〕以豉反〔祐〕音又）象曰大有上吉自天祐也

䷎（艮下坤上）謙亨君子有終象曰謙亨天道下濟而光明地道卑而上行天道虧盈而益謙地道變盈而流謙鬼神害盈而福謙人道惡盈而好謙謙尊而光卑而不可踰君子之終也象曰地中有山謙君子以裒多益寡稱物平施（多者用謙以爲裒少者用謙以爲益隨物而與施不失平也○〔上〕時掌反〔惡〕烏路反〔好〕呼報反〔裒〕蒲侯反〔稱〕尺證反〔施〕始豉反）初六謙謙君子用涉大川吉（處謙之下謙之謙者也能體謙謙其唯君子用涉大難物无害也）象曰謙謙君子卑以自牧也（牧養也）六二鳴謙貞吉（鳴者聲名聞之謂也得位居中謙而正焉）象曰鳴謙貞吉中心得也九三勞謙君子有終吉（處下體之極履得其位上下无陽以分其民衆陰所宗尊莫先焉居謙之世何可安尊上承下接勞謙匪解是以吉也○〔解〕佳賣反）象曰勞謙君子萬民服也六四无不利撝謙（處三之上而用謙焉則是自上下下之義也承五而用謙順則是上行之道也盡乎奉上下下之道故无不利指撝皆謙不違則也○〔撝〕毀皮反）象曰无不利撝謙不違則也六五不富以其鄰利用侵伐无不利（居於尊位用謙與順故能不富而用其鄰也以謙順而侵伐所伐皆驕逆也）象曰利用侵伐征不服也上六鳴謙利用行師征邑國（最處於外不與內政故有名而已志功未得也處外而履謙順可以征邑國而已○〔與〕音預）象曰鳴謙志未得也可用行師征邑國也（夫吉凶悔吝生乎動者也動之所起興於利者也故飲食必有訟訟必有衆起未有居衆人之所惡而爲動者所害處不競之地而爲爭者所奪是以六爻雖有失位无應乘剛而皆无凶咎悔吝者以謙爲主也謙尊而光卑而不可踰信矣哉）

䷏（坤下震上）豫利建侯行師象曰豫剛應而志行順以動豫豫順以動故天地如之而況建侯行師乎天地以順動故日月不過而四時不忒聖人以順動則刑罰清而民服豫之時義大矣哉象曰雷出地奮豫先王以作樂崇德殷薦之上帝以配祖考初六鳴豫凶（處豫之初而特得志於上樂過則淫志窮則凶豫何可鳴○〔豫〕餘慮反〔奮〕方問反〔殷〕於勤反）象曰

初六鳴豫志窮凶也六二介于石不終日貞吉處豫之時得位履中安夫貞正不求苟豫者也順不苟從豫不違中是以上交不諂下交不瀆明禍福之所生故不苟說辯必然之理故不改其操介如石焉不終日明矣象曰不終日貞吉以中正也六三盱豫悔遲有悔居下體之極處兩卦之際履非其位承動豫之主若其雖盱而豫悔亦生焉遲而不從豫之所疾位非所據而以從豫進退離悔宜其然矣○〔盱〕香于反象曰盱豫有悔位不當也九四由豫大有得勿疑朋盍簪處豫之時居動之始獨體陽爻衆陰所從莫不由之以得其豫故曰由豫大有得也夫不信於物物亦疑焉故勿疑則朋合疾也盍合也簪疾也○〔盍〕胡臘反〔簪〕側林反象曰由豫大有得志大行也六五貞疾恆不死四以剛動爲豫之主專權執制非己所乘故不敢與四爭權而又居中處尊未可得亡是以必常至于貞疾恆不死而已象曰六五貞疾乘剛也恆不死中未亡也上六冥豫成有渝无咎處動豫之極極豫盡樂故至于冥豫成也過豫不已何可長乎故必渝變然後无咎○〔冥〕覓經反又亡定反〔渝〕羊朱反象曰冥豫在上何可長也

䷐震下兌上隨元亨利貞无咎彖曰隨剛來而下柔動而說隨大亨貞无咎而天下隨時隨時之義大矣哉震剛而兌柔也以剛下柔動而之說乃得隨也爲隨而不大通逆於時也相隨而不爲利正災之道也故大通利貞乃得无咎也爲隨而令大通利貞得於時也得時則天下隨之矣隨之所施唯在於時也時異而不隨否之道也故隨時之義大矣哉○〔說〕音悅象曰澤中有雷隨君子以嚮晦入宴息澤中有雷動說之象也物皆說隨可以无爲不勞明鑒故君子嚮晦入宴息也○〔嚮〕許亮反初九官有渝貞吉出門交有功居隨之始上无其應无所偏係動能隨時意无所主者也隨不以欲以欲隨宜者也故官有渝變隨不失正也出門无違何所失哉象曰官有渝從正吉也出門交有功不失也六二係小子失丈夫陰之爲物以處隨世不能獨立必有係也居隨之時體分柔弱而以乘夫剛動豈能秉志違於所近隨此失彼弗能兼與五處己上初處己下故曰係小子失丈夫也象曰係小子弗兼與也六三係丈夫失小子隨有求得利居貞陰之爲物以處隨世不能獨立必有係也雖體下卦二已據初將何所附故舍初係四志在丈夫四俱无應亦欲於己隨之則得其所求矣故曰隨有求得也應非其正以係於人何可以妄故利居貞也初處己下四處己上故曰係丈夫失小子也象曰係丈夫志舍下也下謂初也九四隨有獲貞凶有孚在道以明何咎處說之初下據二陰三求係己不距則獲故曰隨有獲也居於臣地履非其位以擅其民失於臣道違正者也故曰貞凶體剛居說而得民心能幹其事而成其功者也雖違常義志在濟物心存公誠著信在道以明其功何咎之有象曰隨有獲其義凶也有孚在道明功也九五孚于嘉吉履正居中而處隨世盡隨時之宜得物之誠故嘉吉也象曰孚于嘉吉位正中也上六拘係之乃從維之王用亨于西山隨之爲體陰順陽者也最處上極不從者也隨道已成而特不從故拘係之乃從也率土之濱莫非王臣而爲不從王之所討也故維之王用亨于西山也兌爲西方山者塗之險隔也處西方而爲不從故王用通于西山○〔拘〕音俱〔亨〕許庚反象曰拘係之上窮也處于上極故窮也

䷑巽下艮上蠱元亨利涉大川先甲三日後甲三日彖曰蠱剛上而柔下上剛可以斷制下柔可以施令○〔蠱〕音古〔後〕胡豆反巽而止蠱既巽又止不競爭也有事而无競爭之患故可以有爲也蠱元亨而天下治也

有爲而大亨非天下治而何也 利涉大川往有事也先甲三日後甲三日終則有始天行也 蠱者有事而待能之時也可以有爲其在此時矣物已說隨則待夫作制以定其事也進德脩業往則亨矣故元亨利涉大川也甲者創制之令也創制不可責之以舊故先之三日後之三日使令洽而後乃誅也因事申令終則復始若天之行用四時也 象曰山下有風蠱君子以振民育德 蠱者有事而待能之時也故君子以濟民養德也 初六幹父之蠱有子考无咎厲終吉 處事之首始見任者也以柔巽之質幹父之事能承先軌堪其任者也故曰有子也任爲事首能堪其事考乃无咎也故曰有子考无咎也當事之首是以危也能堪其事故終吉也 象曰幹父之蠱意承考也 幹事之首時有損益不可盡承故意承而已 九二幹母之蠱不可貞 居於內中宜幹母事故曰幹母之蠱也婦人之性難可全正宜屈己剛既幹且順故曰不可貞也幹不失中得中道也 象曰幹母之蠱得中道也 九三幹父之蠱小有悔无大咎 以剛幹事而无其應故有悔也履得其位以正幹父雖小有悔終无大咎 象曰幹父之蠱終无咎也 六四裕父之蠱往見吝 體柔當位幹不以剛而以柔和能裕先事者也然无其應往必不合故曰往見吝〇〔裕〕羊樹反 象曰裕父之蠱往未得也 六五幹父之蠱用譽 以柔處尊用中而應承先以斯用譽之道也 象曰幹父用譽承以德也 以柔處中不任威力也 上九不事王侯高尚其事 最處事上而不累於位不事王侯高尚其事者也 象曰不事王侯志可則也

䷒ 兌下坤上 臨元亨利貞至于八月有凶 彖曰臨剛浸而長說而順剛中而應大亨以正天之道也 陽轉進長陰道日消君子日長小人日憂大亨以正之義〇〔浸〕子鴆反〔長〕丁丈反〔說〕音悅 至于八月有凶消不久也 八月陽衰而陰長小人道長君子道消也故曰有凶 象曰澤上有地臨君子以教思无窮容保民無疆 相臨之道莫若說順也不恃威制得物之誠故物无違也是以君子教思无窮容保民无疆也〇〔思〕去聲〔疆〕居良反 初九咸臨貞吉 咸感也感應也有應於四感以臨者也四履正位而己應焉志行正者也以剛感順志行其正以斯臨物正而獲吉也 象曰咸臨貞吉志行正也 九二咸臨吉无不利 有應在五感以臨者也剛勝則柔危而五體柔非能同斯志者也若順於五則剛德不長何由得吉无不利乎全與相違則失於感應其得咸臨吉无不利必未順命也 象曰咸臨吉无不利未順命也 六三甘臨无攸利既憂之无咎 甘者佞邪說媚不正之名也履非其位居剛長之世而以邪說臨物宜其无攸利也若能盡憂其危改脩其道剛不害正故咎不長 象曰甘臨位不當也既憂之咎不長也 六四至臨无咎 處順應陽不忌剛長而乃應之履得其位盡其至者也剛勝則柔危柔不失正則得无咎也 象曰至臨无咎位當也 六五知臨大君之宜吉 處於尊位履得其中能納剛以禮用建其正不忌剛長而能任之委物以能而不犯焉則聰明者竭其視聽知力者盡其謀能不爲而成不行而至矣大君之宜如此而已故曰知臨大君之宜吉也 象曰大君之宜行中之謂也 上六敦臨吉无咎 處坤之極以敦而臨者也志在助賢以敦爲德雖在剛長剛不害厚故无咎也 象曰敦臨之吉志在內也

䷓ 坤下巽上 觀盥而不薦有孚顒若 王道之可觀者莫盛乎宗廟宗廟之可觀者莫盛於盥也至薦簡略不足復觀故觀盥而不觀薦也孔子曰禘自既灌而往者吾不欲觀之矣

盡夫觀盛則下觀而化矣故觀至盥則有孚顒若也○[觀]官喚反[盥]音管[薦]牋練反[顒]魚恭反彖曰大觀在上下賤而上貴也順而巽中正以觀天下觀盥而不薦有孚顒若下觀而化也觀天之神道而四時不忒聖人以神道設教而天下服矣統說觀之為道不以刑制使物而以觀感化物者也神則无形者也不見天之使四時而四時不忒不見聖人使百姓而百姓自服也○[忒]吐得反象曰風行地上觀先王以省方觀民設教初六童觀小人无咎君子吝處於觀時而最遠朝美體於陰柔不能自進无所鑒見故曰童觀趣順而已无所能為小人之道也故曰小人无咎君子處大觀之時而為童觀不亦鄙乎○[省]悉井反[遠]袁萬反[朝]直遙反象曰初六童觀小人道也六二闚觀利女貞處在於內寡所鑒見體於柔弱從順而已猶有應焉不為全蒙所見者狹故曰闚觀居內得位柔順寡見故曰利女貞婦人之道也處大觀之時居中得位不能大觀廣鑒闚觀而已誠可醜也○[闚]苦規反象曰闚觀女貞亦可醜也六三觀我生進退居下體之極處二卦之際近不比尊遠不童觀觀風者也居此時也可以觀我生進退也象曰觀我生進退未失道也處進退之時以觀進退之幾未失道也六四觀國之光利用賓于王居觀之時最近至尊觀國之光者也居近得位明習國儀者也故曰利用賓于王也○[觀]如字或官喚反象曰觀國之光尚賓也九五觀我生君子无咎居於尊位為觀之主宣弘大化光于四表觀之極者也上之化下猶風之靡草故觀民之俗以察己道百姓有罪在予一人君子風著己乃无咎上為化主將欲自觀乃觀民也象曰觀我生觀民也上九觀其生君子无咎觀我生自觀其道者也觀其生為民所觀者也不在於位最處上極高尚其志為天下所觀者也處天下所觀之地可不慎乎故君子德見乃得无咎生猶動出也○[見]賢遍反象曰觀其生志未平也特處異地為衆所觀不為平易和光流通志未平也○[易]以豉反盡夫[觀]盛故觀至大觀在上王肅音官以觀天下徐唯此一字作音官觀盥而不薦觀之為道而以觀感風行地上觀處於觀時君子處大觀之時及大觀廣鑒亦音官居觀之時為觀之主觀之盛也從盡夫觀以下並官喚反餘不出者並音官

周易卷第二

周易上經噬嗑傳第三

王弼註

䷔離上震下噬嗑亨利用獄噬齧也嗑合也凡物之不親由有間也物之不齊由有過也有間與過齧而合之所以通也刑克以通獄之利也○〔噬〕市制反〔嗑〕胡臘反〔齧〕研節反彖曰頤中有物曰噬嗑頤中有物齧而合之噬嗑之義也噬嗑而亨有物有間不齧不合无由亨也剛柔分動而明雷電合而章剛柔分動不溷乃明雷電並合不亂乃章皆利用獄之義○〔溷〕胡困反柔得中而上行雖不當位利用獄也謂五也能為齧合而通必有其主五則是也上行謂所之在進也凡言上行皆所之在貴也也雖不當位不害用獄也○〔上〕時掌反象曰雷電噬嗑先王以明罰勑法初九屨校滅趾无咎居无位之地以處刑初受刑而非治刑者也凡過之所始必始於微而後至於著罰之所始必始於薄而後至於誅過輕戮薄故屨校滅趾桎其行也足懲而已故不重也過而不改乃謂之過小懲大誡乃得其福故无咎也校者以木絞校者也即械也校者取其通名也○〔勑〕恥力反〔屨〕紀具反〔校〕爻教反〔桎〕章實反象曰屨校滅趾不行也過止於此六二噬膚滅鼻无咎噬齧也齧者刑克之謂也處中得位所刑者當故曰噬膚也乘剛而刑未盡順道噬過其分故滅鼻也刑得所疾故雖滅鼻而无咎也膚者柔脆之物也象曰噬膚滅鼻乘剛也六三噬腊肉遇毒小吝无咎處下體之極而履非其位以斯食物其物必堅豈惟堅乎將遇其毒噬以喻刑人腊以喻不服毒以喻怨生然承於四而不乘剛雖失其正刑不侵順故雖遇毒小吝无咎○〔腊〕音昔象曰遇毒位不當也九四噬乾胏得金矢利艱貞吉雖體陽爻為陰之主履不獲中而居非其位以斯噬物物亦不服故曰噬乾胏也金剛也矢直也噬乾胏而得剛直可以利於艱貞之吉未足以盡通理之道也○〔乾〕音干〔胏〕緇美反象曰利艱貞吉未光也六五噬乾肉得黃金貞厲无咎乾肉堅也黃中也金剛也以陰處陽以柔乘剛以噬於物物亦不服故曰噬乾肉也然處得尊位以柔乘剛而居於中能行其戮者也履不正而能行其戮剛勝者也噬雖不服得中而勝故曰噬乾肉而得黃金也己雖不正而刑戮得當故雖貞厲而无咎也象曰貞厲无咎得當也上九何校滅耳凶處罰之極惡積不改者也罪非所懲故刑及其首至于滅耳及首非誡滅耳非懲凶莫甚焉○〔何〕何可反又音何亦作荷象曰何校滅耳聰不明也聰不明故不慮惡積至于不可解也

䷕離下艮上賁亨小利有攸往彖曰賁亨柔來而文剛故亨分剛上而文柔故小利有攸往剛柔不分文何由生故坤之上六來居二位柔來文剛之義也柔來文剛居位得中是以亨乾之九二分居上位分剛上而文柔之義也剛上文柔不得中位不若柔來文剛故小利有攸往○〔賁〕彼僞反〔上〕時掌反天文也剛柔交錯而成文焉天之文也文明以止人文也止物不以威武而以文明人之文也觀乎天文以察時變觀乎人文以化成天下解天之文則時變可知也解人之文則化成可為也象曰山下有火賁君子以明庶政无敢折獄處賁之時止物以文明不可以威刑故君子以明庶政而无敢折獄○〔折〕之舌反初九賁其趾舍車而徒在賁之始以剛處下居於无位棄於不義安夫徒步以從其志者也象曰舍車而徒義弗乘也故飾其趾舍車而徒義弗乘之謂也○〔舍〕音捨六二賁其須得其位而无應三亦无應俱无應而比焉近而相得者也須之為物上附者也循其所履以附於上故曰賁其須也象曰賁其須與上興也九三賁如濡如永貞吉處下體之極居得其位與二相比俱履其正和合相潤以成其文者也既得其飾又

得其潤故曰賁如濡如也永保其貞物莫之陵故曰永貞吉也○〔濡〕如與反象曰永貞之吉終莫之陵也六四賁如皤如白馬翰如匪寇婚媾有應在初而閡於三為己寇難二志相感不獲通亨欲靜則疑初之應欲進則懼三之難故或飾或素內懷疑懼也鮮潔其馬翰如以待雖履正位未敢果其志也三為剛猛未可輕犯匪寇乃婚終无尤也○〔皤〕音婆〔翰〕戶旦反又寒案反〔媾〕古豆反〔閡〕五戴反〔難〕乃旦反象曰六四當位疑也匪寇婚媾終无尤也六五賁于丘園束帛戔戔吝終吉處得尊位為飾之主飾之盛者也施飾於物其道害也施飾丘園盛莫大焉故賁于束帛丘園乃落賁于丘園帛乃戔戔用莫過儉泰而能約故必吝焉乃得終吉也○〔戔〕在千反又音牋象曰六五之吉有喜也上九白賁无咎處飾之終飾終反素故任其質素不勞文飾而无咎也以白為飾而无患憂得志者也象曰白賁无咎上得志也

䷖坤下艮上剝不利有攸往象曰剝剝也柔變剛也不利有攸往小人長也順而止之觀象也君子尚消息盈虛天行也坤順而艮止也所以順而止之不敢以剛止者以觀其形象也強亢激拂觸忤以隕身身既傾焉功又不就非君子之所尚也○〔剝〕邦角反〔長〕丁丈反象曰山附於地剝上以厚下安宅厚下者牀不見剝也安宅者物不失處也厚下安宅治剝之道也○〔處〕昌呂反初六剝牀以足蔑貞凶牀者人之所以安也剝牀以足猶云剝牀之足也蔑猶削也剝牀之足滅下之道也下道始滅剛隕柔長則正削而凶來也○〔蔑〕莫結反象曰剝牀以足以滅下也六二剝牀以辨蔑貞凶蔑猶甚極之辭也辨者足之上也剝道浸長故剝其辨也稍近於牀轉欲滅物之所處長柔而削正以斯為德物所弃也○〔辨〕音辦鄭符勉反象曰剝牀以辨未有與也六三剝之无咎與上為應羣陰剝陽我獨協焉雖處於剝可以无咎象曰剝之无咎失上下也三上下各有二陰而三獨應於陽則失上下也六四剝牀以膚凶初二剝牀民所以安未剝其身也至四剝道浸長牀既剝盡以及人身小人遂盛物將失身豈唯削正靡所不凶象曰剝牀以膚切近災也六五貫魚以宮人寵无不利處剝之時居得尊位為剝之主者也剝之為害小人得寵以消君子者也若能施寵小人於宮人而已不害於正則所寵雖衆終无尤也貫魚謂此衆陰也駢頭相次似貫魚也○〔貫〕古亂反〔駢〕薄田反象曰以宮人寵終无尤也上九碩果不食君子得輿小人剝廬處卦之終獨全不落故果至于碩而不見食也君子居之則為民覆蔭小人用之則剝下所庇也○〔輿〕音餘〔廬〕力居反象曰君子得輿民所載也小人剝廬終不可用也

䷗震下坤上復亨出入无疾朋來无咎反復其道七日來復利有攸往象曰復亨剛反動而以順行是以出入无疾入則為反出則剛長故无疾疾猶病也○反〔復〕音福朋來无咎朋謂陽也反復其道七日來復陽氣始剝盡至來復時凡七日天行也以天之行反復不過七日復之不可遠也利有攸往剛長也往則小人道消也復其見天地之心乎復者反本之謂也天地以本為心者也凡動息則靜靜非對動者也語息則默默非對語者也然則天地雖大富有萬物雷動風行運化萬變寂然至无是其本矣故動息地中乃天地之心見也若其以有為心則異類未獲具存矣象曰雷在地中復先王以至日閉關商旅不行后不省方方事也冬至陰之復也夏至陽之復也故為復則至於寂然大靜先王則天地而行者也動復則靜行復則止事復則无事也初九不遠復无祇

悔元吉最處復初始復者也復之不速遂至迷凶不遠而復幾悔而反以此脩身患難遠矣錯之於事其殆庶幾乎故元吉也○[祗]音支象曰不遠之復以脩身也六二休復吉得位處中最比於初上无陽爻以疑其親陽為仁行在初之上而附順之下仁之謂也既處中位親仁善鄰復之休也○[休]虛虯反象曰休復之吉以下仁也六三頻復厲无咎頻頻蹙之貌也處下體之終雖愈於上六之迷已去復遠矣是以蹙也蹙而求復未至於迷故雖危无咎也復道宜速蹙而乃復義雖无咎它來難保象曰頻復之厲義无咎也六四中行獨復四上下各有二陰而處厥中履得其位而應於初獨得所復順道而反物莫之犯故曰中行獨復也象曰中行獨復以從道也六五敦復无悔居厚而履中居厚則无怨履中則可以自考雖不足以及休復之吉守厚以復悔可免也象曰敦復无悔中以自考也上六迷復凶有災眚用行師終有大敗以其國君凶至于十年不克征最處復後是迷者也以迷求復故曰迷復也用之行師難用有克也終必大敗用之於國則反乎君道也大敗乃復量斯勢也雖復十年脩之猶未能征也○[眚]生領反下卦同象曰迷復之凶反君道也

䷘震下乾上无妄元亨利貞其匪正有眚不利有攸往象曰无妄剛自外來而為主於內謂震也○[妄]亡亮反動而健震動而乾健也剛中而應謂五也大亨以正天之命也剛自外來而為主於內動而愈健剛中而應威剛方正私欲不行何可以妄使有妄之道滅无妄之道成非大亨利貞而何剛自外來而為主於內則柔邪之道消矣動而愈健則剛直之道通矣剛中而應則齊明之德著矣故大亨以正也天之教命何可犯乎何可妄乎是以匪正則有眚而不利有攸往也其匪正有眚不利有攸往无妄之往何之矣天命不祐行矣哉匪正有眚不求改以從正而欲有所往居不可以妄之時而欲以不正有所往將欲何之天命之所不祐竟矣哉[佑]音又○象曰天下雷行物與无妄與辭也猶皆也天下雷行物皆不可以妄也先王以茂對時育萬物茂盛也物皆不敢妄然後萬物乃得各全其性對時育物莫盛於斯也初九无妄往吉體剛處下以貴下賤行不犯妄故往得其志象曰无妄之往得志也六二不耕穫不菑畬則利有攸往不耕而穫不菑而畬代終已成而不造也不擅其美乃盡臣道故利有攸往○[穫]黃郭反[菑]側其反[畬]音餘象曰不耕穫未富也六三无妄之災或繫之牛行人之得邑人之災以陰居陽行違謙順是无妄之所以為災也牛者稼穡之資也二以不耕而穫利有攸往而三為不順之行故或繫之牛是有司之所以為獲彼人之所以為災也故曰行人之得邑人之災也○[行]違及之[行]下孟反象曰行人得牛邑人災也九四可貞无咎處无妄之時以陽居陰以剛乘柔履於謙順比近至尊故可以任正固有所守而无咎也象曰可貞无咎固有之也九五无妄之疾勿藥有喜居得尊位為无妄之主者也下皆无妄害非所致而取藥焉疾之甚也非妄之災勿治自復非妄而藥之則凶故曰勿藥有喜象曰无妄之藥不可試也藥攻有妄者也而反攻无妄故不可試也上九无妄行有眚无攸利處不可妄之極唯宜靜保其身而已故不可以行也象曰无妄之行窮之災也

䷙乾下艮上大畜利貞不家食吉利涉大川象曰大畜剛健篤實煇光日新其德凡物既厭而退者弱也既榮而隕者薄也夫能煇光日新其德者唯剛健篤實也○[畜]敕六反[厭]於豔反剛上而尚賢謂上九也處上而大通剛

來而不距尚賢之謂也能止健大正也健莫過乾而能止之非夫大正未之能也不家食吉養賢也利涉大川應乎天也有大畜之實以之養賢令賢者不家食乃吉也尚賢制健大正應天不憂險難故利涉大川也○〔令〕力呈反象曰天在山中大畜君子以多識前言往行以畜其德物之可畜於懷令德不散盡於此也○〔識〕如字劉作志〔行〕下孟反初九有厲利已四乃畜己未可犯也故進則有厲已則利也〔已〕夷止反或音紀○象曰有厲利已不犯災也處健之始未果其健者故能利已九二輿說輹五處畜盛未可犯也遇斯而進故輿說輹也居得其中能以其中不爲馮河死而無悔遇難能止故无尤也○〔輿〕音餘〔說〕吐活反〔輹〕音服又音福象曰輿說輹中无尤也九三良馬逐利艱貞曰閑輿衛利有攸往凡物極則反故畜極則通初二之進值於畜盛故不可以升至於九三升于上九而上九處天衢之亨塗徑大通進无違距可以馳騁故曰良馬逐也履當其位進得其時之乎通路不憂險阸故利艱貞也閑閡也衛護也進得其時雖涉艱難而无患也輿雖遇閑而故衛也與上合志故利有攸往也象曰利有攸往上合志也六四童牛之牿元吉處艮之始履得其位能止健初距不以角柔以止剛剛不敢犯抑銳之始以息彊爭豈唯獨利乃將有喜也○〔牿〕古毒反象曰六四元吉有喜也六五豶豕之牙吉豕牙橫猾剛暴難制之物謂二也五處得尊位爲畜之主二剛而進能豶其牙柔能制健禁暴抑盛豈唯能固其位乃將有慶也○豶符云反劉云豕去勢曰豶象曰六五之吉有慶也上九何天之衢亨處畜之極畜極則通大畜以至於大亨之時何辭也猶云何畜乃天之衢亨也○〔何〕音河又音賀〔衢〕其俱反象曰何天之衢道大行也

䷚震下艮上頤貞吉觀頤自求口實象曰頤貞吉養正則吉也觀頤觀其所養也自求口實觀其自養也天地養萬物聖人養賢以及萬民頤之時大矣哉象曰山下有雷頤君子以慎言語節飲食言語飲食猶慎而節之而況其餘乎○〔頤〕以之反〔養〕如字初九舍爾靈龜觀我朶頤凶朶頤者嚼也以陽處下而爲動始不能令物由己養動而求養者也夫安身莫若不競修己莫若自保守道則福至求祿則辱來居養賢之世不能貞其所履以全其德而舍其靈龜之明兆羨我朶頤而躁求離其致養之至道闚我寵祿而競進凶莫甚焉〔舍〕音捨〔朶〕多果反動也○象曰觀我朶頤亦不足貴也六二顛頤拂經于丘頤征凶養下曰顛拂違也經猶義也丘所履之常也處下體之中无應於上反而養初居下不奉上而反養下故曰顛頤拂經于丘也以此而養未見其福也以此而行未見有與故曰頤征凶○〔顛〕丁田反〔拂〕符弗反象曰六二征凶行失類也類皆上養而二處下養初六三拂頤貞凶十年勿用无攸利履夫不正以養於上納上以諂者也拂養正之義故曰拂頤貞凶也處頤而爲此行十年見弃者也立行於斯无施而利象曰十年勿用道大悖也六四顛頤吉虎視眈眈其欲逐逐无咎體屬上體居得其位而應於初以上養下得頤之義故曰顛頤吉也下交不可以瀆故虎視眈眈威而不猛不惡而嚴養德施賢何可有利故其欲逐逐尚敦實也修此二者然後乃得全其吉而无咎觀其自養則履正察其所養則養陽頤爻之貴斯爲盛矣○〔悖〕布內反〔視〕市志反〔眈〕丁南反象曰顛頤之吉上施光也六五拂經居貞吉不可涉大川以陰居陽拂頤之義也行則失類故宜居貞也无應於下而比於上故可守貞從上得頤之吉雖得居貞之吉處頤違謙難未可涉也象曰居貞之吉順以從上也上九由頤厲吉利涉大川以陽處上而履四陰陰不能獨爲主

必宗於陽也故莫不由之以得其養故曰由頤為衆陰之主不可瀆也故厲乃吉有似家人悔厲之義貴而无位是以厲也高而有民是以吉也為養之主物莫之違故利涉大川也。象曰由頤厲吉大有慶也。

䷛ 巽下兌上 大過音相過之過 棟橈利有攸往亨。彖曰大過大者過也。大者乃能過也○[棟]丁貢反[橈]乃教反 棟橈本末弱也。初為本而上為末也 剛過而中。謂二也居陰過也處二中也拯弱興衰不失其中也 巽而說行。巽而說行以此救難難乃濟也○[說]音悅 利有攸往乃亨。危而弗持則將安用故往乃亨 大過之時大矣哉。是君子有為之時也 象曰澤滅木大過君子以獨立不懼遯世无悶。此所以為大過非凡所及也○[遯]徒遜反 初六藉用白茅无咎。以柔處下過而可以无咎其唯慎乎○[藉]在夜反 象曰藉用白茅柔在下也。九二枯楊生稊老夫得其女妻无不利。稊者楊之秀也以陽處陰能過其本而救其弱者也上无其應心无特吝處過以此无衰不濟也故能令枯楊更生稊老夫更得少妻拯弱興衰莫盛斯爻故无不利也老過則枯少過則稚以老分少則稚者長以稚分老則枯者榮過以相與之謂也大過至衰而已至壯以至壯輔至衰應斯義也○[稊]徒稽反[夫]如字 象曰老夫女妻過以相與也。九三棟橈凶。居大過之時處下體之極不能救危拯弱以隆其棟而以陽處陽自守所居又應於上係心在一宜其淹溺而凶衰也 象曰棟橈之凶不可以有輔也。九四棟隆吉有它吝。體屬上體以陽處陰能拯其弱不為下所橈者也故棟隆吉也而應在初用心不弘故有它吝也 象曰棟隆之吉不橈乎下也。九五枯楊生華老婦得其士夫无咎无譽。處得尊位而以陽處陽未能拯危處得尊位亦未有橈故能生華不能生稊能得夫不能得妻處棟橈之世而為无咎无譽何可長哉故生華不可久士夫誠可醜也○[華]如字又音花[譽]音預又音餘 象曰枯楊生華何可久也。老婦士夫亦可醜也。上六過涉滅頂凶无咎。處大過之極過之甚也涉難過甚故至于滅頂凶志在救時故不可咎也○[頂]都冷反 象曰過涉之凶不可咎也。雖凶无咎不害義也

䷜ 坎下坎上 習坎。坎險陷之名也習謂便習之○[坎]苦感反[便]婢面反 有孚維心亨。剛正在內有孚者也陽不外發而在乎內心亨者也 行有尚。內亨外闇內剛外順以此行險行有尚也 象曰習坎重險也。坎以險為用故特名曰重險言習坎者習乎重險也○[重]直龍反 水流而不盈行險而不失其信。險陗之極故水流而不能盈也處至險而不失剛中行險而不失其信者習險之謂也○[陗]七妙反 維心亨乃以剛中也。行有尚往有功也。便習於坎而之坎地盡坎之宜故往必有功也 天險不可升也。不可得升故得保其威尊 地險山川丘陵也。有山川丘陵故物得以保全也 王公設險以守其國。國之為衛特於險也言自天地以下莫不須險也 險之時用大矣哉。非用之常用有時也 象曰水洊至習坎。重險縣絕故水洊至也不以坎為隔絕相仍而至習乎坎也○[洊]在薦反 君子以常德行習教事。至險未夷教不可廢故以常德行而習教事也習於坎然後乃能不以險難為困而德行不失常也故則夫習坎以常德行而習教事也○[行]下孟反 初六習坎入于坎窞凶。習坎者習為險難之事也最處坎底入坎窞者也處重險而復入坎底其道凶也行險而不能自濟習坎而入坎窞失道而窮在坎底上无應援可以自濟是以凶也○[窞]徒坎反坎底也 象曰習坎入坎失道凶也。九二坎有險求小得。履失其位故曰坎上无應援故曰有險坎

而有險未能出險之中也處中而與初三相得故可以求小得也初三未足以為援故曰小得也象曰求小得未出中也六三來之坎坎險且枕入于坎窞勿用既履非其位而又處兩坎之閒出則之坎居則亦坎故曰來之坎坎也枕者枝而不安之謂也出則无之處則无安故曰險且枕也來之皆坎无所用之徒勞而已○[枕]針鴆反象曰來之坎坎終无功也六四樽酒簋貳用缶納約自牖終无咎處重險而履正以柔居柔履得其位以承於五五亦得位剛柔各得其所不相犯位皆无餘應以相承比明信顯著不存外飾處坎以斯雖復一樽之酒二簋之食瓦缶之器納此至約自進於牖乃可羞之於王公薦之於宗廟故終无咎也○[簋]音軌[缶]方有反[牖]音酉象曰樽酒簋貳剛柔際也剛柔相比而相親焉際之謂也九五坎不盈祇既平无咎為坎之主而无應輔可以自佐未能盈坎者也坎之不盈則險不盡矣祇辭也為坎之主盡平乃无咎故曰祇既平无咎也說既平乃无咎明九五未免於咎也○[祇]音支又祁支反象曰坎不盈中未大也上六係用徽纆寘于叢棘三歲不得凶險陷之極不可升也嚴法峻整難可犯也宜其囚執寘于思過之地三歲險道之夷也險終乃反故三歲不得自脩三歲乃可以求復故曰三歲不得凶也○[徽]許韋反[纆]音墨三股曰徽兩股曰纆皆索名[寘]之豉反[叢]才公反象曰上六失道凶三歲也

䷝離下離上離利貞亨離之為卦以柔為正故必貞而後乃亨故曰利貞亨也畜牝牛吉柔處于內而履正中牝之善也外強而內順牛之善也離之為體以柔順為主者也故不可以畜剛猛之物而吉於畜牝牛也○[畜]許六反[牝]頻忍反象曰離麗也麗猶著也各得所著之宜○[著]直略反○日月麗乎天百穀草木麗乎土重明以麗乎正乃化成天下柔麗乎中正故亨是以畜牝牛吉也柔著于中正乃得通也柔通之吉極於畜牝牛不能及剛猛也○[重]直龍反象曰明兩作離大人以繼明照于四方繼謂不絶也明照相繼不絶曠也初九履錯然敬之无咎錯然者警慎之貌也處離之始將進而盛未在既濟故宜慎其所履以敬為務辟其咎也○[錯]七各反又七路反象曰履錯之敬以辟咎也六二黃離元吉居中得位以柔處柔履文明之盛而得其中故曰黃離元吉也象曰黃離元吉得中道也九三日昊之離不鼓缶而歌則大耋之嗟凶嗟憂歎之辭也處下離之終明在將沒故曰日昊之離也明在將終若不委之於人養志无為則至于耋老有嗟凶矣故曰不鼓缶而歌則大耋之嗟凶也○[昊]本作仄[耋]田節反象曰日昊之離何可久也九四突如其來如焚如死如棄如處於明道始變之際昏而始曉沒而始出故曰突如其來如其明始進其炎始盛故曰焚如逼近至尊履非其位欲進其盛以炎其上命必不終故曰死如違離之義无應无承衆所不容故曰棄如也○[突]徒忽反象曰突如其來如无所容也六五出涕沱若戚嗟若吉履非其位不勝所履以柔乘剛不能制下下剛而進將來害己憂傷之深至于沱嗟也然所麗在尊四為逆首憂傷至深衆之所助故乃沱嗟而獲吉也○[出]如字又尺遂反[涕]他米反[沱]徒河反[戚]千寂反象曰六五之吉離王公也上九王用出征有嘉折首獲匪其醜无咎離麗也各得安其所麗謂之離處離之極離道已成則除其非類以去民害王用出征之時也故必有嘉折首獲匪其醜乃得无咎也○[離]音麗[折]之舌反象曰王用出征以正邦也

周易卷第三

周易下經咸傳第四

王弼註

䷞艮下兌上咸亨利貞取女吉彖曰咸感也柔上而剛下二氣感應以相與是以亨也〇〔取〕音娶下同止而說故利貞也〇〔說〕音悅男下女取女吉也是以亨利貞取女吉也天地感而萬物化生二氣相與乃化生也聖人感人心而天下和平觀其所感而天地萬物之情可見矣天地萬物之情見於所感也凡感之為道不能感非類者也故引取女以明同類之義也同類而不相感應以其各亢所處也故女雖應男之物必下之而後取女乃吉也〇〔見〕於音現象曰山上有澤咸君子以虛受人以虛受人物乃感應初六咸其拇處咸之初為感之始所感在末故有志而已如其本實未至傷靜〇〔拇〕茂后反足大指象曰咸其拇志在外也四屬外卦六二咸其腓凶居吉咸道轉進離拇升腓腓體動躁者也感物以躁凶之道也由躁故凶居則吉矣處不乘剛故可以居而獲吉〇〔腓〕房非反〔離〕力智反象曰雖凶居吉順不害也陰而為居順之道也不躁而居順不害也九三咸其股執其隨往吝股之為物隨足者也進不能制動退不能靜處所感在股志在隨人者也志在隨人所執亦以賤矣用斯以往吝其宜也〇〔股〕音古象曰咸其股亦不處也志在隨人所執下也九四貞吉悔亡憧憧往來朋從爾思處上卦之初應下卦之始居體之中在股之上二體始相交感以通其志心神始感者也凡物始感而不以之於正則至於害故必貞然後乃吉吉然後乃得亡其悔也始在於感未盡感極不能至於无思以得其黨故有憧憧往來然後朋從其思也〇〔憧〕昌容反又音童音鍾象曰貞吉悔亡未感害也未感於害故可正之得悔亡也憧憧往來未光大也九五咸其脢无悔脢者心之上口之下進不能大感退亦不為无志其志淺末故无悔而已〇〔脢〕武杯反又音每背脊肉也又音灰象曰咸其脢志末也上六咸其輔頰舌咸道轉末故在口舌言語而已象曰咸其輔頰舌滕口說也輔頰舌者所以為語之具也咸其輔頰舌則滕口說也憧憧往來猶未光大況在滕口薄可知也〇〔滕〕徒登反

䷟巽下震上恆亨无咎利貞恆而亨以濟三事也恆之為道亨乃无咎也恆通无咎乃利正也〇〔恆〕如字久也利有攸往各得所恆修其常道終則有始往而无違故利有攸往也象曰恆久也剛上而柔下剛尊柔卑得其序也雷風相與長陽長陰能相成也巽而動動无違也剛柔皆應不孤媲也恆皆可久之道恆亨无咎利貞久於其道也道得所久則常通无咎而利貞也天地之道恆久而不已也得其所久故不已也利有攸往終則有始也得其常道故終則復始往无窮極日月得天而能久照四時變化而能久成聖人久於其道而天下化成言各得其所恆故皆能長久觀其所恆而天地萬物之情可見矣天地萬物之情見於所恆也象曰雷風恆長陽長陰合而相與可久之道也君子以立不易方得其所久故不易也初六浚恆貞凶无攸利處恆之初最處卦底始求深者也求深窮底令物无餘縕漸以至此物猶不堪而況始求深者乎以此為恆凶正害德无施而利也〇〔浚〕荀閏反象曰浚恆之凶始求深也九二悔亡雖失其位恆位於中可以消悔也象曰九二悔亡能久中也九三不恆其德或承之羞貞吝處三陽之中居下體之上處上體之下上不全尊下不全卑中不在體體在乎恆而分无所定

无恆者也德行无恆自相違錯不可致詰故或承之羞也施德於斯物莫之納鄙賤甚矣故曰貞吝也
象曰不恆其德无所容也九四田无禽恆於非位雖勞无獲也
象曰久非其位安得禽也六五恆其德貞婦人吉夫
子凶居得尊位為恆之主不能制義而係應在二用心專貞從唱而已婦人之吉夫子之凶也象
曰婦人貞吉從一而終也夫子制義從婦凶也上六
振恆凶夫靜為躁君安為動主故安者上之所處也靜者可久之道也處卦之上居動之極以此
為恆无施而得也○〔振〕之刃反象曰振恆在上大无功也
䷠艮下乾上遯亨小利貞象曰遯亨遯而亨也遯之為義遯乃
通也○〔遯〕徒巽反剛當位而應與時行也謂五也剛當位而應非否亢也遯不
否亢能與時行也○〔否〕備鄙反小利貞浸而長也陰道欲浸而長正道亦未全滅故小
利貞也○〔浸〕子鴆反〔長〕丁丈反遯之時義大矣哉象曰天下有山遯
天下有山陰長之象君子以遠小人不惡而嚴初六遯尾厲勿
用有攸往遯之為義辟內而之外者也尾之為物最在體後者也處遯之時不往何災而為遯
尾禍所及也危至而後求行難可免乎厲則勿用有攸往也○〔遠〕袁萬反〔辟〕音避象曰遯尾
之厲不往何災也六二執之用黃牛之革莫之勝說
居內處中為遯之主物皆遯已何以固之若能執乎理中厚順之道以固之也則莫之勝解○〔勝〕升證反
又音升〔說〕如字象曰執用黃牛固志也九三係遯有疾厲畜
臣妾吉在內近二以陽附陰宜遯而係故曰係遯遯之為義宜遠小人以陽附陰係於所在不能
遠害亦已憊矣宜其屈辱而危厲也係於所在畜臣妾可也施於大事凶之道也○〔係〕古詣反象曰
係遯之厲有疾憊也畜臣妾吉不可大事也九四好

遯君子吉小人否處於外而有應於內君子好遯故能舍之小人繫戀是以否也○〔好〕
呼報反〔否〕音鄙徐方有反又備鄙反象曰君子好遯小人否也九五嘉
遯貞吉遯而得正反制於內小人應命率正其志不惡而嚴得正之吉遯之嘉也象曰嘉
遯貞吉以正志也上九肥遯无不利最處外極无應於內超然絕志
心无疑顧憂患不能累矰繳不能及是以肥遯无不利也○〔繳〕章略反象曰肥遯无不
利无所疑也
䷡乾下震上大壯利貞象曰大壯大者壯也大者謂陽爻小道將
滅大者獲正故利貞也剛以動故壯大壯利貞大者正也正大
而天地之情可見矣天地之情正大而已矣弘正極大則天地之情可見矣象
曰雷在天上大壯剛以動也君子以非禮弗履壯而違禮則凶凶則
失壯也故君子以大壯而順禮也初九壯于趾征凶有孚夫得大壯者必能自
終成也未有陵犯於物而得終其壯者在下而壯故曰壯于趾也居下而用剛壯以斯而進窮凶可必也
故曰征凶有孚象曰壯于趾其孚窮也言其信窮九二貞吉居得中位
以陽居陰履謙不亢是以貞吉象曰九二貞吉以中也九三小人用
壯君子用罔貞厲羝羊觸藩羸其角處健之極以陽處陽用其壯者
也故小人用之以為壯君子用之以為羅己者也貞厲以壯雖復羝羊以之觸藩能无羸乎○〔羝〕音低羖
羊也〔觸〕處六反〔藩〕方袁反〔羸〕律悲反象曰小人用壯君子罔也九四貞
吉悔亡藩決不羸壯于大輿之輹下剛而進將有憂虞而以陽處陰行
不違謙不失其壯故得貞吉而悔亡也己得其壯而上陰不罔己路故藩決不羸也壯于大輿之輹无有
能說其輹者可以往也○〔決〕音穴〔輿〕音餘〔輹〕音福〔說〕吐活反象曰藩決不羸尚往

也。六五，喪羊于易，无悔。居於大壯，以陽處陽，猶不免咎，而況以陰處陽，以柔乘剛者乎？羊，壯也。必喪其羊，失其所居也。能喪壯于易，不于險難，故得无悔。二履貞吉，能幹其任，而己委焉，則得无悔。委之則難不至，居之則敵寇來，故曰喪羊于易。○喪，息浪反。易，以豉反。象曰：喪羊于易，位不當也。上六，羝羊觸藩，不能退，不能遂，无攸利，艱則吉。有應於三，故不能退；懼於剛長，故不能遂。持疑猶豫，志无所定，以斯決事，未見所利。雖處剛長，剛不害正，苟定其分，固志在一，以斯自處，則憂患消亡，故曰艱則吉也。象曰：不能退，不能遂，不詳也。艱則吉，咎不長也。

䷢坤下離上晉：康侯用錫馬蕃庶，晝日三接。彖曰：晉，進也。明出地上，順而麗乎大明，柔進而上行，凡言上行者，所之在貴也。○蕃音煩。晝，竹又反。三，息暫反。上，時掌反。凡上行並同。是以康侯用錫馬蕃庶，晝日三接也。康，美之名也。順以著明，臣之道也。柔進而上行，物所與也。故得錫馬而蕃庶。以訟受服，則終朝三褫；柔進受寵，則一晝三接也。○著，直略反，下著明同。褫，勑紙反。象曰：明出地上，晉。君子以自昭明德。以順著明，自顯之道。初六，晉如摧如，貞吉。罔孚，裕无咎。處順之初，應明之始，明順之德，於斯將隆，進明退順，不失其正，故曰晉如摧如，貞吉也。處卦之始，功業未著，物未之信，故曰罔孚。方踐卦始，未至履位，以此為足，自喪其長者也，故必裕之，然後无咎。○摧，罪雷反。著，張慮反。喪，息浪反。象曰：晉如摧如，獨行正也。裕无咎，未受命也。未得履位，未受命也。六二，晉如愁如，貞吉。受茲介福于其王母。進而无應，其德不昭，故曰晉如愁如。居中得位，履順而正，不以无應而回其志，處晦能致其誠者也。脩德以斯，闇乎幽昧，得正之吉也，故曰貞吉。母者，處內而成德者也。鳴鶴在陰，則其子和之，立誠於闇，闇亦應之，故其初愁如，履貞不回，則乃受茲大福于其王母也。○愁，狀由反，鄭子小反。象曰：受茲介福，以中正也。六三，衆允，悔亡。處非其位，悔也。志在上行，與衆同信，順而麗明，故得悔亡也。象曰：衆允之志，上行也。九四，晉如鼫鼠，貞厲。履非其位，上承於五，下據三陰，履非其位，又負且乘，无業可安，志无所據，以斯為進，正之危也。進如鼫鼠，无所守也。○鼫音石，子夏傳作碩鼠。象曰：鼫鼠貞厲，位不當也。六五，悔亡，失得勿恤，往吉无不利。柔得尊位，陰為明主，能不用察，不代下任也，故雖不當位，能消其悔。失得勿恤，各有其司，術斯以往，无不利也。象曰：失得勿恤，往有慶也。上九，晉其角，維用伐邑，厲吉无咎，貞吝。處進之極，過明之中，明將夷焉，已在乎角，而猶進之，非亢如何？失夫道化无為之事，必須攻伐然後服邑，危乃得吉，吉乃无咎，用斯為正，亦以賤矣。象曰：維用伐邑，道未光也。

䷣離下坤上明夷：利艱貞。彖曰：明入地中，明夷。內文明而外柔順，以蒙大難，文王以之。利艱貞，晦其明也。內難而能正其志，箕子以之。象曰：明入地中，明夷。君子以莅衆，莅衆顯明，蔽偽百姓者也，故以蒙養正，以明夷莅衆。○難，乃旦反，卦內同。莅，履二反。用晦而明。藏明於內，乃得明也；顯明於外，巧所辟也。○辟音避，下同。初九，明夷于飛，垂其翼。君子于行，三日不食。有攸往，主人有言。明夷之主，在於上六，上六為至闇者也。初處卦之始，最遠於難也。遠難過甚，明夷遠遯，絕跡匿形，不由軌路，故曰明夷于飛。懷懼而行，行不敢顯，故曰垂其翼也。尚義而行，故曰君子于行也。志急于行，飢不遑食，故曰三日不食也。殊類過甚，以斯適人，人必疑之，故曰有攸往，主人有言。○遠，袁萬反。象曰：君子于行，義不食也。六二，明夷，夷于左股，用拯馬壯，吉。夷于左股，示行不能壯也以柔居中用夷其明進不殊類退不近難不見疑憚順以則也故可用拯馬而壯吉也不垂其翼然後乃免也○〔股〕音古象曰六二之吉順以則也順之以則故不見疑九三明夷于南狩得其大首不可疾貞處下體之上居文明之極上為至晦入地之物也故夷其明以獲南狩得大首也南狩者發其明也既誅其主將正其民民之迷也其日固已久矣化宜以漸不可速正故曰不可疾貞○〔狩〕手又反象曰南狩之志乃大得也去闇主也〔去〕羌呂反○六四入于左腹獲明夷之心于出門庭左者取其順也入于左腹得其心意故雖近不危雖時辟難門庭而已能不逆忤也象曰入于左腹獲心意也六五箕子之明夷利貞最近於晦與難為比險莫如茲而在斯中猶闇不能沒明不可息正不憂危故利貞也象曰箕子之貞明不可息也上六不明晦初登于天後入于地處明夷之極是至晦者也本其初也在乎光照轉至于晦遂入于地象曰初登于天照四國也後入于地失則也

䷤離下巽上家人利女貞家人之義各自脩一家之道不能知家外他人之事也統而論之非元亨利君子之貞故利女貞其正在家內而已象曰家人女正位乎內謂二也男正位乎外謂五也家人之義以內為本故先說女也男女正天地之大義也家人有嚴君焉父母之謂也父父子子兄兄弟弟夫夫婦婦而家道正正家而天下定矣象曰風自火出家人由內以相成熾也君子以言有物而行有恆家人之道脩於近小而不妄也故君子以言必有物而口无擇言行必有恆而身无擇行○〔行〕下孟反初九閑有家悔亡凡教在初而法在始家瀆而後嚴之志變而後治之則悔矣處家人之初為家人之始故宜必以閑有家然後悔亡也象曰閑有家志未變也六二无攸遂在中饋貞吉居內處中履得其位以陰應陽盡婦人之正義无所必遂職乎中饋巽順而已是以貞吉也○〔饋〕巨愧反象曰六二之吉順以巽也九三家人嗃嗃悔厲吉婦子嘻嘻終吝以陽處陽剛嚴者也處下體之極為一家之長者也行與其慢寧過乎恭家與其瀆寧過乎嚴是以家人雖嗃嗃悔厲猶得其道婦子嘻嘻乃失其節也○〔嗃〕呼落反〔嘻〕喜悲反象曰家人嗃嗃未失也婦子嘻嘻失家節也六四富家大吉能以其富順處其位故大吉也若但能富其家何足為大吉體柔居巽履得其位明於家道以近至尊能富其家也象曰富家大吉順在位也九五王假有家勿恤吉假至也履正而應處尊體巽王至斯道以有其家者也居於尊位而明於家道則下莫不化矣父父子子兄兄弟弟夫夫婦婦六親和睦交相愛樂而家道正正家而天下定矣故王假有家則勿恤而吉○〔假〕更白反象曰王假有家交相愛也上九有孚威如終吉處家人之終居家道之成刑于寡妻以著于外者也故曰有孚凡物以猛為本者則患在寡恩以愛為本者則患在寡威故家人之道尚威嚴也家道可終唯信與威身得威敬人亦如之反之於身則知施於人也象曰威如之吉反身之謂也

䷥兌下離上睽小事吉象曰睽火動而上澤動而下二女同居其志不同行說而麗乎明柔進而上行得中而應乎剛是以小事吉事皆相違害之道也何由得小事吉以有此三德也○〔睽〕苦圭反〔上〕時掌反下同〔說〕音悅天地睽而其事同也男女睽而其志通也萬物睽而其事類也睽之時用大矣哉睽離之時非小

人之所能用也。象曰：上火下澤，睽。君子以同而異。同於通理，異於職事。初九：悔亡，喪馬勿逐，自復，見惡人，无咎。處睽之初，居下體之下，无應獨立，悔也。與四合志，故得悔亡。馬者，必顯之物。處物之始，乖而喪其馬，物莫能同，其私必相顯也，故勿逐而自復也。時方乖離，而位乎窮下，上无應可援，下无權可恃，顯德自異，為惡所害，故見惡人，乃得免咎也。○〔喪〕息浪反。象曰：見惡人，以辟咎也。九二：遇主于巷，无咎。處睽失位，將无所安。然五亦失位，俱求其黨，出門同趣，不期而遇，故曰遇主于巷也。處睽得援，雖失其位，未失道也。○〔辟〕音避。〔巷〕戶絳反。象曰：遇主于巷，未失道也。六三：見輿曳，其牛掣，其人天且劓，无初有終。凡物近而不相得則凶。處睽之時，履非其位，以陰居陽，以柔乘剛，志在於上，而不和於四，二應於五，則近而不相比，故見輿曳。輿曳者，履非其位，失所載也。其牛掣者，滯隔所在，不獲進也。其人天且劓者，四從上取，二從下取，而應在上九，執志不回，初雖受困，終獲剛助。○〔曳〕以制反。〔掣〕昌逝反。〔劓〕魚器反，截鼻也。象曰：見輿曳，位不當也。无初有終，遇剛也。九四：睽孤，遇元夫，交孚，厲无咎。无應獨處，五自應二，三與己睽，故曰睽孤也。初亦无應特立，處睽之時，俱在獨立，同處體下，同志者也，而己失位，比於三五，皆與己乖，處无所安，故求其疇類而自託焉，故曰遇元夫也。同志相得而无疑焉，故曰交孚也。雖在乖隔，志故得行，故雖危无咎。○〔夫〕如字。象曰：交孚无咎，志行也。六五：悔亡，厥宗噬膚，往何咎。非位，悔也。有應故悔亡。厥宗謂二也。噬膚者，齧柔也。三雖比二，二之所噬，非妨己應者也。以斯而往，何咎之有？往必合也。○〔噬〕市制反。象曰：厥宗噬膚，往有慶也。上九：睽孤，見豕負塗，載鬼一車，先張之弧，後說之弧，匪寇婚媾，往遇雨則吉。處睽之極，睽道未通，故曰睽孤。已居炎極，三處澤盛，睽之極也。以文明之極而觀至穢之物，睽之甚也。豕而負塗，穢莫過焉。至睽將合，至

殊將通，恢詭譎怪，道將為一。未至於洽，先見殊怪，故見豕負塗，甚可穢也。見鬼盈車，吁可怪也。先張之弧，將攻害也。後說之弧，睽怪通也。四剠其應，故為寇也。睽志將通，匪寇婚媾，往不失時，睽疑亡也。貴於遇雨，和陰陽也。陰陽既和，羣疑亡也。○〔弧〕音胡。〔說〕吐活反。〔媾〕古豆反。〔譎〕古穴反。〔剠〕其京反。象曰：遇雨之吉，羣疑亡也。

䷦ 艮下坎上　蹇：利西南，不利東北。西南，地也。東北，山也。以難之平則難解，以難之山則道窮。○〔蹇〕紀免反。〔難〕乃旦反，卦內及解卦皆同。〔解〕音蟹，上六註同。利見大人，往則濟也。貞吉。爻皆當位，各履其正，居難履正，正邦之道也。正道未否，難由正濟，故貞吉也。遇難失正，吉可得乎？○〔否〕備鄙反。象曰：蹇，難也，險在前也。見險而能止，知矣哉！蹇利西南，往得中也。不利東北，其道窮也。利見大人，往有功也。當位貞吉，以正邦也。蹇之時用大矣哉！蹇難之時，非小人之所能用也。○〔知〕音智。象曰：山上有水，蹇。山上有水，蹇難之象。君子以反身脩德。除難莫若反身脩德。初六：往蹇來譽。處難之始，居止之初，獨見前識，覩險而止，以待其時，知矣哉！故往則遇蹇，來則得譽。象曰：往蹇來譽，宜待也。六二：王臣蹇蹇，匪躬之故。處難之時，履當其位，居不失中，以應於五。不以五在難中，私身遠害，執心不回，志匡王室者也，故曰王臣蹇蹇，匪躬之故。履中行義，以存其上，處蹇以此，未見其尤也。象曰：王臣蹇蹇，終无尤也。九三：往蹇來反。進則入險，來則得位，故曰往蹇來反。為下卦之主，是內之所恃也。象曰：往蹇來反，內喜之也。六四：往蹇來連。往則无應，來則乘剛，往來皆難，故曰往蹇來連。得位履正，當其本實，雖遇於難，非妄所招也。○〔連〕力善反，鄭如字。象曰：往蹇來連，當位實也。九五：大蹇朋來。處難之時，獨在險中，難之大者也，故曰大蹇。然居不失正，履不失中，執德

（之長不改其節如此則同志者集而至矣故曰朋來也）象曰大蹇朋來以中節也

上六往蹇來碩吉利見大人（往則長難來則難終難終則衆難皆濟志大得矣故曰往蹇來碩吉險夷難解大道可興故曰利見大人也○長丁丈反）象曰往蹇來碩志在內也（有應在內往則失之來則志獲志在內也）利見大人以從貴也

☳☵（坎下震上）解利西南（西南衆也解難濟險利施於衆也亦不困于東北故不言不利東北也○解音蟹）无所往其來復吉有攸往夙吉（未有善於解難而迷於處安也解之爲義解難而濟厄者也无難可往以解來復則不失中有難而往則以速爲吉也无難則能復其中有難則能濟其厄也）彖曰解險以動動而免乎險解（動乎險外故謂之免免險則解故謂之解）解利西南往得衆也其來復吉乃得中也有攸往夙吉往有功也天地解而雷雨作雷雨作而百果草木皆甲坼（天地否結則雷雨不作交通感散雷雨乃作也雷雨之作則險厄者亨否結者散故百果草木皆甲坼也○坼勑宅反否備鄙反）解之時大矣哉（无所而不釋也難解之時非治難時故不言用體盡於解之名无有幽隱故不曰義）象曰雷雨作解君子以赦過宥罪

初六无咎（解者解也屯難盤結於是乎解也處蹇難始解之初在剛柔始散之際將赦罪厄以夷其險處此之時不煩於位而无咎也）象曰剛柔之際義无咎也（或有過咎非其理也義猶理也）

九二田獲三狐得黃矢貞吉（狐者隱伏之物也剛中而應爲五所任處於險中知險之情以斯解物能獲隱伏也故曰田獲三狐也黃理中之稱也矢直也田而獲三狐得乎理中之道不失枉直之實能全其正者也故曰田獲三狐得黃矢貞吉也○解佳買反凡解難解而解其同）象曰九二貞吉得中道也

六三負且乘致寇至貞吝（處非其位履非其正以附於四用夫柔邪以自媚者也乘二負四以容其身寇之來也自己所致雖幸而免正之所賤也○乘如字王繩證反）象曰負且乘亦可醜也自我致戎又誰咎也

九四解而拇朋至斯孚（失位不正而比於三故三得附之爲其拇也三爲之拇則失初之應故解其拇然後朋至而信矣○拇茂后反）象曰解而拇未當位也

六五君子維有解吉有孚于小人（居尊履中而應乎剛可以有解而獲吉矣以君子之道解難釋險小人雖闇猶知服之而无怨矣故曰有孚于小人也○維有解音蟹）象曰君子有解小人退也

上六公用射隼于高墉之上獲之无不利（初爲四應二爲五應三不應上失位負乘處下體之上故曰高墉墉非隼之所處高非三之所履上六居動之上爲解之極將解荒悖而除穢亂者也故用射之極而後動成而後舉故必獲之而无不利也○射食亦反隼荀尹反墉音容）象曰公用射隼以解悖也（○解佳買反）

☶☱（兌下艮上）損有孚元吉无咎可貞利有攸往曷之用二簋可用享象曰損損下益上其道上行（艮爲陽兌爲陰凡陰順於陽者也陽止於上陰說而順損下益上上行之義也○損孫本反簋音軌享香兩反上時掌反凡上行皆同）損而有孚元吉无咎可貞利有攸往（損之爲道損下益上損剛益柔也損下益上非補不足也損剛益柔非長君子之道也爲損而可以獲吉其惟有孚乎損而有孚則元吉无咎而可正利有攸往矣損剛益柔不以消剛損下益上不以盈上損剛而不爲邪益上而不爲諂則何咎而可正雖不能拯濟大難以斯有往物无距也○長丁丈反）曷之用（曷辭也曷之用言何用豐爲也）二簋可用享（二簋質薄之器也行損以信雖二簋而可用享）二簋應有時（至約之道不可常也）損剛益柔有時（下不敢剛貴於上行損剛益柔之謂也剛

剛爲德長損之不可以爲常也損益盈虛與時偕行自然之質各定其分短者不爲不足長者不爲有餘損益將何加焉非道之常故必與時偕行也象曰山下有澤損山下有澤損之象也君子以懲忿窒欲可損之善莫善忿欲也○〔懲〕直升反〔忿〕芳粉反〔窒〕珍栗反初九已事遄往无咎酌損之損之爲道損下益上損剛益柔以應其時者也居於下極損剛奉柔則不可以逸處損之始則不可以盈事已則往不敢宴安乃獲无咎也剛以奉柔雖免乎咎猶未親也故既獲无咎復自酌損乃得合志也遄速也○〔已〕音以〔遄〕市專反象曰已事遄往尚合志也尚合於志故速往也九二利貞征凶弗損益之柔不可全益剛不可全削下不可以无正初九已損剛以順柔九二履中而復損己以益柔則剝道成焉故不可遄往而利貞也進之乎柔則凶矣故曰征凶也故九二不損而務益以中爲志也象曰九二利貞中以爲志也六三三人行則損一人一人行則得其友損之爲道損下益上其道上行三人謂自六三已上三陰也三陰並行以承於上則上失其友內无其主名之曰益其實乃損故天地相應乃得化醇男女匹配乃得化生陰陽不對生可得乎故六三獨行乃得其友三陰俱行則必疑矣象曰一人行三則疑也六四損其疾使遄有喜无咎履得其位以柔納剛能損其疾也疾何可久故速乃有喜損疾以離其咎有喜乃免故使速乃有喜有喜乃无咎也○〔離〕力智反象曰損其疾亦可喜也六五或益之十朋之龜弗克違元吉以柔居尊而爲損道江海處下百谷歸之履尊以損則益之矣朋黨也龜者決疑之物也陰非先唱柔非自任尊以自居損以守之故人用其力事竭其功知者慮能明者慮策弗能違也則衆才之用盡矣獲益而得十朋之龜足以盡天人之助也象曰六五元吉自上祐也上九弗損益之无咎貞吉利有攸往得臣无家處損之終上无所奉損終反益剛德不損乃反益之而不憂於咎用正而吉不制於柔剛德遂長故曰弗損益之无咎貞吉利有攸往也居上乘柔處損之極尚夫剛德爲物所歸故曰得臣得臣則天下爲一故无家也象曰弗損益之大得志也

䷩震下巽上益利有攸往利涉大川彖曰益損上益下民說无疆震陽也巽陰也巽非違震者也處上而巽不違於下損上益下之謂也○〔說〕音悅〔疆〕居良反自上下下其道大光利有攸往中正有慶五處中正自上下下故有慶也以中正有慶之德有攸往也何適而不利哉○〔下下〕上遐嫁反下如字注同利涉大川木道乃行木者以涉大川爲常而不溺者也以益涉難同乎木也益動而巽日進无疆天施地生其益无方損上益下〔施〕始豉反○凡益之道與時偕行益之爲用施未足也滿而益之害之道也故凡益之道與時偕行也象曰風雷益君子以見善則遷有過則改遷善改過益莫大焉初九利用爲大作元吉无咎處益之初居動之始體夫剛德以莅其事而之乎巽以斯大作必獲大功夫居下非厚事之地在卑非任重之處大作非小功所濟故元吉乃得无咎也象曰元吉无咎下不厚事也時可以大作而下不可以厚事得其時而无其處故元吉乃得无咎也六二或益之十朋之龜弗克違永貞吉王用享于帝吉以柔居中而得其位處內履中居益以沖益自外來不召自至不先不爲則朋龜獻策同於損卦六五之位位不當尊故吉在永貞也帝者生物之主興益之宗出震而齊巽者也六二居益之中體柔當位而應於巽享帝之美在此時也○〔享〕香兩反象曰或益之自外來也六三益之用凶事无咎有孚中行告公用圭以陰居陽求益者也故曰益之益不外來己自爲之物所不與故在謙則戮救凶則免以陰居陽處下卦

（之上，壯之甚也。用救衰危，物所恃也，故用凶事，乃得无咎也。若能益不爲私，志在救難，壯不至亢，不失中行，以此告公，國主所任也。用圭之禮，備此道矣，故曰有孚中行，告公用圭也。公者，臣之極也。凡事足以施天下，則稱王；次天下之大者，則稱公。六三之才不足以告王，足以告公而得用圭也。故曰中行告公用圭也。）象曰：益用凶事，固有之也。（用施凶事，乃得固有之也。）六四：中行，告公從，利用爲依遷國。（居益之時，處巽之始，體柔當位，在上應下，卑不窮下，高不處亢，位雖不中，用中行者也。以斯告公，何有不從？以斯依遷，誰有不納也？）象曰：告公從，以益志也。（志得益也。）九五：有孚惠心，勿問元吉。有孚惠我德。（得位履尊，爲益之主者也。爲益之大，莫大於信；爲惠之大，莫大於心。因民所利而利之焉，惠而不費，惠心者也。信以惠心，盡物之願，故不待問而元吉。有孚，惠我德也。以誠惠物，物亦應之，故曰有孚惠我德也。）象曰：有孚惠心，勿問之矣。惠我德，大得志也。上九：莫益之，或擊之，立心勿恆，凶。（處益之極，過盈者也。求益无已，心无恆者也。无厭之求，人弗與也。獨唱莫和，是偏辭也。人道惡盈，怨者非一，故曰或擊之也。○厭，於豔反。）象曰：莫益之，偏辭也。或擊之，自外來也。

周易卷第四

周易下經夬傳第五

王弼註

☱☰乾下兌上夬揚于王庭孚號有厲告自邑不利即戎利有攸往夬與剝反者也剝以柔變剛至於剛幾盡夬以剛決柔如剝之消剛剛隕則君子道消柔消則小人道隕君子道消則剛正之德不可得直道而用刑罰之威不可得坦然而行揚于王庭其道公也○〔夬〕古快反〔幾〕音祈彖曰夬決也剛決柔也健而說決而和健而說則決而和矣○〔決〕古穴反〔說〕音悅揚于王庭柔乘五剛也剛德齊長一柔爲逆衆所同誅而无忌者也故可揚于王庭○〔長〕丁丈反孚號有厲其危乃光也剛正明信以宣其令則柔邪者危故曰其危乃光也告自邑不利即戎所尚乃窮也以剛斷制告令可也告自邑謂行令於邑也用剛即戎尚力取勝也尚力取勝物所同疾也利有攸往剛長乃終也剛德愈長柔邪愈消故利有攸往道乃成也象曰澤上於天夬君子以施祿及下居德則忌澤上於天夬之象也澤上於天必來下潤施祿及下之義也夬者明法而決斷之象也忌禁也法明斷嚴不可以慢故居德以明禁施而能嚴嚴而能施健而能說決而能和美之道也○〔上〕時掌反〔施〕始豉反初九壯于前趾往不勝爲咎居健之初爲決之始宜審其策以行其事壯其前趾往而不勝宜其咎也象曰不勝而往咎也不勝之理在往前也九二惕號莫夜有戎勿恤居健履中以斯決事能審己度而不疑者也故雖有惕懼號呼莫夜有戎不憂不惑故勿恤也○〔惕〕敕歷反〔號〕戶羔反〔莫〕音暮〔呼〕火故反象曰有戎勿恤得中道也九三壯于頄有凶君子夬夬獨行遇雨若濡有慍无咎頄面權也謂上六也最處體上故曰權也剝之六三以應陽爲善夫剛長則君子道興陰盛則小人道長然則處陰長而助陽則善處剛長而助柔則凶矣夬爲剛長而三獨應上六助於小人是以凶也君子處之必能棄夫情累決之不疑故曰夬夬也若不與衆陽爲羣而獨行殊志應於小人則受其困焉遇雨若濡有恨而无所咎也○〔頄〕求龜反又音求〔濡〕而朱反〔慍〕紆運反象曰君子夬夬終无咎也九四臀无膚其行次且牽羊悔亡聞言不信下剛而進非己所據必見侵傷失其所安故臀无膚其行次且也羊者牴很難移之物謂五也五爲夬主非下所侵若牽於五則可得悔亡而已剛亢不能納言自任所處聞言不信以斯而行凶可知矣○〔臀〕徒敦反〔次〕本亦作趑七私反〔且〕本亦作趄七餘反象曰其行次且位不當也聞言不信聰不明也同於噬嗑滅耳之凶九五莧陸夬夬中行无咎莧陸草之柔脆者也決之至易故曰夬夬也夬之爲義以剛決柔以君子除小人者也而五處尊位最比小人躬自決者也以至尊而敵至賤雖其克勝未足多也處中而行足以免咎而已未足光也○〔莧〕閑辨反又胡練反一本作莞華板反〔脆〕七歲反象曰中行无咎中未光也上六无號終有凶處夬之極小人在上君子道長衆所共棄故非號咷所能延也○〔咷〕徒刀反象曰无號之凶終不可長也

☰☴巽下乾上姤女壯勿用取女彖曰姤遇也柔遇剛也勿用施之於人即女遇男也一女而遇五男爲壯至甚故不可取也○〔姤〕古豆反〔取〕七喻反下同取女不可與長也天地相遇品物咸章也匹乃功成也剛遇中正天下大行也化乃大行也姤之時義大矣哉凡言義者不盡於所見中有意謂者也象曰天下有風姤后以施命誥四方初六繫于金柅貞吉有攸往見凶羸豕孚蹢躅金者堅剛之物柅者制動之主謂九四也初六處遇之始以一柔而承五剛體夫躁質得遇而通散而无主自縱者

也。柔之爲物，不可以不牽；臣妾之道，不可以不貞。故必繫于正應，乃得貞吉也。若不牽于一而有攸往，行則唯凶是見矣。羸豕，謂牝豕也。羣豕之中，豭強而牝弱，故謂之羸豕也。孚猶務躁也。夫陰質而躁恣者，羸豕特甚焉，言以不貞之陰，失其所牽，其爲淫醜，若羸豕之孚務蹢躅也。○〔誥〕古報反，鄭作詰，起一反。〔柅〕乃履反。〔羸〕劣隨反。〔蹢〕直戟反。〔躅〕直錄反。〔牝〕頻忍反。象曰：繫于金柅，柔道牽也。九二，包有魚，无咎，不利賓。初陰而窮下，故稱魚。不正之陰，處遇之始，不能逆近者也。初自樂來應己之廚，非爲犯奪，故无咎也。擅人之物以爲己惠，義所不爲，故不利賓也。○〔包〕白交反，下同。鄭百交反。象曰：包有魚，義不及賓也。九三，臀无膚，其行次且，厲，无大咎。處下體之極，而二據於初，不爲己乘，居不獲安，行无其應，不能牽據，以爲固所處，故曰臀无膚，其行次且也。然履得其位，非爲妄處，不遇其時，故使危厲。災非己招，是以无大咎也。象曰：其行次且，行未牽也。九四，包无魚，起凶。二有其魚，故失之也。无民而動，失應而作，是以凶也。象曰：无魚之凶，遠民也。九五，以杞包瓜，含章，有隕自天。杞之爲物，生於肥地者也。包瓜爲物，繫而不食者也。九五履得尊位，而不遇其應，得地而不食，含章而未發，不遇其應，命未流行，然處得其所，體剛居中，志不舍命，不可傾隕，故曰有隕自天也。○〔遠〕袁萬反。〔杞〕音起，苟杞，馬云：大木，鄭云：柳。象曰：九五含章，中正也；有隕自天，志不舍命也。上九，姤其角，吝，无咎。進之於極，无所復遇，遇角而已，故曰姤其角也。進而无遇，獨恨而已，不與物爭，其道不害，故无凶咎也。○〔舍〕音捨，下同。〔復〕扶又反。象曰：姤其角，上窮吝也。

䷬坤下兌上萃，亨。聚乃通也。〔萃〕在季反。○王假有廟。假，至也。王以聚至有廟也。○〔假〕更白反。利見大人，亨，利貞。聚得大人，乃得通而利正也。用大牲吉。全夫聚道，用大牲乃吉也。聚道不全而用大牲，神不福也。利有攸往。象曰：萃，聚也。順以說，剛中而應，故聚也。但順而說，則邪佞之道也；剛而違於中應，則強亢之德也。何由得聚？順說而以剛爲主，主剛而履中，履中以應，故得聚也。○〔說〕音悅。王假有廟，致孝享也。全聚乃得致孝之享也。利見大人，亨，聚以正也。大人體中正者也，通聚以正，聚乃得全也。用大牲吉，利有攸往，順天命也。順以說而不損剛，順天命者也。天德剛而不違中，順天則說而以剛爲主也。觀其所聚，而天地萬物之情可見矣。方以類聚，物以羣分，情同而後乃聚，氣合而後乃羣。象曰：澤上於地，萃。君子以除戎器，戒不虞。聚而无防，則衆生心。○〔上〕時掌反。〔除〕如字。初六，有孚不終，乃亂乃萃，若號，一握爲笑，勿恤，往无咎。有應在四，而三承之，心懷嫌疑，故有孚不終也。不能守道以結至好，迷務競爭，故乃亂乃萃也。一握者，小之貌也。爲笑者，愞劣之貌也。己爲正妃，三以近寵，若安夫卑退，謙以自牧，則勿恤而往无咎也。○〔號〕戶報反，鄭戶羔反。〔握〕烏學反。〔好〕呼報反。〔愞〕乃亂反。〔妃〕音配。象曰：乃亂乃萃，其志亂也。六二，引吉，无咎，孚乃利用禴。居萃之時，體柔當位，處坤之中，己獨處正，與衆相殊，異操而聚，民之多僻，獨正者危，未能變體以遠於害，故必見引，然後乃吉而无咎也。禴，殷春祭名也，四時祭之省者也。居聚之時，處於中正，而行以忠信，故可以省薄薦於鬼神也。○〔禴〕羊略反。〔遠〕袁萬反。〔省〕生領反。象曰：引吉无咎，中未變也。六三，萃如嗟如，无攸利，往无咎，小吝。履非其位，以比於四，四亦失位，不正相聚，相聚不正，患所生也。干人之應，害所起也，故萃如嗟如，无攸利也。上六亦无應而獨立，處極而憂危，思援而求朋，巽以待物者也，與其萃於不正，不若之於同志，故可以往而无咎也。二陰相合，猶不若一陰一陽之應，故有小吝也。象曰：往无咎，上巽也。九四，大吉，无咎。履非其位，而下據三陰，得其所據，失其所處，處聚之時，不正而據，故必大吉，立夫大功，然後无咎也。象曰：大吉无咎，位不

當也　九五萃有位无咎匪孚元永貞悔亡（處聚之時最得盛位故曰萃有位也四專而據己德不行自守而已故曰无咎匪孚夫脩仁守正久必悔消故曰元永貞悔亡）象曰萃有位志未光也　上六齎咨涕洟无咎（處聚之時居於上極五非所乘內无應援處上獨立近遠无助危莫甚焉齎咨嗟歎之辭也若能知危之至懼禍之深憂病之甚至于涕洟不敢自安亦衆所不害故得无咎也○[齎]將池反王肅將啼反[咨]音諮[涕]音體[洟]他麗反又音夷）象曰齎咨涕洟未安上也

䷭（巽下坤上）升元亨用見大人勿恤（巽順可以升陽爻不當尊位无嚴剛之正則未免於憂故用見大人乃勿恤也）南征吉（以柔之南則麗乎大明也）彖曰柔以時升（柔以其時乃得升也）巽而順剛中而應是以大亨（純柔則不能自升剛亢則物不從既以時升又巽而順剛中而應以此而升故得大亨）用見大人勿恤有慶也南征吉志行也（巽順以升至于大明志行之謂也）象曰地中生木升君子以順德積小以高大　初六允升大吉（允當也巽卦三爻皆升者也雖无其應處升之初與九二九三合志俱升當升之時升必大得是以大吉也）象曰允升大吉上合志也　九二孚乃利用禴无咎（與五爲應往必見任體夫剛德進不求寵閑邪存誠志在大業故乃利用納約于神明矣）象曰九二之孚有喜也　九三升虛邑（履得其位以陽升陰以斯而舉莫之違距故若升虛邑也○虛如字徐去餘反）象曰升虛邑无所疑也（往必得也）六四王用亨于岐山吉无咎（處升之際下升而進可納而不可距也距下之進攘來自專則殃咎至焉若能不距而納順物之情以通庶志則得吉而无咎矣岐山之會順事之情无不納也○[岐]其宜反）象曰王用亨于岐山順事也　六五貞吉升階（升得尊位體柔而應納而不距任而不專故得貞吉升階而尊也）象曰貞吉升階大得志也　上六冥升利于不息之貞（處升之極進而不息者也進而不息故雖冥猶升也故施於不息之正則可用於爲物之主則喪矣終於不息消之道也○[冥]覓經反[喪]息浪反）象曰冥升在上消不富也（勞不可久也）

䷮（坎下兌上）困亨（窮必通也處窮而不能自通者小人也）貞大人吉无咎（處困而得无咎吉乃免也）有言不信　象曰困剛揜也（剛見揜於柔也○[揜]於檢反）險以說困而不失其所亨（處險而不改其說困而不失其所亨也○[說]音悅）其唯君子乎貞大人吉以剛中也（處困而用剛不失其中履正而能體大者也能正而不能大博未能濟困者也故曰貞大人吉也）有言不信尚口乃窮也（處困而言不見信之時也非行言之時而欲用言以免必窮者也其吉在於貞大人口何爲乎）象曰澤无水困君子以致命遂志（澤无水則水在澤下水在澤下困之象也處困而屈其志者小人也君子固窮道可忘乎）初六臀困于株木入于幽谷三歲不覿（最處底下沈滯卑困居无所安故曰臀困于株木也欲之其應二隔其路居則困于株木進不獲拯必隱遯者也故曰入于幽谷也困之爲道不過數歲者也以困而藏困解乃出故曰三歲不覿○[臀]徒敦反[株]張愚反[覿]大歷反[遯]徒困反）象曰入于幽谷幽不明也（言幽者不明之辭也入于不明以自藏也）九二困于酒食朱紱方來利用享祀征凶无咎（以陽居陰尚謙者也居困之時處得其中體夫剛質而用中履謙應不在一心无所私盛莫先焉夫謙以待物物之所歸剛以處險難之所濟履中則不失其宜无應則心无私特以斯處困物莫不至不勝豐衍故曰困于酒食美之至矣坎北方之卦也朱紱南方之物也處困以斯能招異方者也故曰朱紱方來也豐衍盈盛故利用享祀盈而又進傾之道也以此而征凶誰咎乎故

日征凶无咎○〔紱〕音弗下同〔享〕許兩反象曰困于酒食中有慶也六三困于石據于蒺蔾入于其宮不見其妻凶石之爲物堅而不納者也謂四也三以陰居陽志武者也四自納初不受己者也二非所據剛非所乘上比困石下據蒺蔾无應而入焉得配耦在困處斯凶其宜也○〔蒺〕音疾〔蔾〕音黎象曰據于蒺蔾乘剛也入于其宮不見其妻不祥也九四來徐徐困于金車吝有終金車謂二也二剛以載者也故謂之金車徐徐者疑懼之辭也志在於初而隔於二履不當位威命不行棄之則不能欲往則畏二故曰來徐徐困于金車也有應而不能濟之故曰吝也然以陽居陰履謙之道量力而處不與二爭雖不當位物終與之故曰有終也象曰來徐徐志在下也下謂初也雖不當位有與也九五劓刖困于赤紱乃徐有說利用祭祀以陽居陽任其壯者也不能以謙致物物則不附忿物不附而用其壯猛行其威刑異方愈乖遐邇愈叛刑之欲以得乃益所以失也故曰劓刖困于赤紱也二以謙得之五以剛失之體在中直能不遂迷困而後能用其道者也致物之功不在於暴故曰徐也困而後乃徐徐則有說矣故曰困于赤紱乃徐有說也祭祀所以受福也履夫尊位困而能改不遂其迷以斯祭祀必得福焉故曰利用祭祀也○〔劓〕魚器反〔刖〕五刮反又音月象曰劓刖志未得也乃徐有說以中直也利用祭祀受福也上六困于葛藟于臲卼曰動悔有悔征吉居困之極而乘於剛下无其應行則愈繞者也行則纏繞居不獲安故曰困于葛藟于臲卼也下句无困因於上也處困之極行无通路居无所安困之至也凡物窮則思變困則謀通處至困之地用謀之時也曰者思謀之辭也謀之所行有隙則獲言將何以通至困乎曰動悔令生有悔以征則濟矣故曰動悔有悔征吉也○〔藟〕力軌反〔臲〕五結反王肅妍喆反〔卼〕五骨反又音月象曰困于葛藟未當也所處未當故致此困也動悔有悔吉行也

䷯巽下坎上井改邑不改井井以不變爲德者也○〔井〕精領反无喪无得德有常也○〔喪〕息浪反往來井井不渝變也汔至亦未繘井已來至而未出井也○〔汔〕許訖反王其乞反〔繘〕音橘汲水索也又其律反羸其瓶凶井道以已出爲功也幾至而覆與未汲同也○〔羸〕律悲反〔瓶〕白經反象曰巽乎水而上水井音舉上之上○〔上〕時掌反下皆同井養而不窮也改邑不改井乃以剛中也以剛處中故能定居其所而不變也○〔養〕如字汔至亦未繘井未有功也井以已成爲功羸其瓶是以凶也象曰木上有水井君子以勞民勸相木上有水井之象也上水以養養而不窮者也相猶助也可以勞民勸助莫若養而不窮也○〔勞〕力報反〔相〕息亮反初六井泥不食舊井无禽最在井底上又无應沈滯滓穢故曰井泥不食也井泥而不可食則是久井不見渫治者也久井不見渫治禽所不嚮而況人乎一時所共棄舍也井者不變之物居德之地恆德至賤物无取也○〔泥〕乃計反〔舍〕上聲下同象曰井泥不食下也舊井无禽時舍也九二井谷射鮒甕敝漏谿谷出水從上注下水常射焉井之爲道以下給上者也而无上應於上反下與初故曰井谷射鮒鮒謂初也失井之道水不上出而反下注故曰甕敝漏也夫處上宜下處下宜上井已下矣而復下注其道不交則莫之與也○〔谷〕古木反又音浴〔射〕食亦反徐食夜反〔鮒〕音附〔甕〕屋送反〔敝〕婢世反象曰井谷射鮒无與也九三井渫不食爲我心惻可用汲王明並受其福渫不停污之謂也處下卦之上履得其位而應於上得井之義也當上井之義而不見食脩己全潔而不見用故爲我心惻也爲猶使也不下注而應上故可用汲也王明則見照明既嘉其行又欽其用故曰王明並受其福也○〔渫〕息列反徐食列反〔惻〕音測〔汲〕音急〔行〕下孟反下同象

曰井渫不食行惻也行感於誠故曰惻也求王明受福也六四井甃无咎得位而无應自守而不能給上可以修井之壞補過而已○[甃]側舊反象曰井甃无咎脩井也九五井洌寒泉食洌潔也居中得位體剛不撓不食不義中正高潔故井洌寒泉然後乃食也○[洌]音列象曰寒泉之食中正也上六井收勿幕有孚元吉處井上極水已出井井功大成在此爻矣故曰井收也羣下仰之以濟淵泉由之以通者也幕猶覆也不擅其有不私其利則物歸之往无窮矣故曰勿幕有孚元吉也○[收]詩救反又如字[幕]音莫象曰元吉在上大成也

䷰離下兌上革巳日乃孚元亨利貞悔亡夫民可與習常難與適變可與樂成難與慮始故革之為道即日不孚巳日乃孚也孚然後乃得元亨利貞悔亡也巳日而不孚革不當也悔吝之所生生乎變動者也革而當其悔乃亡也彖曰革水火相息二女同居其志不相得曰革凡不合而後乃變生變之所生生於不合者也故取不合之象以為革也息者生變之謂也火欲上而澤欲下水火相戰而後生變者也二女同居而有水火之性近而不相得也○[息]如字巳日乃孚革而信之文明以說大亨以正革而當其悔乃亡夫所以得革而信者文明以說也文明以說履正而行以斯為革應天順民大亨以正者也革而大亨以正非當如何○[說]音悅天地革而四時成湯武革命順乎天而應乎人革之時大矣哉象曰澤中有火革君子以治歷明時歷數時會存乎變也初九鞏用黃牛之革在革之始革道未成固夫常中未能應變者也此可以守成不可以有為也鞏固也黃中也牛之革堅韌不可變也固之所用常中堅韌不肯變也○[鞏]九勇反象曰鞏用黃牛不可以有為也六二巳日乃革之征吉无咎陰之為物不能先唱順從者也不能自革巳日乃能從之故曰巳日乃革之也二與五雖有水火殊體之異同處厥中陰陽相應往必合志不憂咎也是以征吉而无咎象曰巳日革之行有嘉也九三征凶貞厲革言三就有孚巳處火極上卦三爻雖體水性皆從革者也自四至上從命而變不敢有違故曰革言三就其言實誠故曰有孚革言三就有孚而猶征之凶其宜也○[行]如字又下孟反象曰革言三就又何之矣九四悔亡有孚改命吉初九處下卦之下九四處上卦之下故能變也无應悔也與水火相比能變者也是以能悔亡處水火之際居會變之始能不固吝不疑於下信志改命不失時願是以吉也有孚則見信矣見信以改命則物安而无違故曰悔亡有孚改命吉也處上體之下始宜命也象曰改命之吉信志也信志而行九五大人虎變未占有孚未占而孚合時心也象曰大人虎變其文炳也上六君子豹變小人革面居變之終變道已成君子處之能成其文小人樂成則變面以順上也○[炳]兵領反征凶居貞吉改命創制變道已成功成則事損事損則无為故居則得正而吉征則躁擾而凶也象曰君子豹變其文蔚也小人革面順以從君也○[蔚]音尉又紆弗反

䷱巽下離上鼎元吉亨革去故而鼎取新取新而當其人易故而法制齊明吉然後乃亨故先元吉而後亨也鼎者成變之卦也革既變矣則制器立法以成之焉變而无制亂可待也法制應時然後乃吉賢愚有別尊卑有序然後乃亨故先元吉而後乃亨○[鼎]丁冷反彖曰鼎象也法象也以木巽火亨飪也亨飪鼎之用也○[亨]普庚反下並同[飪]入甚反徐而鴆反聖人亨以享上帝而大亨以養聖賢亨者鼎之所為也革去故而鼎成新故為亨飪調和之器也去故取新聖賢不可失也飪熟也天下莫不用之而聖人用之乃上以享上帝而下以大亨養聖賢也○[享]香兩反巽而耳目聰明聖賢獲養則已不為而成矣故

巽而耳目聰明也。柔進而上行，得中而應乎剛，是以元亨。謂五也。有斯二德，故能成新，獲大亨也。○〔上〕時掌反。象曰：木上有火，鼎。君子以正位凝命。凝者，嚴整之貌也。鼎者，取新成變者也。革去故而鼎成新。正位者，明尊卑之序也。凝命者，以成教命之嚴也。○〔凝〕魚承反。初六：鼎顛趾，利出否，得妾以其子，无咎。凡陽為實而陰為虛，鼎之為物，下實而上虛，而今陰在下，則是為覆鼎也。鼎覆則趾倒矣。否，謂不善之物也。取妾以為室主，亦顛趾之義也。處鼎之初，將在納新，施顛以出穢，得妾以為子，故无咎也。○〔顛〕丁田反。〔趾〕音止。〔出〕尺遂反，或如字。〔否〕悲己反，下同。〔覆〕芳目反。〔倒〕丁老反。象曰：鼎顛趾，未悖也。倒以寫否，故未悖也。○〔悖〕必內反。利出否，以從貴也。棄穢以納新也。九二：鼎有實，我仇有疾，不我能即，吉。以陽之實，處鼎之中，有實者也。有實之物，不可復加，益之則溢，反傷其實。我仇，謂五也。困於乘剛之疾，不能就我，則我不溢，得全其吉也。○〔仇〕音求。〔復〕扶又反。象曰：鼎有實，慎所之也。有實之鼎，不可復有所取，才任已極，不可復有所加。我仇有疾，終无尤也。九三：鼎耳革，其行塞，雉膏不食，方雨虧悔，終吉。鼎之為義，虛中以待物者也。而三處下體之上，以陽居陽，守實无應，无所納受。耳宜空以待鉉，而反全其實塞，故曰鼎耳革，其行塞，雖有雉膏，而終不能食也。雨者，陰陽交和，不偏亢者也。雖體陽爻，而統屬陰卦，若不全任剛亢，務在和通，方雨則悔虧，終則吉也。○〔行〕下孟反。〔塞〕悉則反。象曰：鼎耳革，失其義也。九四：鼎折足，覆公餗，其形渥，凶。處上體之下，而又應初，既承且施，非己所堪，故曰鼎折足也。初已出否，至四所盛則已潔矣，故曰覆公餗也。渥，沾濡之貌也。既覆公餗，體為渥沾，知小謀大，不堪其任，受其至辱，災及其身，故曰其形渥凶也。○〔折〕之舌反。〔餗〕送鹿反。〔渥〕於角反。〔施〕始豉反。〔盛〕音成。〔知〕音智。象曰：覆公餗，信如何也。不量其力，果致凶災，信如之何。六五：鼎黃耳金鉉，利貞。居中以柔，能以通理，納乎剛正，故曰黃耳金鉉，利貞也。耳黃，則能納剛正以自舉也。○〔鉉〕懸典反，又古懸反。象曰：鼎黃耳，中以為實也。以中為實，所受不妄也。上九：鼎玉鉉，大吉，无不利。處鼎之終，鼎道之成也。居鼎之成，體剛履柔，用勁施鉉，以斯處上，高不誠亢，得夫剛柔之節，能舉其任者也。應不在一，則靡所不舉，故曰大吉无不利也。○〔勁〕古政反。象曰：玉鉉在上，剛柔節也。

䷲震下震上 震：亨。懼以成，則是以亨。震來虩虩，笑言啞啞。震之為義，威至而後乃懼也，故曰震來虩虩，恐懼之貌也。震者，驚駭怠惰，以肅解慢者也，故震來虩虩，恐致福也。笑言啞啞，後有則也。○〔虩〕許逆反。〔啞〕烏客反。〔解〕佳賣反。震驚百里，不喪匕鬯。威震驚乎百里，則是可以不喪匕鬯矣。匕所以載鼎實，鬯，香酒，奉宗廟之盛也。○〔喪〕息浪反，卦內並同。〔匕〕必以反。〔鬯〕勑亮反。象曰：震亨，震來虩虩，恐致福也。笑言啞啞，後有則也。震驚百里，驚遠而懼邇也。威震驚乎百里，則惰者懼於近矣。出可以守宗廟社稷，以為祭主也。明所以堪長子之義也。不喪匕鬯，則已出可以守宗廟。○〔長〕丁丈反。〔己〕音紀。象曰：洊雷，震。君子以恐懼脩省。初九：震來虩虩，後笑言啞啞，吉。體夫剛德，為卦之先，能以恐懼脩其德也。○〔洊〕在薦反。象曰：震來虩虩，恐致福也。笑言啞啞，後有則也。六二：震來厲，億喪貝，躋于九陵，勿逐，七日得。震之為義，威駭怠懈，肅整惰慢者也。初幹其任，而二乘之，震來則危，喪其資貨，亡其所處矣，故曰震來厲，億喪貝。億，辭也。貝，資貨糧用之屬也。犯逆受戮，无應而行，行无所舍，威嚴大行，物莫之納，无糧而走，雖復超越陵險，必困于窮匱，不過七日，故曰勿逐，七日得也。○〔億〕於其反，下同，鄭如字。〔喪〕去聲。〔貝〕如字。〔躋〕子西反。〔復〕扶又反。象曰：震來厲，乘剛也。六三：震蘇蘇，震行无眚。不當其位，位非所處故懼蘇蘇也而无乘剛之逆可以懼行而无眚也○[眚]生領反故象曰震蘇蘇位不當也九四震遂泥處四陰之中居恐懼之時爲衆陰之主宜勇其身以安於衆若其震也遂困難矣履夫不正不能除恐使物安己德未光也○[泥]乃計反荀本遂作隊泥乃低反[難]乃旦反象曰震遂泥未光也六五震往來厲億无喪有事往則无應來則乘剛恐而往來不免於危夫處震之時而得尊位斯乃有事之機也而懼往來將喪其事故曰億无喪有事也象曰震往來厲危行也其事在中大无喪也大則无喪往來乃危也上六震索索視矍矍征凶震不于其躬于其鄰无咎婚媾有言處震之極震者也居震之極求中未得故懼而索索視而矍矍无所安親也已處動極而復征焉凶其宜也若恐非己造彼動故懼懼鄰而戒合於備豫故无咎也極懼相疑故雖婚媾而有言也○[索]桑落反[矍]俱縛反徐許縛反[媾]古豆反象曰震索索中未得也雖凶无咎畏鄰戒也

䷳艮下艮上艮其背目无患也[艮]根恨反○不獲其身所止在後故不得其身也行其庭不見其人相背故也○[背]音佩无咎凡物對面而不相通否之道也艮者止而不相交通之卦也各止而不相與何得无咎唯不相見乃可也施止於背不隔物欲得其所止也背者无見之物也无見則自然靜止靜止而无見則不獲其身矣相背者雖近而不相見故行其庭不見其人也夫施止不於无見令物自然而止而强止之則姦邪並興近而不相得則凶其得无咎艮其背不獲其身行其庭不見其人也○[否]備鄙反[强]其兩反故象曰艮止也時止則止時行則行動靜不失其時其道光明止道不可常用必施於不可以行適於其時道乃光明也艮其止止其所也易背曰止以明背即止也施止不可於面施背乃可也施止於止不施止於行得其所矣故曰艮其止止其所也上下敵應不相與也是以不獲其身行其庭不見其人无咎也象曰兼山艮君子以思不出其位各止其所不侵官也初六艮其趾无咎利永貞處止之初行无所之故止其趾乃得无咎至靜而定故利永貞象曰艮其趾未失正也六二艮其腓不拯其隨其心不快隨謂趾也止其腓故其趾不拯也腓體躁而處止而不得拯其隨又不能退聽安靜故其心不快也○[腓]符非反[快]苦夬反象曰不拯其隨未退聽也九三艮其限列其夤厲薰心限身之中也三當兩象之中故曰艮其限夤當中脊之肉也止加其身中體而分故列其夤而憂危薰心也艮之爲義各止於其所上下不相與至中則列矣列加其夤危莫甚焉危亡之憂乃薰灼其心也施止體中其體分焉體分兩主大器喪矣○[夤]引真反又音酳[薰]許云反象曰艮其限危薰心也六四艮其身无咎中上稱身履得其位止求諸身得其所處故不陷於咎也象曰艮其身止諸躬也自止其躬不分全體六五艮其輔言有序悔亡施止於輔以處於中故口无擇言能亡其悔也象曰艮其輔以中正也能用中正故言有序也上九敦艮吉居止之極極止者也敦重在上不陷非妄宜其吉也象曰敦艮之吉以厚終也

䷴艮下巽上漸女歸吉利貞漸者漸進之卦也止而巽以斯適進漸進者也以止巽爲進故女歸吉也進而用正故利貞也○[漸]捷檢反象曰漸之進也之於進也女歸吉也進得位往有功也進以正可以正邦也其位剛得中也以漸進得位也止而巽動不窮也象曰山上有木漸君子以居賢德善俗賢德以止巽則居風俗以止巽乃善初六鴻漸于干小子厲有言无咎鴻水鳥也適進之義始於下而升者也故以鴻爲喻六爻

皆以進而履之爲義焉始進而位乎窮下又无其應若履于干危不可以安也始進而未得其位則困於小子窮於謗言故曰小子厲有言也困於小子讒諛之言未傷君子之義故曰无咎也 象曰小子之厲義无咎也六二鴻漸于磐飲食衎衎吉 磐山石之安者也進而得位居中而應本无祿養進而得之其爲歡樂願莫先焉○[磐]畔干反[衎]苦旦反[養]羊尚反 象曰飲食衎衎不素飽也九三鴻漸于陸夫征不復婦孕不育凶利禦寇 陸高之頂也進而之陸與四相得不能復反者也夫征不復樂於邪配則婦亦不能執貞矣非夫而孕故不育也三本艮體而棄乎羣醜與四相得遂乃不反至使婦孕不育見利忘義貪進忘舊凶之道也異體合好順而相保物莫能間故利禦寇也○[孕]以證反[復]扶又反 象曰夫征不復離羣醜也婦孕不育失其道也利用禦寇順相保也六四鴻漸于木或得其桷无咎 鳥而之木得其宜也或得其桷遇安棲也雖乘于剛志相得也○[離]力智反[桷]音角 象曰或得其桷順以巽也九五鴻漸于陵婦三歲不孕終莫之勝吉 陵次陸者也進得中位而隔乎三四不得與其應合故婦三歲不孕也各履正而居中三四不能久塞其塗者也不過三歲必得所願矣進以正邦三年有成成則道濟故不過三歲也 象曰終莫之勝吉得所願也上九鴻漸于陸其羽可用爲儀吉 進處高絜不累於位无物可以屈其心而亂其志峩峩清遠儀可貴也故曰其羽可用爲儀吉○[累]劣僞反 象曰其羽可用爲儀吉不可亂也

䷵ 兌下震上 歸妹征凶无攸利 妹者少女之稱也兌爲少陰震爲長陽少陰而承長陽說以動嫁妹之象也○[少]詩照反下同[稱]尺證反[長]丁丈反下同 彖曰歸妹天地之大義也天地不交而萬物不興歸妹人之終始也 陰陽既合長少又交天地之大義人倫之終始 說以動所歸妹也 少女而與長男交少女所不樂也而今說以動所歸必妹也雖與長男交嫁而係娣是以說也 征凶位不當也 履於不正說動以進妖邪之道也 无攸利柔乘剛也 以征則有不正之凶以處則有乘剛之逆 象曰澤上有雷歸妹君子以永終知敝 歸妹相終始之道故以永終知敝○[敝]婢世反 初九歸妹以娣跛能履征吉 少女而與長男爲耦非敵之謂是娣從之義也妹少女之稱也少女之行善莫若娣夫承嗣以君之子雖幼而不妄行少女以娣雖跛能履斯乃恒久之義吉而相承之道也以斯而進吉其宜也○[娣]大計反[跛]波我反[從]才用反 象曰歸妹以娣以恒也跛能履吉相承也九二眇能視利幽人之貞 雖失其位而居內處中眇猶能視足以保常也在內履中而能守其常故利幽人之貞也○[眇]彌小反 象曰利幽人之貞未變常也六三歸妹以須反歸以娣 室主猶存而求進焉進未值時故有須也不可以進故反歸待時以娣乃行也○[須]如字 象曰歸妹以須未當也九四歸妹愆期遲歸有時 夫以不正无應而適人也必須彼道窮盡无所與交然後乃可以往故愆期遲歸以待時也○[愆]起虔反[遲]雉夷反又直冀反 象曰愆期之志有待而行也六五帝乙歸妹其君之袂不如其娣之袂良月幾望吉 歸妹之中獨處貴位故謂之帝乙歸妹也袂衣袖所以爲禮容者也其君之袂謂帝乙所寵也即五也爲帝乙所崇飾故謂之其君之袂也配在九二兌少震長以長從少不若以少從長之爲美也故曰不若其娣之袂良也位在乎中以貴而行極陰之盛以斯適配雖不若少往亦必合故曰月幾望吉也○[袂]彌世反[幾]音機又音祈 象曰帝乙歸妹不如其娣之袂良也其位在中以貴行也上六女承筐无實士刲羊无血无攸

利。羊謂三也。處卦之窮，仰无所承，下又无應，爲女而承命則筐虛而莫之與，爲士而下命則刲羊而无血，刲羊而无血，不應所命也。進退莫與，故曰无攸利也。○〔筐〕曲士反。〔刲〕苦圭反。象曰：上六无實，承虛筐也。

周易卷第五

周易下經豐傳第六

王弼註

䷶離下震上豐亨王假之大而亨者王之所至〔假〕庚白反又古雅反○勿憂宜日中豐之爲義闡弘微細通夫隱滯者也爲天下之主而令微隱者不亨憂未已也故至豐亨乃得勿憂也用夫豐亨不憂之德宜處天中以偏照者也故曰宜日中也彖曰豐大也音闡大之大也明以動故豐王假之尚大也大者王之所尚故至之也勿憂宜日中宜照天下也以勿憂之德故宜照天下也日中則昃月盈則食天地盈虛與時消息而況於人乎況於鬼神乎豐之爲用困於昃食者也施於未足則尚豐施於已盈則方溢不可以爲常故具陳消息之道者也象曰雷電皆至豐君子以折獄致刑文明以動不失情理也○〔折〕之舌反斷也初九遇其配主雖旬无咎往有尚處豐之初其配在四以陽適陽以明之動能相光大者也旬均也雖均无咎往有尚也初四俱陽交故曰均也○〔旬〕如字又尚純反象曰雖旬无咎過旬災也過均則爭交斯叛也六二豐其蔀日中見斗往得疑疾有孚發若吉蔀覆曖鄣光明之物也處明動之時不能自豐以光大之德既處乎內而又以陰居陰所豐在蔀幽而无覩者也故曰豐其蔀日中見斗也日中者明之盛也斗見者闇之極也處盛明而豐其蔀故曰日中見斗不能自發故往得疑疾然履中當位處闇不邪有孚者也若辭也有孚可以發其志不困於闇故獲吉也○〔蔀〕音部王普苟反〔曖〕音愛〔鄣〕音章又音障斗〔見〕音現不見同象曰有孚發若信以發志也九三豐其沛日中見沫折其右肱无咎沛幡幔所以禦盛光也沫微昧之明也應在上六志在乎陰雖愈乎以陰處陰亦未足以免於闇也所豐在沛日中見沫之謂也施明則見沫而已施用則折其右肱故可以自守而已未足用也○〔沛〕本或作旆又普貝反〔沫〕武蓋反又亡對反〔肱〕古宏反〔幡〕芳袁反〔幔〕末半反〔禦〕魚呂反象曰豐其沛不可大事也明不足也折其右肱終不可用也雖有左在不足用也九四豐其蔀日中見斗遇其夷主吉以陽居陰豐其蔀也得初以發夷主吉也象曰豐其蔀位不當也日中見斗幽不明也遇其夷主吉行也六五來章有慶譽吉以陰之質來適尊陽之位能自光大章顯其德獲慶譽也象曰六五之吉有慶也上六豐其屋蔀其家闚其戶闃其无人三歲不覿凶屋藏蔭之物以陰處極而最在外不履於位深自幽隱絕跡深藏者也既豐其屋又蔀其家屋厚家覆闇之甚也雖闚其戶闃其无人棄其所處而自深藏也處於明動尚大之時而深自幽隱以高其行大道既濟而猶不見隱不爲賢更爲反道凶其宜也三年豐道之成治道未濟隱猶可也既濟而隱以治爲亂也○〔闚〕苦規反〔闃〕苦鶪反徐苦鶪反〔覿〕徒歷反象曰豐其屋天際翔也翳先最甚者也闚其戶闃其无人自藏也可以出而不出自藏之謂也非有爲而藏不出戶庭失時致凶況自藏乎凶其宜也○〔爲〕于僞反

䷷艮下離上旅小亨旅貞吉不足全夫貞吉之道唯足以爲旅之貞吉故特重曰旅貞吉也象曰旅小亨柔得中乎外而順乎剛止而麗乎明是以小亨旅貞吉也夫物失其主則散柔乘於剛則乖物既乖且散物皆羇旅何由得小亨而貞吉乎夫陽爲物長而陰皆順陽唯六五乘剛而復得中乎外以承于上陰各順陽不爲乖逆止而麗明動不履妄雖不及剛得尊位恢弘大通足以小亨令附旅者不失其正得其所安也旅之時義大矣哉旅者大散物皆失其所居之時也咸失其居物願所附豈非知者有爲之時○〔知〕音智象曰山上有火旅君子以明慎用刑而不留

獄。止而明之，刑戮詳也。初六，旅瑣瑣，斯其所取災。最處下極，寄旅不得所安，而為斯賤之役，所取致災，志窮且困。○[瑣]悉果反，小也。象曰：旅瑣瑣，志窮災也。六二，旅即次，懷其資，得童僕貞。次者，可以安行旅之地也。懷，來也。得位居中，體柔奉上，以此寄旅，必獲次舍。懷來資貨，得童僕之所正也。旅不可以處盛，故其美盡於童僕之正也。過斯以往，則見害矣。童僕之正，義足而已。象曰：得童僕貞，終无尤也。九三，旅焚其次，喪其童僕，貞厲。居下體之上，與二相得，以寄旅之身，而為施下之道，與萌侵權，主之所疑也，故次焚僕喪，而身危也。○[喪]息浪反，卦內并下卦同。[施]始豉反。象曰：旅焚其次，亦以傷矣。以旅與下，其義喪也。九四，旅于處，得其資斧，我心不快。斧所以斫除荊棘，以安其舍者也。雖處上體之下，不先於物，然而不得其位，不獲平坦之地，客于所處，不得其次，而得其資斧之地，故其心不快也。○[快]苦夬反。象曰：旅于處，未得位也。得其資斧，心未快也。六五，射雉，一矢亡，終以譽命。射雉以一矢，而復亡之，明雖有雉，終不可得矣。寄旅而進，雖處於文明之中，居于貴位，此位終不可有也。以其能知禍福之萌，不安其處，以乘其下，而上承於上，故終以譽而見命也。○[射]食亦反。象曰：終以譽命，上逮也。上九，鳥焚其巢，旅人先笑後號咷，喪牛于易，凶。居高危而以為宅，巢之謂也。客而得上位，故先笑也。以旅而處於上極，衆之所嫉也。以不親之身而當嫉害之地，必凶之道也，故曰後號咷。以牛者稼穡之資，以旅而處上，衆所同嫉，故喪牛于易，不在於難。物莫之與，危而不扶，喪牛于易，終莫之聞。莫之聞，則傷之者至矣。○[號]戶羔反。[咷]道羔反。[易]以豉反，王音亦。象曰：以旅在上，其義焚也。喪牛于易，終莫之聞也。

䷸巽下巽上　巽：小亨。全以巽為德，是以小亨也。上下皆巽，不違其令，命乃行也。故申命行事之時，上下不可以不巽也。利有攸往，巽悌以行，物无距也。利見大人。大人用之，道愈隆。象曰：重巽以申命，命乃行也。未有不巽而命行也。○[重]直龍反。剛巽乎中正而志行，以剛而能用巽，處于中正，物所與也。柔皆順乎剛，明无違逆。故得小亨。是以小亨，利有攸往，利見大人。象曰：隨風，巽。君子以申命行事。初六，進退，利武人之貞。處令之初，未能服令者也。故進退也。成命齊邪，莫善武人，故利武人之貞以整之。象曰：進退，志疑也。巽順之志，進退疑懼。利武人之貞，志治也。九二，巽在牀下，用史巫紛若，吉，无咎。處巽之中，既在下位，而復以陽居陰，卑巽之甚，故曰巽在牀下也。卑甚以失正，則入于咎過矣。能以居中而施至卑於神祇，而不用之於威勢，則乃至于紛若之吉，而亡其過矣，故曰用史巫紛若吉无咎也。象曰：紛若之吉，得中也。九三，頻巽，吝。頻，頻蹙，不樂而窮不得已之謂也。以其剛正而為四所乘，志窮而巽，是以吝也。○[蹙]子六反。象曰：頻巽之吝，志窮也。六四，悔亡，田獲三品。乘剛，悔也。然得位承五，卑得所奉，雖以柔御剛，而依尊履正，以斯行命，必能獲強暴，遠不仁者也。獲而有益，莫善三品，故曰悔亡，田獲三品。一曰乾豆，二曰賓客，三曰充君之庖。象曰：田獲三品，有功也。九五，貞吉，悔亡，无不利，无初有終。先庚三日，後庚三日，吉。以陽居陽，損於謙巽，然秉乎中正以宣其令，物莫之違，故曰貞吉悔亡无不利也。化不以漸，卒以剛直，用加於物，故初皆不說也。終於中正，邪道以消，故有終也。申命令謂之庚。夫以正齊物，不可卒也；民迷固久，直不可肆也。故先申三日，令著之後，復申三日，然後誅而无咎怨矣。甲庚皆申命之謂也。○[先]西薦反。[後]胡豆反。象曰：九五之吉，位正中也。上九，巽在牀下，喪其資斧，貞凶。處巽之極，極巽過甚，故曰巽在牀下也。斧所以斷者也。過巽失正，喪所以斷，故曰喪其資斧貞凶也。

象曰。巽在牀下。上窮也。喪其資斧。正乎凶也。

䷹ 兌下兌上 兌亨。利貞。象曰。兌。說也。剛中而柔外。說以利貞。說而違剛則諂剛而違說則暴剛中而柔外所以說以利貞也剛中故利貞柔外故說亨是以順乎天而應乎人。天剛而不失說者也說以先民。民忘其勞。說以犯難。民忘其死。說之大。民勸矣哉。象曰。麗澤。兌。君子以朋友講習。麗猶連也施說之盛莫盛於此○[先]西薦反又如字[難]乃旦反初九。和兌吉。居兌之初應不在一无所黨係和兌之謂也說不在諂履斯而行未見有疑之者吉其宜矣象曰。和兌之吉。行未疑也。九二。孚兌吉。悔亡。說不失中有孚者也失位而說孚吉乃悔亡也象曰。孚兌之吉。信志也。信其志也六三。來兌凶。以陰柔之質履非其位來求說者也非正而求說邪佞者也象曰。來兌之凶。位不當也。九四。商兌未寧。介疾有喜。商商量裁制之謂也介隔也三為佞說將近至尊故四以剛德裁而隔之匡內制外是以未寧也處於幾近閑邪介疾宜其有喜也象曰。九四之喜。有慶也。九五。孚于剝。有厲。比於上六而與相得處尊正之位不說信乎陽而說信乎陰孚于剝之義也剝之為義小人道長之謂象曰。孚于剝。位正當也。以正當之位信於小人而疏君子故曰位正當也上六。引兌。以夫陰質最處說後靜退者也故必見引然後乃說也象曰。上六引兌。未光也。

䷺ 坎下巽上 渙亨。王假有廟。利涉大川。利貞。象曰。渙亨。剛來而不窮。柔得位乎外而上同。二以剛來居內而不窮於險四以柔得位乎外而與上同內剛而无險困之難外順而无違逆之乖是以亨利涉大川利貞也凡剛得暢而无忌回之累柔履正而同志乎剛則皆亨利涉大川利貞也○[假]庚白反[難]乃旦反王假有廟。王乃在中也。王乃在乎渙然之中故至有廟也利涉大川。乘木有功也。乘木即涉難也木者專所以涉川也涉難而常用渙道必有功也象曰。風行水上。渙。先王以享于帝立廟。初六。用拯馬壯吉。渙散也處散之初乖散未甚故可以遊行得其志而違於難也不在危劇而後乃逃竄故日用拯馬壯吉象曰。初六之吉。順也。觀難而行不與險爭故曰順也九二。渙奔其机。悔亡。机承物者也謂初也二俱无應與初相得而初得散道離散而奔得其所安故悔亡也象曰。渙奔其机。得願也。六三。渙其躬。无悔。渙之為義內險而外安者也散躬志外不固所守與剛合志故得无悔也象曰。渙其躬。志在外也。六四。渙其羣。元吉。渙有丘。匪夷所思。踰乎險難得位體巽與五合志內掌機密外宣化命者也故能散羣之險以光其道然處於卑順不可自專而為散之任猶有丘墟匪夷之慮雖得元吉所思不可忘也象曰。渙其羣元吉。光大也。九五。渙汗其大號。渙王居无咎。處尊履正居巽之中散汗大號以盪險阨者也為渙之主唯王居之乃得无咎也○[汗]下旦反象曰。王居无咎。正位也。正位不可以假人上九。渙其血去逖出。无咎。逖遠也最遠於害不近侵克散其憂傷遠出者也散患於遠害之地誰將咎之哉○[去]羌呂反[逖]湯歷反[遠]袁萬反象曰。渙其血。遠害也。

䷻ 兌下坎上 節亨。苦節不可貞。象曰。節亨。剛柔分而剛得中。坎陽而兌陰也陽上而陰下剛柔分也剛柔不亂剛得中而為制主節之義也節之大者莫若剛柔分男女別也苦節不可貞。其道窮也。為節過苦則物不能堪也物不能堪則不可復正也說以行險。當位以節。中正以通。然後乃亨也无說而行險過中而為節則道窮也○[說]音悅天地節而四時成。節以制度。不傷財，不害民。象曰：澤上有水，節。君子以制數度，議德行。初九：不出戶庭，无咎。爲節之初，將整離散而立制度者也，故明於通塞，慮於險僞，不出戶庭，慎密不失，然後事濟而无咎也。○[行]下孟反，下注同。象曰：不出戶庭，知通塞也。九二：不出門庭，凶。初已造之，至二宜宣其制矣，而故匿之，失時之極，則遂廢矣，故不出門庭則凶也。象曰：不出門庭凶，失時極也。六三：不節若，則嗟若，无咎。若，辭也。以陰處陽，以柔乘剛，違節之道，以至哀嗟，自已所致，无所怨咎，故曰无咎也。象曰：不節之嗟，又誰咎也。六四：安節，亨。得位而順，不改其節而能亨者也。承上以斯，得其道也。象曰：安節之亨，承上道也。九五：甘節，吉，往有尚。當位居中，爲節之主，不失其中，不傷財，不害民之謂也。爲節而不苦，非甘而何？術斯以往，往有尚也。象曰：甘節之吉，居位中也。上六：苦節，貞凶，悔亡。過節之中，以至亢極，苦節者也。以斯施人，物所不堪，正之凶也。以斯修身，行在无妄，故得悔亡。象曰：苦節貞凶，其道窮也。

䷼兌下巽上 中孚：豚魚吉，利涉大川，利貞。象曰：中孚，柔在內而剛得中，說而巽，孚，有上四德，然後乃孚。○[豚]徒尊反。乃化邦也。信立而後邦乃化也。柔在內而剛得中，各當其所也。剛得中則直而正，柔在內則靜而順，說而以巽，則乖爭不作，如此則物无巧競，敦實之行著，而篤信發乎其中矣。豚魚吉，信及豚魚也。魚者，蟲之隱者也。豚者，獸之微賤者也。爭競之道不興，中信之德淳著，則雖微隱之物，信皆及之。利涉大川，乘木舟虛也。乘木於用，舟之虛則終已无溺也。用中孚以涉難，若乘木舟虛也。○[難]乃旦反。中孚以利貞，乃應乎天也。盛之至也。象曰：澤上有風，中孚。君子以議獄緩死。信發於中，雖過可亮。初九：虞吉，有它不燕。虞猶專也。爲信之始，而應在四，得乎專吉者也。志未能變，繫心於一，故有它不燕也。象曰：初九虞吉，志未變也。九二：鳴鶴在陰，其子和之，我有好爵，吾與爾靡之。處內而居重陰之下，而履不失中，不徇於外，任其真者也。立誠篤志，雖在闇昧，物亦應焉，故曰鳴鶴在陰，其子和之也。不私權利，唯德是與，誠之至也，故曰我有好爵，與物散之。○[和]胡臥反。[好]如字，又呼報反。[靡]亡池反，又亡彼反。象曰：其子和之，中心願也。六三：得敵，或鼓或罷，或泣或歌。三居少陰之上，四居長陰之下，對而不相比，敵之謂也。以陰居陽，欲進者也。欲進而閡敵，故或鼓也。四履正而承五，非己所克，故或罷也。不勝而退，懼見侵陵，故或泣也。四履乎順，不與物校，退而不見害，故或歌也。不量其力，進退无恆，憊可知也。○[罷]如字，又音皮。[閡]五代反。[憊]備拜反。象曰：或鼓或罷，位不當也。六四：月幾望，馬匹亡，无咎。居中孚之時，處巽之始，應說之初，居正履順，以承於五，內毗元首，外宣德化者也。充乎陰德之盛，故曰月幾望。馬匹亡者，棄羣類也。若夫居盛德之位，而與物校其競爭，則失其所盛矣，故曰絕類而上，履正承尊，不與三爭，乃得无咎也。○[幾]音機，又音祈。象曰：馬匹亡，絕類上也。類謂三，俱陰爻，故曰類也。九五：有孚攣如，无咎。攣如者，繫其信之辭也。處中誠以相交之時，居尊位以爲羣物之主，信何可舍，故有孚攣如，乃得无咎也。○[攣]力圓反。象曰：有孚攣如，位正當也。上九：翰音登于天，貞凶。翰，高飛也。飛音者，音飛而實不從之謂也。居卦之上，處信之終，信終則衰，忠篤內喪，華美外揚，故曰翰音登于天也。翰音登天，正亦滅矣。○[翰]胡旦反。象曰：翰音登于天，何可長也。

䷽艮下震上 小過：亨，利貞，可小事，不可大事。飛鳥遺之音，不宜上，宜下，大吉。飛鳥遺其音，聲哀以求處，上愈无所適，下則得安，愈上則愈窮，莫若飛鳥也。○[遺]如字。[上]時掌反。象曰：小過，小者過而亨也。小者，謂凡諸小事也過於小事而通者也過以利貞與時行也過而得以利貞應時宜也施過於恭儉利貞者也柔得中是以小事吉也剛失位而不中是以不可大事也成大事者必在剛也柔而浸大剝之道也有飛鳥之象焉不宜上宜下卽飛鳥之象飛鳥遺之音不宜上宜下大吉上逆而下順也上則乘剛逆也下則承陽順也施過於不順凶莫大焉施過於順過更變而爲吉也象曰山上有雷小過君子以行過乎恭喪過乎哀用過乎儉初六飛鳥以凶小過上逆下順而應在上卦進而之逆无所錯足飛鳥之凶也○[行]去聲象曰飛鳥以凶不可如何也六二過其祖遇其妣不及其君遇其臣无咎過而得之謂之遇在小過而當位過而得之之謂也祖始也謂初也妣者居內履中而正者也過初而履二位故曰過其祖而遇其妣過而不至於僭盡於臣位而已故曰不及其君遇其臣无咎○[妣]必履反象曰不及其君臣不可過也九三弗過防之從或戕之凶小過之時大者不立故令小者得過也居下體之上以陽當位而不能先過防之至令小者咸過而復應而從焉其從之也則戕之凶至矣故曰弗過防之從或戕之凶也○[戕]在良反象曰從或戕之凶如何也九四无咎弗過遇之往厲必戒勿用永貞雖體陽爻而不居其位不爲貴主故得无咎也失位在下不能過者也以其不能過故得合於免咎之宜故曰弗過遇之夫宴安酖毒不可懷也處於小過不寧之時而以陽居陰不能有所爲者也以此自守免咎可也以斯攸往危之道也不交於物物亦弗與无援之助故危則必戒而已无所告救也沈沒怯弱自守而已以斯而處於羣小之中未足任者也故曰勿用永貞言不足用之於永貞象曰弗過遇之位不當也往厲必戒終不可長也六五密雲不雨自我西郊公弋取

彼在穴小過者小者過於大也六得五位陰之盛也故密雲不雨至于西郊也夫雨者陰布於上而陽薄之而不得通則烝而爲雨今艮止於下而不交焉故不雨也是故小畜尚往而亨則不雨也小過陽不上交亦不雨也雖陰盛於上未能行其施也公者臣之極也五極陰盛故稱公也弋射也在穴者隱伏之物也小過者過小而難未大作猶在隱伏者也以陰質治小過能獲小過者也故曰公弋取彼在穴也除過之道不在取之是乃密雲未能雨也○[弋]餘職反象曰密雲不雨已上也陽已上故止也上六弗遇過之飛鳥離之凶是謂災眚小人之過遂至上極過而不知限至于亢也過至於亢將何所遇飛而不已將何所託災自己致復何言哉○[眚]生領反象曰弗遇過之已亢也

䷾離下坎上既濟亨小利貞初吉終亂象曰既濟亨小者亨也既濟者以皆濟爲義者也小者不遺乃爲皆濟故舉小者以明既濟也利貞剛柔正而位當也剛柔正而位當則邪不可以行矣故唯正乃利貞也初吉柔得中也柔得中則小者亨也柔不得中則小者未亨小者未亨雖剛得正則爲未既濟也故既濟之要在柔得中也以既濟爲安者道極无進終唯有亂故曰初吉終止則亂其道窮也亂不爲自亂由止故亂故曰終止則亂也象曰水在火上既濟君子以思患而豫防之存不忘亡既濟不忘未濟也初九曳其輪濡其尾无咎最處既濟之初始濟者也始濟未涉於燥故輪曳而尾濡也雖未造易心无顧戀志棄難者也其於義也无所咎矣○[曳]以制反[濡]音儒[造]七報反[易]以豉反象曰曳其輪義无咎也六二婦喪其茀勿逐七日得居中履正處文明之盛而應乎五陰之光盛者也然居初三之閒而近不相得上不承三下不比初夫以光盛之陰處二陽之閒近而不相得能无見侵乎故曰喪其茀也稱婦者以明自有夫而它人侵之也茀首飾也夫以中道執乎貞正而見侵者衆之所

助也處既濟之時不容邪道者也時既明峻衆又助之竊之者逃竄而莫之歸矣量斯勢也不過七日不須己逐而自得也○〔喪〕息浪反〔茀〕方弗反象曰七日得以中道也九三高宗伐鬼方三年克之小人勿用處既濟之時居文明之終履得其位是居衰末而能濟者也故伐鬼方三年乃克也君子處之故能興也小人居之遂喪邦也象曰三年克之憊也六四繻有衣袽終日戒繻宜曰濡衣袽所以塞舟漏也履得其正而近不與三五相得夫有隙之棄舟而得濟者有衣袽也鄰於不親而得全者終日戒也○〔憊〕備拜反〔繻〕而朱反鄭音須〔袽〕女居反絲袽也王音如象曰終日戒有所疑也九五東鄰殺牛不如西鄰之禴祭實受其福牛祭之盛者禴祭之薄者居既濟之時而處尊位物皆濟矣將何為焉其所務者祭祀而已祭祀之盛莫盛脩德故沼沚之毛蘋蘩之菜可羞於鬼神故黍稷非馨明德惟馨是以東鄰殺牛不如西鄰之禴祭實受其福也○〔禴〕羊略反象曰東鄰殺牛不如西鄰之時也在於合時不在於豐也實受其福吉大來也上六濡其首厲處既濟之極既濟道窮則之於未濟之於未濟則首先犯焉過而不已則遇於難故濡其首也將沒不久危莫先焉象曰濡其首厲何可久也

䷿坎下離上未濟亨小狐汔濟濡其尾无攸利彖曰未濟亨柔得中也以柔處中不違剛也能納剛健故得亨也小狐汔濟未出中也小狐不能涉大川須汔然後乃能濟處未濟之時必剛健拔難然後乃能濟汔乃能濟未能出險之中濡其尾无攸利不續終也小狐雖能渡而无餘力將濟而濡其尾力竭於斯不能續終險難猶未足以濟也濟未濟者必有餘力也雖不當位剛柔應也位不當故未濟剛柔應故可濟象曰火在水上未濟君子以慎辨物居方辨物居方令物各當其所也初六濡其尾吝處未濟之初最居險下不可以濟者也而欲之其應進則溺身未濟之始始於既濟之上六也濡其首猶不反至于濡其尾不知紀極者也然以陰處下非為進亢遂其志者也困則能反故不曰凶事在己量而必困乃反頑亦甚矣故曰吝也象曰濡其尾亦不知極也九二曳其輪貞吉體剛履中而應於五五體陰柔應與而不自任者也居未濟之時處險難之中體剛中之質而見任與拯救危難經綸屯蹇者也用健拯難靖難在正而不違中故曳其輪貞吉也象曰九二貞吉中以行正也位雖不正中以行正也六三未濟征凶利涉大川以陰之質失位居險不能自濟者也以不正之身力不能自濟而求進焉喪其身也故曰征凶也二能拯難而己比之棄己委二載二而行溺可得乎何憂未濟故曰利涉大川象曰未濟征凶位不當也九四貞吉悔亡震用伐鬼方三年有賞于大國處未濟之時而出險難之上居文明之初體乎剛質以近至尊雖履非其位志在乎正則吉而悔亡矣其志得行靡禁其威故曰震用伐鬼方也伐鬼方者興衰之征也故每至興衰而取義焉處文明之初始出於難其德未盛故曰三年也五居尊以柔體乎文明之盛不奪物功者也故以大國賞之也象曰貞吉悔亡志行也六五貞吉无悔君子之光有孚吉以柔居尊處文明之盛為未濟之主故必正然後乃吉吉乃得无悔也夫以柔順文明之質居於尊位付與於能而不自役使武以文御剛以柔斯誠君子之光也付物以能而不疑也物則竭力功斯克矣故曰有孚吉象曰君子之光其暉吉也上九有孚于飲酒无咎濡其首有孚失是未濟之極則反於既濟既濟之道所任者當也所任者當則可信之无疑而己逸焉故曰有孚于飲酒无咎也以其能信於物故得逸豫而不憂於事之廢苟不憂於事之廢而耽於樂之甚則至于失節矣由於有孚失於是矣故曰濡其首有孚失是也○〔暉〕許歸反〔耽〕丁南反

象曰飲酒濡首亦不知節也

周易卷第六

周易繫辭上第七

韓康伯註

天尊地卑，乾坤定矣。乾坤其易之門戶，先明天尊地卑以定乾坤之體。卑高以陳，貴賤位矣。天尊地卑之義既列，則涉乎萬物，貴賤之位明矣。動靜有常，剛柔斷矣。剛動而柔止也。動止得其常體，則剛柔之分著矣。○斷，丁亂反。方以類聚，物以羣分，吉凶生矣。方有類，物有羣，則有同有異，有聚有分也。順其所同則吉，乖其所趣則凶，故吉凶生矣。在天成象，在地成形，變化見矣。象況日月星辰，形況山川草木也。懸象運轉以成昏明，山澤通氣而雲行雨施，故變化見矣。○見，賢遍反。是故剛柔相摩，相切摩也，言陰陽之交感也。○摩，末何反。八卦相盪，相推盪也，言運化之推移。○盪，音蕩，又唐黨反。鼓之以雷霆，潤之以風雨，日月運行，一寒一暑。乾道成男，坤道成女。乾知大始，坤作成物。乾以易知，坤以簡能。天地之道，不爲而善始，不勞而善成，故曰易簡。○大，音泰。易，以豉反，又音亦。易則易知，簡則易從。易知則有親，易從則有功。順萬物之情，故曰有親；通天下之志，故曰有功。有親則可久，有功則可大。有易簡之德，則能成可久可大之功。可久則賢人之德，可大則賢人之業。天地易簡，萬物各載其形；聖人不爲，羣方各遂其業。德業既成，則入於形器，故以賢人目其德業。易簡而天下之理得矣。天下之理莫不由於易簡而各得順其分位也。天下之理得，而成位乎其中矣。成位，況立象也。極易簡則能通天下之理，通天下之理，故能成象並乎天地。言其中則明並天地也。聖人設卦觀象，此總言也。繫辭焉而明吉凶，剛柔相推而生變化。繫辭所以明吉凶，剛柔相推所以明變化也。吉凶者存乎人事也，變化者存乎運行也。是故吉凶者，失得之象也。由有失得，故吉凶生。悔吝者，憂虞之象也。失得之微者，足以致憂虞而已，故曰悔吝。變化者，進退之象也。往復相推，迭進退也。剛柔者，晝夜之象也。晝則陽剛，夜則陰柔。始總言吉凶變化，而下別明悔吝、晝夜者，悔吝則吉凶之類，晝夜亦變化之道。吉凶之類則同因繫辭而明，變化之道則俱由剛柔而著。故始總言之，下則明失得之輕重，辨變化之小大，故別序其義也。六爻之動，三極之道也。三極，三材也。兼三材之道，故能見吉凶，成變化也。○見，賢遍反。是故君子所居而安者，易之序也。序，易象之次序。所樂而玩者，爻之辭也。是故君子居則觀其象而玩其辭，動則觀其變而玩其占。是以自天祐之，吉无不利。○樂，音岳。玩，五亂反。祐，音又。彖者，言乎象者也。彖總一卦之義也。爻者，言乎變者也。爻各言其變也。○爻，音肴。吉凶者，言乎其失得也。悔吝者，言乎其小疵也。无咎者，善補過也。是故列貴賤者存乎位，爻之所處曰位，六位有貴賤也。○疵，才斯反。齊小大者存乎卦，卦有小大也。齊猶言辯也，卽彖者言乎象也。辯吉凶者存乎辭，辭，爻辭也，卽爻者言乎變也。言象所以明小大，言變所以明吉凶，故小大之義存乎卦，吉凶之狀見乎爻。至於悔吝无咎，其例一也。吉凶悔吝小疵无咎皆生乎變。事有小大，故下歷言五者之差也。憂悔吝者存乎介，介，纖介也。王弼曰：憂悔吝之時，其介不可慢也，卽悔吝者言乎小疵也。震无咎者存乎悔，无咎者，善補過也。震，動也。故動而无咎，存乎悔過也。是故卦有小大，辭有險易。其道光明曰大，君子道消曰小。之泰則其辭易，之否則其辭險。○易，以豉反。否，備鄙反。辭也者，各指其所之。

易與天地準作易以準天地故能彌綸天地之道仰以觀於天文俯以察於地理是故知幽明之故原始反終故知死生之說幽明者有形无形之象死生者始終之數也精氣爲物遊魂爲變精氣烟熅聚而成物聚極則散遊魂爲變也遊魂言其遊散也是故知鬼神之情狀盡聚散之理則能知變化之道无幽而不通也與天地相似故不違德合天地故曰相似知周乎萬物而道濟天下故不過知周萬物則能以道濟天下也○〔知〕音智〔道〕如字鄭云當作導旁行而不流應變旁通而不流淫也樂天知命故不憂順天之化故曰樂也○〔樂〕音洛安土敦乎仁故能愛安土敦仁者萬物之情也物順其情則仁功贍矣○〔贍〕涉豔反範圍天地之化而不過範圍者擬範天地而周備其理也曲成萬物而不遺曲成者乘變以應物不係一方者也則物宜得矣通乎晝夜之道而知通幽明之故則无不知也〔知〕如字或音智○故神无方而易无體自此以上皆言神之所爲也方體者皆係乎形器者也神則陰陽不測易則唯變所適不可以一方一體明一陰一陽之謂道道者何无之稱也无不通也无不由也況之曰道寂然无體不可爲象必有之用極而无之功顯故至乎神无方而易无體而道可見矣故窮變以盡神因神以明道陰陽雖殊无一以待之在陰爲无陰陰以之生在陽爲无陽陽以之成故曰一陰一陽也○〔稱〕尺證反繼之者善也成之者性也仁者見之謂之仁知者見之謂之知仁者資道以見其仁知者資道以見其知各盡其分○〔知〕音智百姓日用而不知故君子之道鮮矣君子體道以爲用也仁知則滯於所見百姓則日用而不知體斯道者不亦鮮矣故常无欲以觀其妙始可以語至而言極也○〔鮮〕悉淺反顯諸仁藏諸用衣被萬物故曰顯諸仁日用而不知故曰藏諸用也○〔衣〕於既反〔被〕皮寄反鼓萬物而不與聖人同憂萬物由之以化故曰鼓萬物也聖人雖體道以爲用未能全无以爲體故順通天下則有經營之迹也盛德大業至矣哉夫物之所以通事之所以理莫不由乎道也聖人功用之母體同乎道盛德大業所以能至富有之謂大業廣大悉備故曰富有日新之謂盛德體化合變故曰日新生生之謂易陰陽轉易以成化生成象之謂乾擬乾之象效法之謂坤效坤之法極數知來之謂占通變之謂事物窮則變變而通之事之所由生也陰陽不測之謂神神也者變化之極妙萬物而爲言不可以形詰者也故曰陰陽不測嘗試論之曰原夫兩儀之運萬物之動豈有使之然哉莫不獨化於大虛欻爾而自造矣造之非我理自玄應化之无主數自冥運故不知所以然而況之神是以明兩儀以大極爲始言變化而稱極乎神也夫唯知天之所爲者窮理體化坐忘遺照至虛而善應則以道爲稱不思而玄覽則以神爲名蓋資道而同乎道由神而冥於神也○〔欻〕況勿反夫易廣矣大矣以言乎遠則不禦窮幽極深无所止也〔禦〕魚呂反○以言乎邇則靜而正則近而當以言乎天地之閒則備矣夫乾其靜也專其動也直是以大生焉專專一也直剛正也夫坤其靜也翕其動也闢是以廣生焉翕斂也止則翕斂其氣動則闢開以生物也乾統天首物爲變化之元通乎形外者也坤則順以承陽功盡於己用止乎形者也故乾以專直言乎其材坤以翕闢言乎其形○〔翕〕虛級反〔闢〕婢亦反廣大配天地變通配四時陰陽之義配日月易簡之善配至德易之所載配此四義子曰易其至矣乎夫易聖人所以崇德而廣業也窮理入神其德崇也兼濟萬物其業廣也知崇禮卑知以崇爲貴禮以卑

為用。○〔知〕音智。崇效天，卑法地。極知之崇，象天高而統物；備禮之用，象地廣而載物也。天地設位，而易行乎其中矣。天地者，易之門戶，而易之為義，兼周萬物，故曰行乎其中矣。成性存存，道義之門。物之存成，由乎道義也。聖人有以見天下之賾，而擬諸其形容，象其物宜。乾剛坤柔，各有其體，故曰擬諸形容。○〔賾〕仕責反。是故謂之象。聖人有以見天下之動，而觀其會通，以行其典禮。典禮，適時之所用。繫辭焉以斷其吉凶，是故謂之爻。言天下之至賾而不可惡也，言天下之至動而不可亂也。易之為書，不可遠也。惡之則逆於順，錯之則乖於理。○〔斷〕丁亂反。〔惡〕也，音亞，又烏路反。鄭烏洛反。〔遠〕袁萬反。〔惡〕烏路反。〔錯〕七各反。擬之而後言，議之而後動，擬議以成其變化。擬議以動，則盡變化之道。鳴鶴在陰，其子和之。我有好爵，吾與爾靡之。鶴鳴則子和，脩誠則物應，我有好爵，與物散之，物亦以善應也。明擬議之道，繼以斯義者，誠以吉凶失得存乎所動，同乎道者，道亦得之，同乎失者，失亦違之，莫不以同相順，以類相應，動之斯來，綏之斯至。鶴鳴于陰，氣同則和，出言戶庭，千里或應，出言猶然，況其大者乎？千里或應，況其邇者乎？故夫憂悔吝者存乎纖介，定失得者慎於樞機，是以君子擬議以動，慎其微也。○〔和〕胡臥反。〔靡〕亡池反，又亡彼反。子曰：「君子居其室，出其言善，則千里之外應之，況其邇者乎？居其室，出其言不善，則千里之外違之，況其邇者乎？言出乎身，加乎民；行發乎邇，見乎遠。言行，君子之樞機。樞機，制動之主。○〔行〕下孟反。〔見〕賢遍反。樞機之發，榮辱之主也。言行，君子之所以動天地也，可不慎乎！」同人先號咷而後笑。子曰：「君子之道，或出或處，或默或語，二人同心，其利斷金。同人終獲後笑者，以有同心之應也。夫所況同者，豈係乎一方哉！君子出處默語，不違其中，則其跡雖異，道同則應。○〔號〕戶羔反。〔咷〕道羔反。〔默〕亡北反。〔斷〕丁亂反，又丁管反。同心之言，其臭如蘭。」

初六：藉用白茅，无咎。子曰：「苟錯諸地而可矣，藉之用茅，何咎之有？慎之至也。夫茅之為物薄，而用可重也。慎斯術也以往，其无所失矣。」勞謙君子有終吉。子曰：「勞而不伐，有功而不德，厚之至也。語以其功下人者也。德言盛，禮言恭，謙也者，致恭以存其位者也。」亢龍有悔。子曰：「貴而无位，高而无民，賢人在下位而无輔，是以動而有悔也。」不出戶庭，无咎。子曰：「亂之所生也，則言語以為階。君不密則失臣，臣不密則失身，幾事不密則害成。是以君子慎密而不出也。」子曰：「作易者其知盜乎？言盜亦乘釁而至也。○〔藉〕在夜反。〔茅〕卯交反。〔錯〕七故反。〔慎〕時震反。易曰：『負且乘，致寇至。』負也者，小人之事也；乘也者，君子之器也。小人而乘君子之器，盜思奪之矣。上慢下暴，盜思伐之矣。慢藏誨盜，冶容誨淫。易曰：『負且乘，致寇至。』盜之招也。」○〔乘〕也者，如字，一繩證反。〔藏〕才浪反。〔冶〕音也。大衍之數五十，其用四十有九。王弼曰：演天地之數，所賴者五十也。其用四十有九，則其一不用也。不用而用以之通，非數而數以之成，斯易之大極也。四十有九，數之極也。夫无不可以无明必因於有故常於有物之極而必明其所由之宗也○〔衍〕延善反演也分而爲二以象兩掛一以象三揲之以四以象四時歸奇於扐以象閏五歲再閏故再扐而後掛奇況四揲之餘不足復揲者也分而爲二既揲之餘合掛於一故曰再扐而後掛凡閏十九年七閏爲一章五歲再閏者二故略舉其凡也○〔掛〕卦買反王音卦〔揲〕時設反〔奇〕紀宜反〔扐〕郎得反天數五五奇也地數五五耦也五位相得而各有合天地之數各五五數相配以合成金木水火土天數二十有五五奇合爲二十五地數三十五耦合爲三十凡天地之數五十有五此所以成變化而行鬼神也變化以此成鬼神以此行乾之策二百一十有六陽爻六一爻三十六策六爻二百一十六策坤之策百四十有四陰爻六一爻二十四策六爻百四十四策凡三百有六十當期之日二篇之策萬有一千五百二十當萬物之數也二篇三百八十四爻陰陽各半合萬一千五百二十策○〔期〕音基是故四營而成易分而爲二以象兩一營也掛一以象三二營也揲之以四三營也歸奇於扐四營也十有八變而成卦八卦而小成引而伸之伸之六十四卦觸類而長之天下之能事畢矣顯道顯明也○〔長〕丁丈反神德行由神以成其用○〔行〕下孟反是故可與酬酢可與祐神矣可以應對萬物之求助成神化之功也酬酢猶應對也○〔酬〕市由反又音疇〔酢〕在洛反〔祐〕音又子曰知變化之道者其知神之所爲乎夫變化之道不爲而自然故知變化者則知神之所爲易有聖人之道四焉以言者尚其辭以動者尚其變以制器者尚其象以卜筮者尚其占此四者存乎器象可得而用也是以君子將有爲也將有行也問焉而以言其受命也如響无有遠近幽深遂知來物非天下之至精其孰能與於此參伍以變錯綜其數通其變遂成天下之文極其數遂定天下之象非天下之至變其孰能與於此易无思也无爲也寂然不動感而遂通天下之故非天下之至神其孰能與於此夫非忘象者則无以制象非遺數者无以極數至精者无籌策而不可亂至變者體一而无不周至神者寂然而无不應斯蓋功用之母象數所由立故曰非至精至變至神則不得與於斯也○〔與〕音預〔參〕七南反〔錯〕七各反〔綜〕宗統反夫易聖人之所以極深而研幾也唯深也故能通天下之志唯幾也故能成天下之務極未形之理則曰深適動微之會則曰幾○〔幾〕本作機幾微也唯神也故不疾而速不行而至子曰易有聖人之道四焉者此之謂也四者由聖道以成故曰聖人之道天一地二天三地四天五地六天七地八天九地十子曰夫易何爲者也易以極數通神明之德故明易之道先舉天地之數也夫易開物成務冒天下之道如斯而已者也冒覆也言易通萬物之志成天下之務其道可以覆冒天下也○〔冒〕莫報反〔覆〕去聲是故聖人以通天下之志以定天下之業以斷天下之疑是故蓍之德圓而神卦之德方以知圓者運而不窮方者止而有分言蓍以圓象神卦以方象知也唯變所適无數不周故曰圓卦列爻分各有其體故曰方也○〔斷〕丁亂反〔蓍〕音尸〔知〕音智〔分〕扶問反六

爻之義易以貢貢告也六爻變易以告吉凶○[易]以豉反韓音亦聖人以此洗心洗濯萬物之心○[洗]悉殄反又悉禮反退藏於密言其道深微萬物日用而不能知其原故曰退藏於密猶藏諸用也吉凶與民同患表吉凶之象以同民所憂患之事故曰吉凶與民同患也神以知來知以藏往明蓍卦之用同神知也蓍定數於始於卦爲來卦成象於終於蓍爲往往來之用相成猶神知也其孰能與於此哉古之聰明叡知神武而不殺者夫服萬物而不以威刑也○[與]音預[殺]所戒反又所例反或如字[夫]音符是以明於天之道而察於民之故是興神物以前民用定吉凶於始也聖人以此齊戒洗心曰齊防患曰戒○[齊]側皆反以神明其德夫是故闔戶謂之坤坤道包物○[闔]胡臘反闢戶謂之乾乾道施生○[闢]婢亦反一闔一闢謂之變往來不窮謂之通見乃謂之象兆見曰象[見]賢遍反○形乃謂之器成形曰器制而用之謂之法利用出入民咸用之謂之神是故易有大極是生兩儀夫有必始於无故大極生兩儀也大極者无稱之稱不可得而名取其有之所極況之大極者也○[大]音泰[稱]尺證反兩儀生四象四象生八卦卦以象之八卦定吉凶八卦既立則吉凶可定吉凶生大業既定吉凶則廣大悉備是故法象莫大乎天地變通莫大乎四時縣象著明莫大乎日月崇高莫大乎富貴位所以一天下之動而濟萬物○[縣]音懸備物致用立成器以爲天下利莫大乎聖人探賾索隱鉤深致遠以定天下之吉凶成天下之亹亹者莫大乎蓍龜是故天生神物聖人則之天地變化聖人效之天垂象見吉凶聖人象之河出圖洛出書聖人則之易有四象所以示也繫辭焉所以告也定之以吉凶所以斷也易曰自天祐之吉无不利子曰祐者助也天之所助者順也人之所助者信也履信思乎順又以尚賢也是以自天祐之吉无不利也○[探]吐南反[賾]色白反[亹]亡偉反[見]賢遍反

子曰書不盡言言不盡意然則聖人之意其不可見乎子曰聖人立象以盡意設卦以盡情僞繫辭焉以盡其言變而通之以盡利極變通之數則盡利也故曰易窮則變變則通通則久鼓之舞之以盡神乾坤其易之緼邪緼淵奧也○[緼]紆粉反又於憤反乾坤成列而易立乎其中矣乾坤毀則无以見易易不可見則乾坤或幾乎息矣是故形而上者謂之道形而下者謂之器化而裁之謂之變因而制其會通適變之道也○[上]時掌反推而行之謂之通乘變而往者无不通也舉而錯之天下之民謂之事業事業所以濟物故舉而錯之於民○[錯]七故反是故夫象聖人有以見天下之賾而擬諸其形容象其物宜是故謂之象聖人有以見天下之動而觀其會通以行其典禮繫辭焉以斷其吉凶是故謂之爻極天下之賾者存乎卦鼓天下之動者存乎辭辭爻辭也爻以鼓動效天下之動也化而裁之存乎變推而行之存乎通神而明之

存乎其人。體神而明之，不假於象，故存乎其人。○〔裁〕音才。默而成之，不言而信，存乎德行。德行，賢人之德行也。順足於內，故默而成之也。體與理會，故不言而信也。○〔行〕下孟反。

周易卷第七

周易繫辭下第八

韓康伯註

八卦成列象在其中矣備天下之象也因而重之爻在其中矣夫八卦備天下之理而未極其變故因而重之以象其動用擬諸形容以明治亂之宜觀其所應以著適時之功則爻卦之義所存各異故爻在其中矣○〔重〕直龍反剛柔相推變在其中矣剛柔相推況八卦相盪或否或泰繫辭焉而斷其吉凶況之六爻動以適時者也立卦之義則見於彖象適時之功則存之爻辭王氏之例詳矣繫辭焉而命之動在其中矣吉凶悔吝者生乎動者也有變動而後有吉凶剛柔者立本者也立本況卦趣時況爻○〔趣〕七樹反變通者趣時者也吉凶者貞勝者也貞者正也一也夫有動則未免乎累殉吉則未離乎凶盡會通之變而不累於吉凶者其唯貞者乎老子曰王侯得一以為天下貞萬變雖殊可以執一御也天地之道貞觀者也明夫天地萬物莫不保其貞以全其用也○〔觀〕官喚反又音官日月之道貞明者也天下之動貞夫一者也夫乾確然示人易矣夫坤隤然示人簡矣確剛貌也隤柔貌也乾坤皆恒一其德物由以成故簡易也○〔夫〕音符〔確〕苦角反〔易〕以豉反〔隤〕大回反爻也者效此者也象也者像此者也爻象動乎內兆數見於卦也吉凶見乎外失得驗於事也功業見乎變功業由變以興故見乎變也聖人之情見乎辭辭也者各指其所之故曰情也天地之大德曰生施生而不為故能常生故曰大德也聖人之大寶曰位夫无用則无所寶有用則有所寶也无用而常足者莫妙乎道有用而弘道者莫大乎位故曰聖人之大寶曰位何以守位曰仁何以聚人曰財財所以資物生也理財正辭禁民為非曰義○〔禁〕音金又金鴆反

古者包犧氏之王天下也仰則觀象於天俯則觀法於地觀鳥獸之文與地之宜聖人之作易无大不極无微不究大則取象天地細則觀鳥獸之文與地之宜也○〔包〕又作庖白交反〔王〕于況反近取諸身遠取諸物於是始作八卦以通神明之德以類萬物之情作結繩而為罔罟以佃以漁蓋取諸離離麗也罔罟之用必審物之所麗也魚麗於水獸麗于山也○〔罟〕音古〔佃〕音田包犧氏沒神農氏作斲木為耜揉木為耒耒耨之利以教天下蓋取諸益制器致豐以益萬物○〔斲〕陟角反〔耜〕音似〔耒〕力對反〔耨〕奴豆反日中為市致天下之民聚天下之貨交易而退各得其所蓋取諸噬嗑噬嗑合也市人之所聚異方之所合設法以合物噬嗑之義也○〔市〕時止反〔噬〕市制反〔嗑〕胡臘反神農氏沒黃帝堯舜氏作通其變使民不倦通物之變故樂其器用不懈倦也神而化之使民宜之易窮則變變則通通則久通變則无窮故可久是以自天祐之吉无不利黃帝堯舜垂衣裳而天下治蓋取諸乾坤垂衣裳以辨貴賤乾尊坤卑之義也○〔祐〕音又刳木為舟剡木為楫舟楫之利以濟不通致遠以利天下蓋取諸渙渙者乘理以散動也○〔刳〕口孤反又口溝反〔剡〕以冉反〔楫〕將輒反徐音集服牛乘馬引重致遠以利天下蓋取諸隨隨隨宜也服牛乘馬隨物所之各得其宜也重門擊柝以待暴客蓋取諸豫取其備豫○〔重〕直龍反〔柝〕他洛反〔暴〕白報反斷木為杵掘地為臼臼杵之利萬民以濟蓋取

諸小過。以小用而濟物也。○〔斷〕丁緩反，又徒緩反。〔杵〕昌呂反。〔掘〕其月反。弦木爲弧。剡木爲矢。弧矢之利。以威天下。蓋取諸睽。睽，乖也。物乖則爭興，弧矢之用，所以威乖爭也。○〔弧〕音胡。〔剡〕以冉反。〔睽〕苦圭反。上古穴居而野處。後世聖人易之以宮室。上棟下宇。以待風雨。蓋取諸大壯。宮室壯大於穴居，故制爲宮室，取諸大壯也。古之葬者。厚衣之以薪。葬之中野。不封不樹。喪期无數。後世聖人易之以棺椁。蓋取諸大過。取其過厚。○〔衣〕於既反。〔數〕色具反。上古結繩而治。後世聖人易之以書契。百官以治。萬民以察。蓋取諸夬。夬，決也。書契所以決斷萬事也。是故易者象也。象也者像也。彖者材也。材，才德也。彖言成卦之材，以統卦義也。爻也者。效天下之動者也。是故吉凶生而悔吝著也。陽卦多陰。陰卦多陽。其故何也。陽卦奇。陰卦耦。夫少者多之所宗，一者衆之所歸。陽卦二陰，故奇爲之君；陰卦二陽，故耦爲之主。○〔奇〕紀宜反。其德行何也。辨陰陽二卦之德行也。○〔行〕下孟反。陽一君而二民。君子之道也。陰二君而一民。小人之道也。陽，君道也。陰，臣道也。君以无爲統衆，无爲則一也；臣以有事代終，有事則二也。故陽爻畫奇，以明君道必一；陰爻畫兩，以明臣體必二。斯則陰陽之數，君臣之辨也。以一爲君，君之德也；二居君位，非其道也。故陽卦曰君子之道，陰卦曰小人之道也。易曰。憧憧往來。朋從爾思。天下之動，必歸乎一。思以求朋，未能一也。一以感物，不思而至。○〔憧〕昌容反。子曰。天下何思何慮。天下同歸而殊塗。一致而百慮。天下何思何慮。夫少則得，多則惑。塗雖殊，其歸則同；慮雖百，其致不二。苟識其要，不在博求；一以貫之，不慮而盡矣。日往則月來。月往則日來。日月相推而明生焉。寒往則暑來。暑往則寒來。寒暑相推而歲成焉。往者屈也。來者信也。屈信相感而利生焉。尺蠖之屈。以求信也。龍蛇之蟄。以存身也。精義入神。以致用也。精義，物理之微者也。神寂然不動，感而遂通，故能乘天下之微，會而通其用也。○〔屈〕丘勿反。〔信〕音申。〔蠖〕紆縛反，又烏郭反。〔蟄〕直立反。利用安身。以崇德也。利用之道，皆安其身而後動也。精義由於入神，以致其用；利用由於安身，以崇其德。理必由乎其宗，事各本乎其根。歸根則寧，天下之理得也。若役其思慮以求動用，忘其安身以徇功美，則僞彌多而理愈失，名彌美而累愈彰矣。過此以往。未之或知也。窮神知化。德之盛也。

易曰。困于石。據于蒺藜。入于其宮。不見其妻。凶。子曰。非所困而困焉。名必辱。非所據而據焉。身必危。既辱且危。死期將至。妻其可得見邪。易曰。公用射隼于高墉之上。獲之无不利。子曰。隼者禽也。弓矢者器也。射之者人也。君子藏器於身。待時而動。何不利之有。動而不括。是以出而有獲。語成器而動者也。括，結也。君子待時而動，則无結閡之患也。○〔射〕食亦反。〔隼〕恤允反。〔墉〕音容。〔括〕古活反。〔閡〕五代反。子曰。小人不恥不仁。不畏不義。不見利不勸。不威不懲。小懲而大誡。此小人之福也。易曰。屨校滅趾。无咎。此之謂也。善不積。不足以成名。惡不積。不足以滅身。小人以小善爲无益而弗爲也。以小惡爲无傷而弗去也。故惡積而不可揜，罪大而不可解。易曰：何校滅耳，凶。子曰：危者安其位者也，亡者保其存者也，亂者有其治者也。是故君子安而不忘危，存而不忘亡，治而不忘亂，是以身安而國家可保也。易曰：其亡其亡，繫于苞桑。子曰：德薄而位尊，知小而謀大，力小而任重，鮮不及矣。易曰：鼎折足，覆公餗，其形渥，凶。言不勝其任也。子曰：知幾其神乎！君子上交不諂，下交不瀆，其知幾乎。形而上者況之道，形而下者況之器。於道不冥而有求焉，未離乎諂也；於器不絕而有交焉，未免乎瀆也。能无諂瀆，窮理者也。○〔校〕胡孝反。〔何〕河可反，又音河。〔知〕音智。〔鮮〕先善反。〔折〕之舌反。〔覆〕芳六反。〔餗〕音速。〔勝〕音升。〔離〕力智反。幾者，動之微，吉之先見者也。幾者，去无入有，理而未形，不可以名尋，不可以形觀者也。唯神也，不疾而速，感而遂通，故能朗然玄照，鑒於未形也。合抱之木，起於毫末；吉凶之彰，始於微兆，故為吉之先見也。○〔見〕賢遍反。君子見幾而作，不俟終日。易曰：介于石，不終日，貞吉。介如石焉，寧用終日？斷可識矣。定之於始，故不待終日也。○〔斷〕丁亂反。君子知微知彰，知柔知剛，萬夫之望。此知幾其神乎。子曰：顔氏之子，其殆庶幾乎！有不善未嘗不知，知之未嘗復行也。在理則昧，造形而悟，顔子之分也。失之於幾，故有不善；得之於二，不遠而復，故知之未嘗復行也。○〔復〕行，去聲。易曰：不遠復，无祇悔，元吉。吉凶者，失得之象也。得二者，於理不盡，未至成形，故得不遠而復，舍凶之吉，免夫祇悔而終獲元吉。祇，大也。○〔祇〕祁支反，王音支。〔舍〕音捨。天地絪縕，萬物化醇；男女構精，萬物化生。易曰：三人行則損一人，一人行則得其友。言致一也。致一而後化成也。〔絪〕音因。〔縕〕紆云反。○子曰：君子安其身而後動，易其心而後語，定其交而後求。君子脩此三者，故全也。危以動，則民不與也；懼以語，則民不應也；无交而求，則民不與也。莫之與，則傷之者至矣。易曰：莫益之，或擊之，立心勿恆，凶。夫虛己存誠，則衆之所不迕也；躁以有求，則物之所不與也。○〔易〕以豉反。〔迕〕五路反。

子曰：乾坤其易之門邪？乾，陽物也；坤，陰物也。陰陽合德而剛柔有體，以體天地之撰，撰，數也。○〔撰〕仕勉反。以通神明之德。其稱名也，雜而不越。備物極變，故其名雜也。各得其序，不相踰越，況爻繇之辭也。○〔繇〕直救反，下同。於稽其類，其衰世之意邪？有憂患而後作易，世衰則失得彰，爻繇之辭所以辨失得，故知衰世之意邪。○〔稽〕古兮反。夫易彰往而察來，而微顯闡幽，易无往不彰，无來不察，而微以之顯，幽以之闡。闡，明也。○〔闡〕昌善反。開而當名，辨物正言，斷辭則備矣。開釋爻卦，使各當其名也。理類辨明，故曰斷辭也。○〔斷〕丁亂反。其稱名也小，其取類也大。託象以明義，因小以喻大。其旨遠，其辭文，其言曲而中，變化无恆，不可爲典要，故其言曲而中也。○〔中〕丁仲反。其事肆而隱，事顯而理微也。因貳以濟民行，以明失得之報。貳則失得也。因失得以通濟民行，故明失得之報也。失得之報者，得其會則吉，乖其理則凶。

易之興也，其於中古乎？作易者，其有憂患乎？无憂患則不爲而足也。是故履，德之基也；基，所蹈也。謙，德之柄也；復，德之本也；夫動本於靜，語始於默，復者各反其所始，故爲德之本也。○〔柄〕兵病反。恆，德之固也。

固不傾移也。損德之脩也。益德之裕也。能益物者其德寬大也。困德之辯也。困而益明。○辯如字又卜免反。井德之地也。所處不移象居得其所也。巽德之制也。巽所以申命明制也。履和而至。和而不至從物者也和而能至故可履也。謙尊而光。復小而辨於物。微而辨之不遠復也。恒雜而不厭。雜而不厭是以能恒。○厭於豔反。損先難而後易。刻損以脩身故先難也身脩而无患故後易也。○易以豉反。益長裕而不設。有所興爲以益於物故曰長裕因物興務不虛設也。○長丁丈反。困窮而通。處窮而不屈其道也。井居其所而遷。改邑不改井井所居不移而能遷其施也。○施始豉反。巽稱而隱。稱揚命令而百姓不知其由也。○稱尺證反又尺升反。履以和行。謙以制禮。復以自知。求諸己也。○行下孟反。恒以一德。以一爲德也。損以遠害。止於脩身故可以遠害而已。○遠于萬反。益以興利。困以寡怨。困而不濫无怨於物。井以辨義。施而无私義之方也。巽以行權。權反經而合道必合乎巽順而後可以行權也。易之爲書也不可遠。擬議而動不可遠也。○遠袁萬反又如字。爲道也屢遷。變動不居。周流六虛。六虛六位也。上下无常。剛柔相易。不可爲典要。不可立定準也。○上時掌反。唯變所適。變動貴於適時趣舍存乎會也。其出入以度。外內使知懼。明出入之度使物知外內之戒也出入猶行藏外內猶隱顯遯以遠時爲吉豐以幽隱致凶漸以高顯爲美明夷以處昧利貞此外內之戒也。又明於憂患與故。故事故也。无有師保。如臨父母。安而不忘危存而不忘亡終日乾乾不可以怠也。初率其辭而揆其方。既有典常。能循其辭以度其義原其初以要其終則唯變所適是其常典也明其變者存其要也故曰苟非其人道不虛行○揆葵癸反度也度待洛反以要平聲下要終亦要同。苟非其人道不虛行。

易之爲書也。原始要終。以爲質也。質體也卦兼終始之義也。六爻相雜。唯其時物也。爻各存乎其時物事也。其初難知。其上易知。本末也。初辭擬之。卒成之終。夫事始於微而後至於著初者數之始擬議其端故難知也上者卦之終事皆成著故易知也。○易以豉反。若夫雜物撰德。辯是與非。則非其中爻不備。噫。亦要存亡吉凶。則居可知矣。知者觀其彖辭。則思過半矣。夫彖者舉立象之統論中爻之義約以存博以兼衆雜物撰德而一以貫之形之所宗者道衆之所歸者一其事彌繁則愈滯乎形其理彌約則轉近乎道彖之爲義存乎一也一之爲用同乎道矣形而上者可以觀道過半之益不亦宜乎○噫於其反要一妙反又一遙反知音智彖吐貫反思息吏反。二與四同功。同陰功也。而異位。有內外也。其善不同。二多譽。二處中和故多譽也。四多懼。近也。位逼於君故多懼也。柔之爲道不利遠者。其要无咎。其用柔中也。四之多懼以近君也柔之爲道須援而濟故有不利遠者二之能无咎柔而處中也。三與五同功。同陽功也。而異位。有貴賤也。三多凶。五多功。貴賤之等也。其柔危。其剛勝邪。三五陽位柔非其位處之則危居以剛健勝其任也夫所貴剛者閑邪存其誠動而不違其節者也所貴柔者含弘居中順而不失其貞者也若剛以犯物則非剛之道柔以卑佞則非柔之義也。○勝升證反一音升。易之爲書也。廣大悉備。有天道焉。有人道焉。有地道焉。兼三材而兩之。故六。六者非宅也。三材之道也。說卦備矣。道有變動。故曰爻。爻有等。故曰物。等類也乾陽物也坤陰物也爻有陰陽之類而後有剛柔之用故曰爻爻有等故曰物。物相雜故曰文。剛柔交錯玄黃相雜。文不當故吉凶生焉。易之興也其當殷之末世周之盛德邪。當文王與紂之事邪。文王以盛德蒙難而能亨其道故稱文王之德以明易之道也。是故其辭危。文王與紂之事危其辭也。危者使平。易者使傾。易慢易也。〔易〕以豉反。○其道甚大。百物不廢。懼以終始。其要无咎。此之謂易之道也。夫文不當而吉凶生則保其存者亡不忘亡者存有其治者亂不忘危者安懼以終始歸於无咎安危之所由爻象之大體也。夫乾天下之至健也。德行恆易以知險。夫坤天下之至順也。德行恆簡以知阻。能說諸心。能研諸侯之慮。諸侯物主有為者也能說萬物之心能精為者之務○〔行〕下孟反〔易〕以豉反〔阻〕莊呂反〔說〕音悅定天下之吉凶。成天下之亹亹者。是故變化云為。吉事有祥。象事知器。占事知來。夫變化云為者行其吉事則獲嘉祥之應觀其象事則知制器之方玩其占事則覩方來之驗也○〔亹〕亡偉反。天地設位。聖人成能。聖人乘天地之正萬物各成其能人謀鬼謀。百姓與能。人謀況議於眾以定失得也鬼謀況寄卜筮以考吉凶也不役思慮而失得自明不勞探射而吉凶自著類萬物之情通幽深之故故百姓與能樂推而不厭也○〔射〕食亦反八卦以象告。以象告人。爻彖以情言。辭有險易而各得其情也。剛柔雜居而吉凶可見矣。變動以利言。變而通之以盡利也○〔盡〕津忍反吉凶以情遷。吉凶无定唯人所動情順乘理以之吉情逆違道以蹈凶故曰吉凶以情遷也。是故愛惡相攻而吉凶生。泯然同順何吉何凶愛惡相攻然後逆順者殊故吉凶生○〔惡〕烏路反鄭烏洛反遠近相取而悔吝生。相取猶相資也遠近之爻互相資取而後有悔吝也。情偽相感而利害生。情以感物則得利偽以感物則致害也。凡易之情。近而不相得則凶。近況比爻也易之情剛柔相摩變動相適者也近而不相得必有乖違之患或有相違而无患者得其應也相順而皆凶者乖於時也存事以考之則義可見矣。或害之。悔且吝。夫无對於物而後盡全順之道豈可有欲害之者乎雖能免濟必有悔吝也或欲害之辭也將叛者其辭慚。中心疑者其辭枝。吉人之辭寡。躁人之辭多。誣善之人其辭游。失其守者其辭屈。

周易卷第八

周易說卦第九

韓康伯註

昔者聖人之作易也幽贊於神明而生蓍幽深也贊明也蓍受命如響不知所以然而然也○[贊]子旦反[蓍]音尸參天兩地而倚數參奇也兩耦也七九陽數六八陰數○[參]七南反又如字[倚]於綺反[奇]紀宜反觀變於陰陽而立卦卦象也蓍數也卦則雷風相薄山澤通氣擬象陰陽變化之體蓍則錯綜天地參兩之數蓍極數以定象卦備象以盡數故蓍曰參天兩地而倚數卦曰觀變於陰陽也發揮於剛柔而生爻剛柔發散變動相生和順於道德而理於義窮理盡性以至於命命者生之極窮理則盡其極也

昔者聖人之作易也將以順性命之理是以立天之道曰陰與陽立地之道曰柔與剛在天成象在地成形陰陽者言其氣柔剛者言其形變化始於氣象而後成形萬物資始乎天成形乎地故天曰陰陽地曰柔剛也或有在形而言陰陽者本其始也在氣而言柔剛者要其終也立人之道曰仁與義兼三才而兩之故易六畫而成卦分陰分陽迭用柔剛故易六位而成章設六爻以效三才之動故六畫而成卦也六爻位爻所處之位也二四爲陰三五爲陽故曰分陰分陽六爻升降或柔或剛故曰迭用柔剛也○[迭]田節反

天地定位山澤通氣雷風相薄水火不相射八卦相錯數往者順知來者逆易八卦相錯變化理備於往則順而知之於來則逆而數之○[射]食亦反[數]色具反又色主反是故易逆數也作易以逆覩來事以前民用

雷以動之風以散之雨以潤之日以烜之艮以止之兌以說之乾以君之坤以藏之帝出乎震齊乎巽相見乎離致役乎坤說言乎兌戰乎乾勞乎坎成言乎艮萬物出乎震震東方也齊乎巽巽東南也齊也者言萬物之絜齊也離也者明也萬物皆相見南方之卦也聖人南面而聽天下嚮明而治蓋取諸此也坤也者地也萬物皆致養焉故曰致役乎坤兌正秋也萬物之所說也故曰說言乎兌戰乎乾乾西北之卦也言陰陽相薄也坎者水也正北方之卦也勞卦也萬物之所歸也故曰勞乎坎艮東北之卦也萬物之所成終而所成始也故曰成言乎艮神也者妙萬物而爲言者也於此言神者明八卦運動變化推移莫有使之然者神則无物妙萬物而爲言也則雷疾風行火炎水潤莫不自然相與爲變化故能萬物既成也○[烜]況晚反[說]音悅[嚮]許亮反後同

動萬物者莫疾乎雷橈萬物者莫疾乎風燥萬物者莫熯乎火說萬物者莫說乎澤潤萬物者莫潤乎水終萬物始萬物者莫盛乎艮故水火相逮雷風不相悖山澤通氣然後能變化既成萬物也○[橈]乃飽反王乃教反又呼勞反[熯]呼但反徐音漢[悖]必內反

乾健也坤順也震動也巽入也坎陷也離麗也艮止也兌說也

乾爲馬坤爲牛震爲龍巽爲雞坎爲豕離爲雉艮爲

狗兌爲羊

乾爲首坤爲腹震爲足巽爲股坎爲耳離爲目艮爲手兌爲口

乾天也故稱乎父坤地也故稱乎母震一索而得男故謂之長男巽一索而得女故謂之長女坎再索而得男故謂之中男離再索而得女故謂之中女艮三索而得男故謂之少男兌三索而得女故謂之少女○〔索〕色白反〔長〕丁丈反下皆同〔中〕丁仲反下同〔少〕詩照反下皆同

乾爲天爲圜爲君爲父爲玉爲金爲寒爲冰爲大赤爲良馬爲老馬爲瘠馬爲駁馬爲木果○〔圜〕音圓〔瘠〕在亦反〔駁〕邦角反

坤爲地爲母爲布爲釜爲吝嗇爲均爲子母牛爲大輿爲文爲衆爲柄其於地也爲黑○〔釜〕房甫反

震爲雷爲龍爲玄黄爲旉爲大塗爲長子爲決躁爲蒼筤竹爲萑葦其於馬也爲善鳴爲馵足爲作足爲的顙其於稼也爲反生其究爲健爲蕃鮮○〔旉〕音孚〔筤〕音郎〔萑〕音丸〔葦〕韋鬼反〔馵〕主樹反〔的〕丁歷反〔顙〕桑黨反的顙白顛反生麻豆之屬〔蕃〕音煩〔鮮〕息連反

巽爲木爲風爲長女爲繩直爲工爲白爲長爲高爲進退爲不果爲臭其於人也爲寡髮爲廣顙爲多白眼爲近利市三倍其究爲躁卦

坎爲水爲溝瀆爲隱伏爲矯輮爲弓輪其於人也爲加憂爲心病爲耳痛爲血卦爲赤其於馬也爲美脊爲亟心爲下首爲薄蹄爲曳其於輿也爲多眚爲通爲月爲盜其於木也爲堅多心○〔矯〕紀表反〔輮〕如九反王奴又反又女九反〔脊〕精亦反〔亟〕紀力反王去記反〔曳〕以制反〔眚〕生領反

離爲火爲日爲電爲中女爲甲胄爲戈兵其於人也爲大腹爲乾卦爲鼈爲蟹爲蠃爲蚌爲龜其於木也爲科上槁○〔胄〕直又反〔乾〕古丹反鄭云乾當爲幹〔蠃〕力禾反〔蚌〕步項反〔槁〕苦老反

艮爲山爲徑路爲小石爲門闕爲果蓏爲閽寺爲指爲狗爲鼠爲黔喙之屬其於木也爲堅多節○〔蓏〕力火反〔閽〕音昏〔寺〕如字徐音侍〔黔〕其廉反徐音禽〔喙〕況廢反

兌爲澤爲少女爲巫爲口舌爲毀折爲附決其於地也爲剛鹵爲妾爲羊○〔巫〕亡符反〔決〕如字徐音穴〔鹵〕力杜反

周易序卦第十

有天地然後萬物生焉盈天地之間者唯萬物故受之以屯屯者盈也屯者物之始生也屯剛柔始交故爲物之始生也

物生必蒙故受之以蒙蒙者蒙也物之穉也物穉不可不養也故受之以需需者飲食之道也飲食必有訟故受之以訟夫有生則有資有資則爭興也○〔穉〕直吏反

訟必有衆起故受之以師師者衆也衆必有所比故受之以比衆起

而不比則爭，无由息，必相親比而後得寧也。○[比]毗志反。比者比也。比必有所畜。故受之以小畜。比非大通之道，則各有所畜以相濟也。由比而畜，故曰小畜而不能大也。○[畜]敕六反。物畜然後有禮。故受之以履。履者禮也。禮所以適用也。故既畜則宜用，有用則須禮也。履而泰然後安。故受之以泰。泰者通也。物不可以終通。故受之以否。物不可以終否。故受之以同人。否則思通，人人同志，故可出門同人，不謀而合。○[否]備鄙反。與人同者物必歸焉。故受之以大有。有大者不可以盈。故受之以謙。有大而能謙必豫。故受之以豫。豫必有隨。順以動者，衆之所隨。故受之以隨。以喜隨人者必有事。故受之以蠱。蠱者事也。有事而後可大。可大之業，由事而生。故受之以臨。臨者大也。物大然後可觀。故受之以觀。可觀而後有所合。故受之以噬嗑。可觀則異方合會也。○以[觀]官換反。嗑者合也。物不可以苟合而已。故受之以賁。賁者飾也。物相合則須飾以脩外也。致飾然後亨則盡矣。故受之以剝。極飾則實喪也。○[亨]許庚反，鄭許兩反。剝者剝也。物不可以終盡剝。窮上反下。故受之以復。復則不妄矣。故受之以无妄。有无妄然後可畜。故受之以大畜。物畜然後可養。故受之以頤。頤者養也。不養則不可動。故受之以大過。不養則不可動，養過則厚。物不可以終過。故受之以坎。坎者陷也。過而不已，則陷沒也。陷必有所麗。故受之以離。離者麗也。物窮則變，極陷則反所麗也。

有天地。然後有萬物。有萬物。然後有男女。有男女。然後有夫婦。有夫婦。然後有父子。有父子。然後有君臣。有君臣。然後有上下。有上下。然後禮義有所錯。言咸卦之義也。凡序卦所明，非易之緼也，蓋因卦之次，託以明義。咸柔上而剛下，感應以相與，夫婦之象，莫美乎斯。人倫之道，莫大乎夫婦，故夫子慇懃深述其義，以崇人倫之始，而不係之於離也。先儒以乾至離為上經，天道也；咸至未濟為下經，人事也。夫易六畫成卦，三材必備，錯綜天人，以效變化，豈有天道人事偏於上下哉？斯蓋守文而不求義，失之遠矣。○[錯]七各反，徐七路反。[緼]紆粉反。夫婦之道不可以不久也。故受之以恆。恆者久也。物不可以久居其所。故受之以遯。遯者退也。夫婦之道，以恆為貴，而物之所居，不可以恆，宜與世升降，有時而遯也。物不可以終遯。遯，君子以遠小人，遯而後亨，何可終邪？則小人遂陵，君子日消也。故受之以大壯。陽盛陰消，君子道勝。物不可以終壯。故受之以晉。晉以柔而進也。晉者進也。雖以柔而進，要是進也。進必有所傷。故受之以明夷。日中則昊，月盈則食。夷者傷也。傷於外者必反於家。故受之以家人。傷於外必反脩諸內。家道窮必乖。室家至親，過在失節，故家人之義，唯嚴與敬，樂勝則流，禮勝則離，家人尚嚴，其敝必乖也。故受之以睽。睽者乖也。乖必有難。故受之以蹇。蹇者難也。物不可以終難。故受之以解。解者緩也。緩必有所失。故受之以損。損而不已必益。故受之以益。益而不已必決。益而不已則盈，故必決也。○[難]乃旦反。[解]音蟹。故受之以夬。夬者決也。決必有遇。以正決邪，必有嘉遇也。故受之以姤。姤者遇也。物相遇而後聚。故受之以萃。萃者聚也。聚而上者謂之升。故受之以升。升而不已必困。故受之以困。困乎上者必反下。故受之以井。井道不可不革。（井久則濁穢，宜革易其故。）故受之以革。革物者莫若鼎。故受之以鼎。（革去故，鼎取新。既以去故，則宜制器立法以治新也。鼎所以和齊生物，成新之器也，故取象焉。○〔和〕去聲，又如字。〔齊〕才細反。）主器者莫若長子。故受之以震。震者動也。物不可以終動。動必止之。故受之以艮。艮者止也。物不可以終止。故受之以漸。漸者進也。進必有所歸。故受之以歸妹。得其所歸者必大。故受之以豐。豐者大也。窮大者必失其居。故受之以旅。旅而无所容。故受之以巽。（旅而无所容，以巽則得所入也。○〔長〕丁丈反。）巽者入也。入而後說之。故受之以兌。兌者說也。說而後散之。故受之以渙。（說不可偏係，故宜散也。○〔說〕音悅。）渙者離也。（渙者發暢而无所壅滯，則殊趣各肆而不反，則遂乖離也。）物不可以終離。故受之以節。（夫事有其節，則物之所同守，而不散越也。）節而信之。故受之以中孚。（孚，信也。既已有節，則宜信以守之。）有其信者必行之。故受之以小過。（守其信者，則失貞而不諒之道，而以信為過，故曰小過也。）有過物者必濟。（行過乎恭，禮過乎儉，可以矯世厲俗，有所濟也。）故受之以既濟。物不可窮也。故受之以未濟終焉。（有為而能濟者，以己窮物者也。物窮則乖，功極則亂，其可濟乎？故受之以未濟也。）

周易雜卦第十一

乾剛坤柔。比樂師憂。（親比則樂，動眾則憂。○〔比〕毗志反。下同。〔樂〕音洛。）臨觀之義。或與或求。（以我臨物，故曰與。物來觀我，故曰求。○〔觀〕古亂反。）屯見而不失其居。（屯利建侯，君子以經綸之時，雖見而磐桓，利貞不失其居也。○〔見〕賢遍反。鄭如字。）蒙雜而著。（雜者未知所定也，求發其蒙，則終得所定。著，定也。）震起也。艮止也。損益盛衰之始也。（極損則益，極益則損。）大畜時也。（因時而畜，故能大也。）无妄災也。（无妄之世，妄則災也。）萃聚而升不來也。（來，還也。方在上升，故不還也。）謙輕而豫怠也。（謙者不自重大。）噬嗑食也。賁无色也。（飾貴合眾，无定色也。）兌見而巽伏也。（兌貴顯說，巽貴卑退。）隨无故也。蠱則飭也。（隨時之宜，不繫於故也。隨則有事，受之以蠱。飭，整治也。蠱所以整治其事也。）剝爛也。（物孰則剝落也。）復反也。晉晝也。明夷誅也。（誅，傷也。）井通而困相遇也。（井，物所通用而不吝也。困，安於所遇而不濫也。）咸速也。（物之相應，莫速乎咸。）恆久也。渙離也。節止也。解緩也。蹇難也。睽外也。（相疏外也。）家人內也。否泰反其類也。大壯則止。遯則退也。（大正則小人止，小人亨則君子退。）大有眾也。同人親也。革去故也。鼎取新也。小過過也。中孚信也。豐多故也。（高者懼危，滿者戒盈，豐大者多憂故也。○〔去〕起呂反。）親寡旅也。（親寡故寄旅也。）離上而坎下也。（火炎上，水潤下。）小畜寡也。（不足以兼濟也。）履不處也。（王弼云：履卦陽爻皆以不處其位為吉也。）需不進也。（畏險而止也。）訟不親也。大過顛也。（本末弱也。）姤遇也。柔遇剛也。漸女歸待男行也。（女從男也。）頤養正也。既濟定也。歸妹女之終也。（女終於出嫁也。）未濟男之窮也。（剛柔失位，其道未濟，故曰窮也。）夬決也。剛決柔也。

君子道長。小人道憂也。

周易卷第九

周易略例序

唐四門助教邢　璹　註

原夫兩儀未位，神用藏於視聽。一氣化矣，至賾隱乎名言。於是河龍負圖，犧皇畫卦，仰觀俯察，遠物近身。八象窮天地之情，六位備剛柔之體。言大道之妙有，一陰一陽。論聖人之範圍，顯仁藏用。寔三元之胎祖，鼓舞財成，爲萬有之蓍龜，知來藏往。是以孔子三絶，未臻樞奥，劉安九師，尚迷宗旨。臣舞象之年，鼓篋鱣序，漁獵墳典，偏習周易，研窮耽玩，無舍寸陰。是知卦之紀綱，周文王之言略矣；象之吉凶，魯仲尼之論備矣。至如王輔嗣略例，大則揔一部之指歸，小則明六爻之得失。承乘逆順之理，應變情僞之端，用有行藏，辭有險易。觀之者可以經緯天地，探測鬼神，匡濟邦家，推辟咎悔。雖人非上聖，亦近代一賢。臣謹依其文，輒爲註解，雖不足敷弘易道，庶幾有禆於教義，亦猶螢爔增輝於太陽，涓流助深於巨壑，臣之志也。敢不上聞。

周易略例卷第十

明象

王弼

夫彖者何也。（將釋其義，故假設問端而曰何也。）統論一卦之體，明其所由之主者也。（統論一卦功用之體，明辯也。辯卦體功用所由之主，立主之義，義在一爻明辯也。）夫衆不能治衆，治衆者至寡者也。（萬物是衆，一是寡。衆不能治衆，治衆者至少以治衆之也。）夫動不能制動，制天下之動者貞夫一者也。（天下之動，動則不能自制，制其動者貞之一者也。老子曰：王侯得一以爲天下貞。然則一之爲君體。君體合道，動是衆，衆由一制也。制衆歸一，故靜爲躁君，安爲動主。○〔夫〕音符，後同。）故衆之所以得咸存者，主必致一也。（致猶歸也。衆得皆存，其存有必歸於一，故無心於存，皆得其存也。）動之所以得咸運者，原必无二也。（動所以運，運不已者，謂无二動，故無心於動而動不息也。）物无妄然，必由其理。（物衆也。妄虛妄也。天下之衆皆无妄，无妄之理必由君主統之也。）統之有宗，會之有元。（統領之以宗主，會合之以元首。）故繁而不亂，衆而不惑。（統之有宗主，雖繁而不亂；會之以元首，雖衆而不惑。）故六爻相錯，可舉一以明也。（錯雜也。六爻或陰或陽，錯雜交亂，舉貞一之主以明其用。）剛柔相乘，可立主以定也。（六爻有剛有柔，或乘或據，有逆有順，可立主以定之。）是故雜物撰德，（撰數也。雜聚也。聚其物體，數其德行。）辯是與非，（辯明也。得位而承之是也，失位而據之非也。）則非其中爻莫之備矣。（然則非是中之一爻莫之能備。訟彖云：訟有孚，窒惕，中吉，剛來而得中也。困彖云：貞大人吉，以剛中也之例是也。）故自統而尋之，物雖衆，則知可以執一御也。（无爲之一者道也，君也。統而推尋，萬物雖殊，一之以神道；百姓雖衆，御之以君主也。）由本以觀之，義雖博，則知可以一名舉也。（博廣也。本謂君也，道也。義雖廣，舉之在一也。）故處琁璣以觀大運，則天地之動未足怪也。據會要以觀方來，則六合輻湊未足多也。（天地雖大，覩之以琁璣；六合雖廣，據之以要會。）

天地之運不足怪其大六合輻湊不足稱其多○〔琁〕悉全反〔璣〕音機〔輻〕音福〔湊〕千豆反 故舉卦之名義有主矣觀其彖辭則思過半矣 彖揔卦義義主中爻簡易者道也君也道能化物君能御民智者觀之思過其半 夫古今雖殊軍國異容中之爲用故未可遠也 古今華變軍國殊別中正之用終無疏遠○〔遠〕于萬反 品制萬變宗主存焉象之所尚斯爲盛矣 品變積萬存之在一 夫少者多之所貴也寡者衆之所宗也 自此已下明至少者爲至多之所主豈直指其中爻而已 一卦五陽而一陰則一陰爲之主矣 五陰而一陽則一陽爲之主矣 師比謙豫 同人履小畜大有之例是也 復剝之例是也 夫陰之所求者陽也陽之所求者陰也 王弼曰夫陰陽相求之物以所求者貴也 陽苟一焉五陰何得不同而歸之陰苟隻焉五陽何得不同而從之故陰爻雖賤而爲一卦之主者處其至少之地也 王氏曰陽貴而陰賤以至少處至多之地爻雖賤衆亦從之小畜象云柔得位而上下應之是也 或有遺爻而舉二體者卦體不由乎爻也 遺棄也棄此一爻而舉二體以明其義卦體之義不在一爻豐歸妹之類是也 繁而不憂亂變而不憂惑約以存博簡以濟衆其唯象乎 簡易者道也君也萬物是衆道能生物君能養民物雖繁不憂錯亂爻雖變不憂迷惑 亂而不能惑變而不能渝非天下之至賾其孰能與於此乎 萬物雖雜不能惑其君六爻雖變不能渝其主非天下之至賾神武之君其孰能與於此言不能也○〔與〕音預 故觀象以斯義可見矣 觀象以斯其義可見

明爻通變

夫爻者何也 將釋其義假設問辭 言乎變者也 爻者效也物剛效剛物柔效柔 遇物而變動有所之故云言乎變者也 變者何也情僞之所爲也 變之所生生於情僞情僞之所適巧詐多端故云情僞之所爲也 夫情僞之動非數之所求也 情欲僞動數莫能求 故合散屈伸與體相乖 物之爲體或性同行乖情貌相違同歸殊塗一致百慮故萃卦六二引吉无咎萃之爲體貴相從就六二志在靜退不欲相就人之多辟己獨取正其體雖合志則不同故曰合散乾之初九潛龍勿用初九身雖潛屈情無憂悶其志則申故曰屈伸 形躁好靜質柔愛剛體與情反質與願違 至如風虎雲龍嘯吟相感物之體性形願相從此則情體乖違質願相反故歸妹九四歸妹愆期遲歸有時四體是震是形躁也愆期待時是好靜也履卦六三武人爲于大君志剛也兌體是陰是質柔也志懷剛武爲于大君是愛剛也 巧歷不能定其筭數聖明不能爲之典要 萬物之情動變多端雖復巧歷聖明不能定筭其數制典法立要會也 法制所不能齊度量所不能均也 雖復法制度量不能均齊詐僞長短 不爲之乎豈在夫大哉 情有巧僞變動相乖不在於大而聖明巧歷尚測不知豈在乎大哉 陵三軍者或懼於朝廷之儀暴威武者或困於酒色之娛 陵三軍暴威武視死如歸若獻酬揖讓汗成霡霂此皆體質剛猛懼在微小故大畜初九有厲利已九三輿説輻雖復剛健怯於柔弱也 近不必比遠不必乖 近爻不必親比遠爻不必乖離屯六二初九爻雖相近守貞不從九五難遠十年乃字此例是也○〔比〕毗志反 同聲相應高下不必均也 初四二五三上同聲相應不必均高卑也同氣相求 同氣相求體質不必齊也 不必齊形質也 召雲者龍命呂者律 雲水氣也龍水畜也召水氣者水畜此明有識感无識命陰呂者陽律此明无識感有識 故二女相違而剛柔合體 二女俱是

陰類而相違剛柔雖異而合體此明異類相應隆墀永歎。遠壑必盈。隆高也墀水中墀也永長也處高墀而長歎遠壑之中盈響而應九五尊高喻於隆墀六二卑下同於遠壑唱和相應也〇〔墀〕直其反投戈散地。則六親不能相保。投置也散逃也置兵戈於逃散之地雖是至親不能相保守也遯卦九四好遯君子吉處身於外難在於內處外則超然遠遯初六遯至親不能相保守也同舟而濟。則胡越何患乎異心。同在一舟而俱濟彼岸胡越雖殊其心皆同若漸卦三四異體和好物莫能間順而相保似若同在一舟上下殊體猶若胡越利用禦寇何患乎異心故苟識其情。不憂乖遠。苟明其趣。不煩強武。苟識同志之情何憂胡越也知逃散之趣不勞用其威武也能說諸心。能研諸慮。諸物之心憂其凶患爻變示之則物心皆說諸侯之慮在於育物爻變告之其慮益精〇〔說〕音悅睽而知其類。異而知其通。睽象曰萬物睽而其事類也男女睽而其志同也其唯明爻者乎。知趣舍察安危辯吉凶知變化其唯明爻者乎故有善邇而遠至。命宮而商應。善脩治也邇近也近脩治言語千里遠應若中孚之九二鳴鶴在陰其子和之鳴於此和於彼聲同則應有若宮商也脩下而高者降。與彼而取此者服矣。處下脩正高必命之否之初六拔茅貞吉九四有命疇離祉也與謂上也取謂下也君上福祿不獨有之下人服者感君之德大有六五厥孚交如威如吉之例是也是故情僞相感。遠近相追。正應相感是實情蹇之二五之例不正相感是僞情頤之三上之例有應雖遠而相追睽之三上之例无應近則相取賁之二三之例是也愛惡相攻。屈伸相推。同人三四有愛有惡迭相攻伐否泰二卦一屈一伸更相推謝見情者獲。直往則違。獲得也見彼之情往必得志屯之六四求婚媾往吉无不利之例不揆則往彼必相違六三卽鹿无虞惟入于林中君子幾不如舍往吝之例是也故擬議以成其變化。語成器而後有格。格括也括結也動則擬議極於變化語成器而後无結閡之患也不知其所以爲主。鼓舞而天下從者。見乎其情者也。鼓舞猶變化也易道變化應人如響退藏於密不知爲主也其爲變化萬物莫不從之而變是顯見其情繫辭曰聖人之情見乎辭又曰鼓之舞之以盡神是故範圍天地之化而不過。曲成萬物而不遺。範法也圍周圍也模範周圍天地變化之道而不過差委曲成就萬物而不有遺失通乎晝夜之道而无體。一陰一陽而无窮。陽通晝陰通夜晝夜猶變化也極神妙之道而无體可明一者道也道者虛无也在陰之時不以生長而爲功在陽之時不以生長而爲力是以生長无窮若以生長爲功各盡於有物之功極豈得无窮乎非天下之至變。其孰能與於此哉。非六爻至極通變以應萬物則不能與於此也〇〔與〕音預

是故卦以存時。爻以示變。

明卦適變通爻

夫卦者。時也。爻者。適時之變者也。卦者統一時之大義爻者適時中之通變夫時有否泰。故用有行藏。泰時則行否時則藏卦有小大。故辭有險易。陰長則小陽生則大否卦辭險泰卦辭易〇〔易〕以豉反一時之制。可反而用也。一時之吉。可反而凶也。一時有大畜之制反有天衢之用時有豐亨之吉反有羈旅之凶是也〇〔羈〕居宜反故卦以反對。而爻亦皆變。諸卦之體兩相反正其爻隨卦而變泰之初九拔茅彙征吉否之初六拔茅彙貞卦既隨時爻變亦準也是故。用无常道。事无軌度。動靜屈伸。唯變所適。卦既推移道用无常爻逐時變故事无軌度動出靜入屈往伸來唯變所適也故名其卦。則吉凶從其類。存其時。則動靜應其用。名其謙比則吉從其類名其蹇剝則凶從

其類震時則動應其用艮時則靜應其用尋名以觀其吉凶舉時以觀其動靜尋謙比蹇剝則觀知吉凶也舉艮震則觀知動靜也則一體之變由斯見矣夫應者同志之象也位者爻所處之象也得應則志同相和陰位小人所處陽位君子所處承乘者逆順之象也遠近者險易之象也陰承陽則順陽承陰則逆故小過六五乘剛逆也六二承陽順也遠難則易近難則險需卦九三近坎險也初九遠險易矣內外者出處之象也初上者始終之象也內卦是處外卦爲出初爲始上爲終是故雖遠而可以動者得其應也雖險而可以處者得其時也上下雖遠而動者有其應也革六二去五雖遠陰陽相應往者无咎也雖險可以處者得其時也需上六居險之上不憂出穴之凶得其時也弱而不懼於敵者得所據也憂而不懼於亂者得所附也師之六五爲師之主體是陰柔禽來犯田執言往討處得尊位所以不懼也遯九五嘉遯貞吉處遯之時小人浸長君子道消逃遯於外附著尊位率正小人不敢爲亂也柔而不憂於斷者得所御也雖後而敢爲之先者應其始也體雖柔弱不憂斷制良由柔御於陽終得剛勝則噬嗑六五噬乾肉得黃金之例初爻處下有應於四者即是體後而敢爲之先則泰之初九拔茅茹以其彙征吉之例是也○[斷]丁亂反物競而獨安於靜者要其終也物甚爭競己獨安靜會其終也大有上九自天祐之吉无不利餘放乘剛競其豐富己獨安靜不處於位由居上極要其終也故觀變動者存乎應察安危者存乎位爻有變動在乎應有應而動動則不失若謙之九三勞謙君子有終吉之例爻之安危在乎位得位則安若節之六四安節亨之例失位則危若晉之九四晉如鼫鼠貞厲之類是辯逆順者存乎承乘陰乘於陽逆也師之六二師或輿尸凶陰承於陽順也噬嗑六

三小吝无咎承於九四雖失其正小吝无咎也明出處者存乎外內遯君子處外臨君子處內遠近終始各存其會適得其時則吉失其要會則凶辟險尚遠趣時貴近遯之上九肥遯无不利此尚遠也觀之六四觀國之光利用賓于王此貴近也○[辟]音避比復好先乾壯惡首比初六有孚无咎上六比之无首凶復之初九不遠復无祇悔元吉上六迷復凶乾上九亢龍有悔大壯上六羝羊觸藩不能退不能遂无攸利之例是也○[比]毗志反明夷務闇豐尚光大明夷彖云利艱貞晦其明也豐繇云勿憂宜日中是也吉凶有時不可犯也時有吉凶不可越分輕犯動靜有適不可過也動靜適時不可過越而動犯時之忌罪不在大失其所適過不在深若夬之九三壯于頄有凶得位有應時方陽長同決小人三獨應之犯時之忌凶其宜也大過九四棟隆吉有它吝大過之時陽處陰位爲美九四陽處陰位能隆其棟良由應初則有它吝此所適違時也動天下滅君主而不可危也事之大者震動宇宙弒滅君主違於臣道不可傾危若離之九四突如其來如焚如死如棄如之例是也侮妻子用顏色而不可易也事之小者侮慢妻子用顏色若家人尚嚴不可慢易家人九三家人嗃嗃悔厲吉婦子嘻嘻終吝是也故當其列貴賤之時其位不可犯也位有貴賤爻有尊卑職分既定不可觸犯遇其憂悔吝之時其介不可慢也吉凶之始彰也存乎微兆悔吝纖介雖細不可慢易而不慎也觀爻思變變斯盡矣

明象

夫象者出意者也言者明象者也立象所以表出其意作其言者顯明其象若乾能變化龍是變物欲明乾象假龍以明乾欲明龍者假言以象龍龍則象之意也盡意莫若象盡象莫若言象以表意言以盡象言生於象故可尋言

以觀象。（若言能生龍，尋言可以觀龍。）象生於意，故可尋象以觀意。（乾能明意，尋乾以觀其意。）意以象盡，象以言著。（意之盡也，象以盡之；象之著也，言以著之。）故言者所以明象，得象而忘言；象者所以存意，得意而忘象。（既得龍象，其言可忘；既得乾意，其龍可捨。）猶蹄者所以在兔，得兔而忘蹄；（蹄以喻言，兔以喻象；存蹄得兔，得兔忘蹄。）筌者所以在魚，得魚而忘筌也。（求魚在筌，得魚弃筌。○〔筌〕士全反。）然則言者象之蹄也，象者意之筌也。（蹄以喻言，筌以比象。）是故存言者非得象者也，存象者非得意者也。（未得象者存言，言則非象；未得意者存象，象則非意。）象生於意而存象焉，則所存者乃非其象也。（所存者在意也。）言生於象而存言焉，則所存者乃非其言也。（所存者在象也。）然則忘象者乃得意者也，忘言者乃得象者也。（忘象得意，忘言得象。）得意在忘象，得象在忘言。（棄執而後得之。）故立象以盡意，而象可忘也；重畫以盡情，而畫可忘也。（盡意可遺象，盡情可遺畫。若盡和同之意，忘其天火之象；得同志之心，拔茅之畫盡可棄也。○〔重〕直龍反。）是故觸類可爲其象，合義可爲其徵。（徵，驗也。觸逢事類則爲象，魚龍牛馬鹿狐鼠之類；大人君子義同爲驗也。）義苟在健，何必馬乎？類苟在順，何必牛乎？（大壯九三有乾，亦云羝羊；坤卦无乾象，亦云牝馬。）爻苟合順，何必坤乃爲牛？義苟應健，何必乾乃爲馬？（遯无坤，六二亦稱牛；明夷无乾，六二亦稱馬。○〔應〕音鷹。）而或者定馬於乾，（唯執乾爲馬，其象末弘也。）案文責卦，有馬无乾，則僞說滋漫，難可紀矣。互體不足，遂及卦變；變又不足，推致五行。（廣推金木水火土爲象也。○〔漫〕末半反。）一失其原，巧愈彌甚。（一失聖人之原，直廣爲譬喻，失之甚。）縱復或值，而義无所取，蓋存象忘意之由也。（失魚兔則空守筌蹄，遺健順則空說龍馬。）忘象以求其意，義斯見矣。

辯位

案象无初上得位失位之文。（陰陽居之，不云得失。）又繫辭但論三五二四同功異位，亦不及初上，何乎？（問其意也。）唯乾上九文言云「貴而无位」，（陽居之也。）需上六云「雖不當位」。（陰居之也。）若以上爲陰位邪？則需上六不得云「不當位」也。若以上爲陽位邪？則乾上九不得云「貴而无位」也。陰陽處之，皆云非位，而初亦不說當位失位也。（不論當位失位凶吉之由。）然則初上者，是事之終始，无陰陽定位也。（初爲始，上爲終，施之於人爲終始，非祿位之地也。）故乾初謂之潛，過五謂之无位。未有處其位而云潛，上有位而云无者也。歷觀衆卦，盡亦如之。初上无陰陽定位，亦以明矣。夫位者，列貴賤之地，待才用之宅也。（宅，居也。二四陰賤，小人居之；三五陽貴，君子居之。）爻者守位分之任，應貴賤之序者也。（各守其位，應之以序。○〔分〕扶問反。）位有尊卑，爻有陰陽。尊者陽之所處，卑者陰之所履也。故以尊爲陽位，卑爲陰位。去初上而論位分，則三五各在一卦之上，亦何得不謂之陽位？二四各在一卦之下亦何得不謂之陰位。初上者。體之終始。事之先後也。故位无常分。事无常所。非可以陰陽定也。尊卑有常序。終始无常主。四爻有尊卑之序。終始无陰陽之常主也。○〔去〕羌呂反。故繫辭但論四爻功位之通例。而不及初上之定位也。然事不可无終始。卦不可无六爻。初上雖无陰陽本位。是終始之地也。統而論之。爻之所處則謂之位。卦以六爻爲成。則不得不謂之六位時成也。

略例下

凡體具四德者。則轉以勝者爲先。故曰元亨利貞也。元爲生物之始。春也。亨爲會聚於物。夏也。利爲和諧品物。秋也。貞能幹濟於物。冬也。乾用此四德以成君子大人之法也。其有先貞而後亨者。亨由於貞也。離卦云。利貞亨。凡陰陽者。相求之物也。近而不相得者。志各有所存也。比之六三。處二四之閒。四自外比。二爲五貞。所與比者皆非己親。是有所存者也。故凡陰陽二爻。率相比而无應。則近而不相得。隨之六三。係丈夫。九四。隨有獲。有應則雖遠而相得。是无應而相得之例也。○〔率〕音類。又音律。又所律反。〔比〕毗志反。然時有險易。卦有小大。否險泰易。遯小臨大。同救以相親。同辟以相疏。睽之初九九四。陰陽非應。俱是睽孤。同處體下。交孚相救。而得悔亡。是同救相親。困之初六有應於四。臀身幽谷。九四有應於初。來徐徐。志意懷疑。同避金車。兩相疏遠也。故或有違斯例者也。然存時以考之。義可得也。或有情僞生。違此例者。存其時。考其驗。莫不得之。凡彖者。統論一卦之體者也。象者。各辯一爻之義者也。彖統論一卦體。象各明一爻之義。故履卦六三爲兌之主。以應於乾。成卦之體。在斯一爻。故彖敘其應。雖危而亨也。彖云。柔履剛。說而應乎乾。是以履虎尾。不咥人。亨也。象則各言六爻之義。明其吉凶之行。去六三成卦之體。而指說一爻之德。故危不獲亨而見咥也。六三。履虎尾。咥人凶。彖言不咥。象言見咥。明爻彖其義各異也。○〔行〕下孟反。〔去〕羌呂反。〔咥〕直結反。訟之九二。亦同斯義。訟彖云。有孚窒惕中吉。剛來而得中。注云。其在二乎。以剛而來。正夫羣小。斷不失中。應斯任矣。九二。不克訟。歸而逋。其邑人三百戶无眚也。凡彖者。通論一卦之體者也。一卦之體。必由一爻爲主。則指明一爻之美。以統一卦之義。䷍大有之類是也。卦體不由乎一爻。則全以二體之義明之。䷶豐卦之類是也。凡言无咎者。本皆有咎者也。防得其道。故得无咎也。乾之九三。君子終日乾乾。无咎。若防失其道。則有過咎也。吉无咎者。本亦有咎。由吉故得免也。師貞。丈人吉。无咎。注云。興役動衆。无功罪也。故吉乃免咎。无咎吉者。先免於咎而後吉從之也。比初六。有孚比之。无咎。終來有它吉之例也。或亦處得其時。吉不待功。不犯於咎。則獲吉也。需之九二。需于沙。小有言。終吉。注云。近不逼難。遠不後時。履健居中。以待其會。雖小有言。以吉終也。或有罪自己招。无所怨咎。亦曰无咎。故節六三曰。不節若則嗟若无咎。象曰。不節之嗟。又誰咎也。此之謂矣。

卦略一〇凡十一卦

䷂屯此一卦皆陰爻求陽也屯難之世弱者不能自濟必依於彊民思其主之時也故陰爻皆先求陽不召自往馬雖班如而猶不廢不得其主无所馮也初體陽爻處首居下應民所求合其所望故大得民也江海處下百川歸之君能下物萬民歸之○〔難〕乃旦反〔馮〕皮冰反

䷃蒙此一卦陰爻亦先求陽夫陰昧而陽明陰困童蒙陽能發之凡不識者求問識者識者不求所告闇者求明明者不諮於闇故童蒙求我匪我求童蒙也故六三先唱則犯於爲女四遠於陽則困蒙吝初比於陽則發蒙也○〔遠〕袁願反

䷉履雜卦曰履不處也又曰履者禮也謙以制禮陽處陰位謙也故此一卦皆以陽處陰爲美也九五夬履

貞厲履道惡盈而五處尊位三居陽位則見咥也

䷒臨此剛長之卦也剛勝則柔危矣柔有其德乃得免咎故此一卦陰爻雖美莫過无咎也○〔長〕丁丈反

䷓觀之爲義以所見爲美者也故以近尊爲尚遠之爲吝遠爲童觀近爲觀國○〔觀〕古亂反

䷛大過者棟橈之世也本末皆弱棟已橈矣而守其常則是危而弗扶凶之道也以陽居陰拯弱之義也故陽爻皆以居陰位爲美濟衰救危唯在同好則所贍褊矣九四有應則有它吝九二无應則无不利也大過之時陽處陰位心无係應爲吉陽得位有應則凶也○〔橈〕乃孝反〔贍〕常豔反

䷠遯小人浸長難在於內亨在於外與臨卦相對者也臨剛長則柔危遯柔長故剛遯也遯以遠時爲吉不係爲美

上則肥遯初則有厲

䷡大壯未有違謙越禮能全其壯者也故陽爻皆以處陰位爲美用壯處謙壯乃全也用壯處壯則觸藩矣

䷣明夷爲闇之主在於上六初最遠之故曰君子于行五最近之而難不能溺故謂之箕子之貞明不可息也三處明極而征至闇故曰南狩獲其大首也

遠難藏明明夷之義○〔遠〕于萬反〔難〕乃旦反

䷥睽者睽而通也於兩卦之極觀之義最見矣極睽而合極異而通故先見怪焉洽乃疑亡也火動而上澤動而下睽義見矣○最〔見〕賢遍反

䷶豐此一卦明以動之卦也尚於光顯宣揚發暢者也故爻皆以居陽位又不應陰爲美其統在於惡闇而已矣小闇謂之沛大闇謂之蔀闇甚則明盡未盡則明昧明盡則斗星見明微故見昧无明則无與乎世見昧則不可以大事折其右肱雖左肱在豈足

用乎。日中之盛，而見昧而已，豈足任乎。豐之為義，貴在光大，惡於闇昧也。○〔惡〕烏路反。〔沛〕步貝反，又普貝反。〔蔀〕步口反。〔與〕如字，又音預。

周易卷第十

尚書

四部備要

經部

上海中華書局據相臺岳氏家塾本校刊

桐鄉 陸費逵 總勘

杭縣 高時顯 吳汝霖 輯校

杭縣 丁輔之 監造

尚書序

古者伏犧氏之王天下也。一號庖犧氏，三皇之最先，風姓，以木德王，卽大皞也。〔王〕于況反。始畫八卦，〔卦〕俱賣反。造書契，〔契〕苦計反。書者，文字；契者，刻木而書其側。鄭玄云：以書書木邊，言其事，刻其木。以代結繩之政，由是文籍生焉。伏犧、神農、黃帝之書，神農，炎帝也，姜姓，以火德王。黃帝，軒轅也，姬姓，少典之子，以土德王。史記云：姓公孫，名軒轅，一號有熊氏。謂之三墳，〔墳〕扶云反，大也。言大道也。少昊、顓頊、高辛、唐、虞之書，〔少〕詩照反。〔昊〕胡老反。少昊，金天氏，名摯，字青陽，一曰玄囂，己姓，黃帝之子，以金德王。〔顓〕音專。〔頊〕許玉反。顓頊，高陽氏，姬姓，黃帝之孫，昌意之子，以水德王。高辛，帝嚳也，姬姓，〔嚳〕口毒反，以木德王。唐，帝堯也，姓伊耆氏，堯初爲唐侯，後爲天子，都陶，故號陶唐氏，帝嚳之子，帝摯之弟，以火德王。虞，帝舜也，姓姚氏，國號虞，顓頊六世孫，瞽瞍之子，以土德王。謂之五典，言常道也。至于夏、商、周之書，夏，禹天下號也，以金德王，三王之最先。商，湯天下號也，亦號殷，以水德王。周，文王、武王有天下號也，以木德王。雖設教不倫，雅誥奧義，〔誥〕古報反，告也，示也。〔奧〕烏報反，深也。其歸一揆，〔揆〕葵癸反，度也。是故歷代寶之，以爲大訓。八卦之說，謂之八索，〔索〕所白反，下同，求也。求其義也。九州之志，謂之九丘。丘，聚也。言九州所有，土地所生，風氣所宜，皆聚此書也。春秋左氏傳曰：楚左史倚相左史，史官，在左。○〔倚〕於綺反。〔相〕息亮反。倚相，楚靈王時史官。能讀三墳、五典、八索、九丘。卽謂上世帝王遺書也。先君孔子生於周末，覩史籍之煩文，懼覽者之不一，遂乃定禮樂，明舊章，刪詩爲三百篇，〔刪〕色姦反。約史記而修春秋，讚易道以黜八索，〔黜〕丑律反。述職方以除九丘，討論墳典，斷自唐虞以下，〔斷〕丁亂反。訖于周，〔訖〕居乙反，又許乙反。芟夷煩亂，〔芟〕色咸反。翦截浮辭，〔翦〕咨淺反。舉其宏綱，撮其機要，〔撮〕七活反。〔機〕本作幾。足以垂世立教，典、謨、訓、誥、誓、命之文凡百篇，所以恢弘至道，〔恢〕苦回反，大也。示人主以軌範也。帝王之制，坦然明白，可舉而行，三千之徒，並受其義。及秦始皇滅先代典籍，焚書坑儒，焚詩書在始皇之三十四年，坑儒在三十五年。天下學士逃難解散，〔難〕乃旦反。〔解〕音蟹。我先人用藏其家書于屋壁。漢室龍興，開設學校，旁求儒雅，以闡大猷。〔闡〕尺善反。濟南伏生，〔濟〕子禮反。濟南，郡名也。伏生，名勝。年過九十，失其本經，口以傳授，裁二十餘篇。以其上古之書，謂之尚書。百篇之義，世莫得聞。至魯共王〔共〕音恭。漢景帝之子，名餘。好治宮室，〔好〕呼報反，下好古同。壞孔子舊宅，〔壞〕音怪。以廣其居，於壁中得先人所藏古文虞、夏、商、周之書及傳、論語、孝經，〔傳〕謂春秋也。一云：周易十翼，非經謂之傳。○〔論〕如字，又音倫。皆科斗文字。科斗，蟲名，蝦蟇子，書形似之。王又升孔子堂，聞金石絲竹之音，乃不壞宅，悉以書還孔氏。科斗書廢已久，時人無能知者，以所聞伏生之書考論文義，定其可知者，爲隸古定，〔隸〕音麗。謂用隸書寫古文。更以竹簡寫之，增多伏生二十五篇。謂虞書大禹謨，夏書五子之歌、胤征，商書仲虺之誥、湯誥、伊訓、太甲三篇、咸有一德、說命三篇，周書泰誓三篇、武成、旅獒、微子之命、蔡仲之命、周官、君陳、畢命、君牙、冏命。伏生又以舜典合於堯典。益稷合於皋陶謨。盤庚三篇合爲一。康王之誥合於顧命。〔合〕舊音閤，又如字。下同。〔陶〕音遙。復出此篇，幷序。〔復〕扶又反。凡五十九篇。即今所行五十八篇，其一是百篇之序。爲四十六卷。其餘錯亂摩滅。謂虞書汨作、九共九篇、槀飫，夏書帝告、釐沃、湯征、汝鳩、汝方，商書夏社、疑至、臣扈、典寶、明居、肆命、徂后、沃丁、咸乂四篇、伊陟、原命、仲丁、河亶甲、祖乙、高宗之訓，周書分器、旅巢命、歸禾、嘉禾、成王政、將蒲姑、賄肅慎之命、亳姑，凡四十二篇亡。弗可復知。悉上送官，〔上〕時掌反。藏之書府，以待能者。承詔爲五十九篇作傳。〔爲〕于僞反。於是遂研精覃思，〔覃〕徒南反，深也。〔思〕息嗣反。博考經籍，採摭羣言，〔摭〕之石反。以立訓傳。約文申義，敷暢厥旨，〔暢〕丑亮反。庶幾有補於將來。書序，序所以爲作者之意，〔爲〕于僞反，又如字。昭然義見，〔見〕賢遍反。宜相附近，故引之各冠其篇首，〔冠〕工亂反。定五十八篇。既畢，會國有巫蠱事，漢武帝末，征和中，江充造蠱，敗戾太子。〔蠱〕音古。經籍道息，用不復以聞。傳之子孫，以貽後代。若好古博雅君子與我同志，亦所不隱也。

尚書卷第一

堯典第一

虞書　　孔氏傳

昔在帝堯聰明文思光宅天下言聖德之遠著。○翼善傳聖曰堯。〔思〕息嗣反，又如字，下同。將遜于位讓于虞舜遜，遁也。老使攝，遂禪之。○〔禪〕時戰反。作堯典言堯可為百代常行之道。

曰若稽古帝堯若，順。稽，考也。能順考古道而行之者帝堯。曰放勳欽明文思安安勳，功。欽，敬也。言堯放上世之功化，而以敬明文思之四德安天下之當安者。○〔放〕方往反，注同。馬云：威儀表備謂之欽，照臨四方謂之明，經緯天地謂之文，道德純備謂之思。允恭克讓光被四表格于上下允，信。克，能。光，充。格，至也。既有四德，又信恭能讓，故其名聞充溢四外，至于天地。○〔被〕皮寄反。〔聞〕音問，本亦作問。〔溢〕音逸。

克明俊德以親九族能明俊德之士任用之，以睦高祖玄孫之親。九族既睦平章百姓既，已也。百姓，百官。言化九族而平和章明。百姓昭明協和萬邦黎民於變時雍昭，亦明也。協，合。黎，衆。時，是。雍，和也。言天下衆民皆變化化上，是以風俗大和。

乃命羲和欽若昊天曆象日月星辰敬授人時重黎之後，羲氏、和氏世掌天地四時之官，故堯命之，使敬順昊天。昊天言元氣廣大。星，四方中星。辰，日月所會。曆象其分節，敬記天時以授人也。此舉其目，下別序之。○〔昊〕胡老反。〔重〕直龍反。

分命羲仲宅嵎夷曰暘谷宅，居也。東表之地稱嵎夷。暘，明也。日出於谷而天下明，故稱暘谷。暘谷、嵎夷一也。羲仲居治東方之官。○〔嵎〕音隅。〔暘〕音陽。寅賓出日平秩東作寅，敬。賓，導。秩，序也。歲起於東而始就耕，謂之東作。東方之官敬導出日，平均次序東作之事，以務農也。○〔寅〕徐以真反，又音夷。下同。〔出〕尺遂反，又如字，注同。

日中星鳥以殷仲春日中，謂春分之日。鳥，南方朱鳥七宿。殷，正也。春分之昏，鳥星畢見，以正仲春之氣節，轉以推季孟則可知。○〔中〕貞仲反，又如字。〔宿〕音秀，下同。〔見〕賢遍反，下同。厥民析鳥獸孳尾冬寒無事，並入室處；春事既起，丁壯就功。厥，其也。言其民老壯分析。乳化曰孳，交接曰尾。○〔析〕星歷反。〔孳〕音字。〔乳〕儒付反。

申命羲叔宅南交申，重也。南交言夏與春交。舉一隅以見之。此居治南方之官。○〔重〕直用反。平秩南訛敬致訛，化也。掌夏之官，平序南方化育之事，敬行其教，以致其功。四時同之，亦舉一隅。○〔訛〕五禾反。日永星火以正仲夏永，長也，謂夏至之日。火，蒼龍之中星。舉中則七星見可知。以正仲夏之氣節，季孟亦可知。厥民因鳥獸希革因，謂老弱因就在田之丁壯，以助農也。夏時鳥獸毛羽希少，改易。革，改也。

分命和仲宅西曰昧谷昧，冥也。日入於谷而天下冥，故曰昧谷。昧谷曰西，則嵎夷東可知。此居治西方之官，掌秋天之政。○〔昧〕武內反。〔冥〕莫定反。寅餞納日平秩西成餞，送也。日出言導，日入言送，因事之宜。秋，西方，萬物成。平序其政，助成物也。○〔餞〕賤衍反，馬云：滅也。宵中星虛以殷仲秋宵，夜也。春言日，秋言夜，互相備。虛，玄武之中星，亦言七星皆以秋分日見，以正三秋。厥民夷鳥獸毛毨夷，平也。老壯在田與夏平也。毨，理也。毛更生整理。○〔毨〕先典反。說文云：仲秋鳥獸毛盛，可選取以為器用也。

申命和叔宅朔方曰幽都北稱朔，亦稱方，言一方則三方見矣。北稱幽，則南稱明，從可知也。都謂所聚也。平在朔易易謂歲改易於北方。平均在察其政，以順天常。上總言羲和敬順昊天，此分別仲叔各有所掌。○〔別〕彼列反，下同。日短星昴以正仲冬日短，冬至之日。昴，白虎之中星，亦以七星並見，以正冬之三節。厥民隩鳥獸氄毛隩，室也。民改歲入此室處，以辟風寒。鳥獸皆生耎毳細毛以自溫焉。○〔隩〕於六反，馬云：煖也。〔氄〕如勇反。〔辟〕音避。〔耎〕如兗反。〔毳〕尺銳反。

帝曰咨汝羲暨和朞三百有六旬有六日以閏月定四時成歲咨，嗟。暨，與也。匝四時曰朞。一歲十二月，月三十日，正三百六十日。除小月六，為六日，是為一歲有餘十二日，未盈三歲足得一月，則置閏焉，以定四時之氣節，成一歲之曆象。○〔暨〕其器反。〔朞〕居其反，下同。〔旬〕似遵反。〔匝〕子合反。允釐百工，庶績咸熙。允，信。釐，治。工，官。績，功。咸，皆。熙，廣也。言定四時成歲曆，以告時授事，則能信治百官，衆功皆廣，歎其善。○〔釐〕力之反。〔熙〕許其反。帝曰：疇咨若時登庸？疇，誰。庸，用也。誰能咸熙庶績，順是事者，將登用之。○〔疇〕直由反。放齊曰：胤子朱啓明。帝曰：吁！嚚訟，可乎？放齊，臣名。胤，國；子，爵；朱，名；啓，開也。吁，疑怪之辭。言不忠信爲嚚，又好爭訟，可乎？言不可。○〔放〕方往反。〔胤〕引信反，馬云：嗣也。〔吁〕況于反，徐往付反，一音于。〔嚚〕魚巾反。〔訟〕才用反，馬本作庸。〔好〕呼報反，下注同。爭鬭也。帝曰：疇咨若予采？采，事也。復求誰能順我事者。○〔予〕音餘，又羊汝反。〔采〕七在反，馬云：官也。〔復〕扶又反。驩兜曰：都！共工方鳩僝功。驩兜，臣名。都，於，歎美之辭。共工，官稱。鳩，聚。僝，見也。歎共工能方方聚見其功。○〔驩〕呼端反。〔兜〕丁侯反。〔共〕音恭，注同。〔僝〕仕簡反，徐音撰，馬云：具也。〔於〕音烏。〔稱〕尺證反。帝曰：吁！靜言庸違，象恭滔天。靜，謀。滔，漫也。言共工自爲謀言，起用行事而違背之，貌象恭敬，而心傲很，若漫天，言不可用。○〔滔〕吐刀反。〔漫〕末旦反，下同，又末寒反。〔背〕音佩。〔傲〕五報反，下同。〔很〕恨懇反。帝曰：咨！四岳，四岳，即上羲和之四子，分掌四岳之諸侯，故稱焉。湯湯洪水方割，湯湯，流貌。洪，大。割，害也。言大水方方爲害。○〔湯〕音傷。〔洪〕戶工反。蕩蕩懷山襄陵，浩浩滔天。蕩蕩，言水奔突有所滌除。懷，包。襄，上也。包山上陵，浩浩盛大，若漫天。○〔浩〕胡老反。〔上〕時掌反。下民其咨，有能俾乂？俾，使。乂，治也。言民咨嗟憂愁，病水困苦，故問四岳，有能治者將使之。○〔俾〕必爾反。僉曰：於！鯀哉。僉，皆也。鯀，崇伯之名。朝臣舉之。○〔僉〕七廉反，又七劍反。〔於〕音烏。〔鯀〕故本反。〔朝〕直遙反。帝曰：吁！咈哉，方命圮族。凡言吁者，皆非帝意。咈，戾。圮，毀。族，類也。言鯀性很戾，好此方名，命而行事，輒毀敗善類。○〔咈〕扶弗反，忿戾也。〔方〕如字，馬云：方，放也。徐云：鄭、王音放。〔圮〕皮美反。〔戾〕力計反。岳曰：异哉！試可乃已。异，已，退也。言餘人盡已。

惟鯀可試，無成乃退。○〔异〕徐云：鄭音異，孔、王音怡。帝曰：往，欽哉！勑鯀往治水，命使敬其事。堯知其性很戾圮族，未明其所能，而據衆言可試，故遂用之。九載，績用弗成。載，年也。三考九年，功用不成，則放退之。帝曰：咨！四岳，朕在位七十載，堯年十六以唐侯升爲天子，在位七十年，則時年八十六，老將求代。○〔朕〕直錦反，馬云：我也。汝能庸命，巽朕位？巽，順也。言四岳能用帝命，故欲使順行帝位之事。○〔巽〕音遜，馬云：讓也。岳曰：否德忝帝位。否，不；忝，辱也。辭不堪。○〔否〕方久反，不也，又音鄙。〔忝〕音他簟反。曰：明明揚側陋。堯知子不肖，有禪位之志，故明舉明人在側陋者，廣求賢也。○〔肖〕音笑，說文云：肖，骨肉相似也。不似其先，故曰不肖。師錫帝曰：有鰥在下，曰虞舜。師，衆。錫，與也。無妻曰鰥。虞，氏。舜，名。在下民之中。衆臣知舜聖賢，恥己不若，故不舉；乃不獲已而言之。○〔錫〕星歷反。〔鰥〕故頑反。馬云：舜，諡也。舜死後，賢臣錄之，臣子爲諱，故變名曰諡。帝曰：俞！予聞，如何？俞，然也。然其所舉，言我亦聞之，其德行如何？○〔俞〕羊朱反。〔行〕下孟反，下其行同。岳曰：瞽子，父頑，母嚚，象傲，無目曰瞽。舜父有目不能分別好惡，故時人謂之瞽，配字曰瞍。瞍，無目之稱。心不則德義之經爲頑，口不道忠信之言爲嚚。象，舜弟之字，傲慢不友，言竝惡。○〔瞽〕音古。〔傲〕五報反。〔瞍〕音叟。克諧以孝，烝烝乂，不格姦。諧，和。烝，進也。言能以至孝和諧頑嚚昏傲，使進進以善自治，不至於姦惡。○〔諧〕戶皆反。〔烝〕之丞反。〔姦〕古顏反。帝曰：我其試哉！言欲試舜，觀其行迹。女于時，觀厥刑于二女。女，妻。刑，法也。堯於是以二女妻舜，觀其法度接二女，以治家觀治國。○〔女〕于去聲。〔妻〕千計反。釐降二女于嬀汭，嬪于虞。降，下。嬪，婦也。舜爲匹夫，能以義理下帝女之心於所居嬀水之汭，使行婦道於虞氏。○〔嬀〕居危反。〔汭〕如銳反，水之內也。杜預注左傳云：水之隈曲曰汭。〔嬪〕毗人反。帝曰：欽哉！歎舜能修己行敬以安人，則其所能者大矣。

舜典第二　虞書　孔氏傳

虞舜側微爲庶人故微賤堯聞之聰明將使嗣位歷試諸難嗣繼也試以治民之難事○〔難〕乃丹反作舜典典之義與堯同曰若稽古帝舜亦言其順考古道而行之曰重華協于帝華謂文德言其光文重合於堯俱聖明濬哲文明溫恭允塞濬深哲智也舜有深智文明溫恭之德信充塞上下玄德升聞乃命以位玄謂幽潛潛行道德升聞天朝遂見徵用愼徽五典五典克從徽美也五典五常之教父義母慈兄友弟恭子孝舜愼美篤行斯道舉八元使布之於四方五教能從無違命○〔徽〕許韋反納于百揆百揆時敘揆度也度百事揔百官納舜於此官舜舉八凱使揆度百事百事時敘無廢事業○〔揆〕葵癸反賓于四門四門穆穆穆穆美也四門四方之門舜流四凶族四方諸侯來朝者舜賓迎之皆有美德無凶人○〔朝〕直遙反納于大麓烈風雷雨弗迷麓錄也納舜使大錄萬機之政陰陽和風雨時各以其節不有迷錯愆伏明舜之德合於天○〔麓〕音鹿馬鄭云山足也帝曰格汝舜詢事考言乃言厎可績三載汝陟帝位格來詢謀乃汝厎致陟升也堯呼舜曰來汝所謀事我考汝言汝言致可以立功三年矣三載考績故命使升帝位將禪之○〔詢〕音荀〔厎〕之履反舜讓于德弗嗣辭讓於德不堪不能嗣成帝位正月上日受終于文祖上日朔日也終謂堯終帝位之事文祖者堯文德之祖廟○〔正〕音政又音征文祖王云廟名馬云文祖天也天爲文萬物之祖在璿璣玉衡以齊七政在察也璿美玉璣衡王者正天文之器可運轉者七政日月五星各異政舜察天文齊七政以審己當天心與否○〔璿〕音旋肆類于上帝堯不聽舜讓使之攝位舜察天文考齊七政而當天心故行其事肆遂也類謂攝位事類遂以攝告天及五帝○馬云上帝太一神在紫微宮天之最尊者禋于六宗精意以享謂之禋宗尊也所尊祭者其祀有六謂四時也寒暑也日也月也星也水旱也祭亦以攝告○〔禋〕音因王

云絜祀也六宗馬云天地四時也望于山川徧于羣神九州名山大川五岳四瀆之屬皆一時望祭之羣神謂丘陵墳衍古之聖賢皆一祭之○〔墳〕扶云反〔衍〕以淺反輯五瑞既月乃日覲四岳羣牧班瑞于羣后輯斂既盡覲見班還后君也舜斂公侯伯子男之瑞圭璧盡以正月中乃日日見四岳及九州牧監還五瑞於諸侯與之正始○〔輯〕音集〔瑞〕垂僞反信也歲二月東巡守至于岱宗柴諸侯爲天子守土故稱守巡行之既班瑞之明月乃順春東巡岱宗泰山爲四岳所宗燔柴祭天告至○〔巡〕似遵反徐養純反〔守〕詩救反本或作狩〔岱〕音代下同〔柴〕士皆反爾雅祭天曰燔柴馬云祭時積柴加牲其上而燔之〔行〕下孟反〔燔〕扶袁反又扶云反望秩于山川東岳諸侯竟內名山大川如其秩次望祭之謂五岳牲禮視三公四瀆視諸侯其餘視伯子男肆覲東后遂見東方之國君協時月正日同律度量衡合四時之氣節月之大小日之甲乙使齊一也律法制及尺丈斛斗斤兩皆均同○律六律也鄭云陰呂陽律也〔度〕如字〔量〕力尚反〔衡〕稱也修五禮五玉修吉凶賓軍嘉之禮五等諸侯執其玉三帛二生一死贄三帛諸侯世子執纁公之孤執玄附庸之君執黃二生卿執羔大夫執鴈一死士執雉玉帛生死所以爲贄以見之○〔贄〕音至本又作摯〔纁〕許云反如五器卒乃復卒終復還也器謂圭璧如五器禮終則還之三帛生死則否○〔復〕扶又反下同〔還〕音旋五月南巡守至于南岳如岱禮南岳衡山自東岳南巡五月至八月西巡守至于西岳如初西岳華山初謂岱宗○〔華〕戶化反十有一月朔巡守至于北岳如西禮北岳恒山○〔有〕如字徐于救反歸格于藝祖用特巡守四岳然後歸告至文祖之廟藝文也言祖則考著特一牛○〔藝〕魚世反五載一巡守羣后四朝各會朝于方岳之下凡四處故曰四朝將說敷奏之事故申言之堯舜同道舜攝則然堯又可知○〔朝〕直遙反注同敷奏以言明試以功車服

以庸。敷陳奏進也諸侯四朝各使陳進治理之言明試其言以要其功功成則賜車服以表顯其能用。○〔敷〕音孚。肇十有二州。肇始也禹治水之後舜分冀州爲幽州并州分青州爲營州始置十二州。○〔肇〕音兆十有二州謂冀兗青徐荊揚豫梁雍并幽營也。封十有二山濬川。封大也每州之名山殊大者以爲其州之鎭有流川則深之使通利。○〔濬〕荀俊反。象以典刑。象法也法用常刑用不越法。流宥五刑。宥寬也以流放之法寬五刑。○〔宥〕音又。鞭作官刑。以鞭爲治官事之刑。扑作教刑。扑榎楚也不勤道業則撻之。○〔扑〕普卜反〔榎〕皆雅反。金作贖刑。金黄金誤而入刑出金以贖罪。○〔贖〕石欲反徐音樹。眚災肆赦。怙終賊刑。眚過災害肆緩賊殺也過而有害當緩赦之怙姦自終當刑殺之。○〔眚〕所景反〔怙〕音戶。欽哉欽哉惟刑之恤哉。舜陳典刑之義勑天下使敬之憂欲得中。○〔恤〕峻律反憂也。流共工于幽洲。象恭滔天足以惑世故流放之幽洲北裔水中可居者曰洲。○〔共〕音恭卽窮奇也〔裔〕以制反。放驩兜于崇山。黨於共工罪惡同崇山南裔。○〔驩〕呼端反〔兜〕丁侯反卽渾敦也。竄三苗于三危。三苗國名縉雲氏之後爲諸侯號饕餮三危西裔。○〔竄〕七亂反〔縉〕音晉。殛鯀于羽山。方命圮族績用不成殛竄放流皆誅也異其文述作之體羽山東裔在海中。○〔殛〕紀力反〔鯀〕故本反卽檮杌也。四罪而天下咸服。皆服舜用刑當其罪故作者先敘典刑而連引四罪明皆徵用所行於此總見之。二十有八載帝乃殂落。殂落死也堯年十六卽位七十載求禪試舜三載自正月上日至崩二十八載堯凡壽百一十七歲。○〔殂〕才枯反。百姓如喪考妣。考妣父母言百官感德思慕。○〔喪〕如字又息浪反。三載。四海遏密八音。遏絶密靜也八音金石絲竹匏土革木四夷絶音三年則華夏可知言盛德恩化所及者遠。○〔遏〕安葛反或音謁〔匏〕白交反。月正元日舜格于文祖。月正正月元日上日也舜服堯喪三年畢將卽政故復至文祖廟告。○〔復〕扶又反。詢于四岳闢四門。詢謀也謀政治於四岳開闢四方之門未開者廣致衆賢。○〔闢〕婢亦反。明四目達四聰。廣視聽於四方使天下無壅塞。咨十有二牧曰食哉惟時。咨亦謀也所重在於民食惟當敬授民時。柔遠能邇惇德允元。柔安邇近敦厚也元善之長言當安遠乃能安近厚行德信使足長善。○〔惇〕音敦〔長〕丁丈反下同。而難任人蠻夷率服。任佞難拒也佞人斥遠之則忠信昭於四夷皆相率而來服。○〔難〕乃旦反〔任〕音壬又而鴆反。舜曰咨四岳有能奮庸熙帝之載。奮起庸功載事也訪羣臣有能起發其功廣堯之事者舜曰以別堯。○〔奮〕弗運反。使宅百揆亮采惠疇。亮信惠順也求其人使居百揆之官信立其功順其事者誰乎。僉曰伯禹作司空。四岳同辭而對禹代鯀爲崇伯入爲天子司空治洪水有成功言可用之。帝曰俞咨禹汝平水土惟時懋哉。然其所舉稱禹前功以命之懋勉也惟居是百揆勉行之。○〔俞〕以朱反〔懋〕音茂。禹拜稽首讓于稷契暨臯陶。居稷官者棄也契臯陶二臣名稽首首至地。○〔稽〕音啓〔契〕息列反〔陶〕音遙。帝曰俞汝往哉。然其所推之賢不許其讓勑使往宅百揆。帝曰棄黎民阻飢汝后稷播時百穀。阻難播布也衆人之難在於飢汝后稷布種是百穀以濟之美其前功以勉之。○〔阻〕莊呂反〔播〕波左反。帝曰契百姓不親五品不遜。五品謂五常遜順也。汝作司徒敬敷五教在寬。布五常之教務在寬所以得人心亦美其前功。帝曰臯陶蠻夷猾夏寇賊姦宄。猾亂也夏華夏羣行攻劫曰寇殺人曰賊在外曰姦在內曰宄言無教之致。○〔猾〕戶八反〔寇〕苦豆反〔宄〕音軌。汝作士五刑有服。士理官也五刑墨劓剕宮大辟服從也言得輕重之中正。○〔劓〕魚器反截鼻也〔剕〕扶味反刖足也〔辟〕婢亦反死刑也。五服三就。既從五刑謂服罪也行刑當就三處大罪於原野大刑夫於朝士於市。○〔處〕昌慮反〔朝〕直遙反。五流有宅五宅三居。謂不忍加刑則流放之若四凶者五刑之流各有所居五居之差有三等之居大罪四裔次九州之外次千里之外 惟明克允 言皋陶能明信五刑施之遠近蠻夷猾夏使咸信服無敢犯者因禹讓三臣故歷述之 帝曰疇若予工 僉曰垂哉 問誰能順我百工事者朝臣舉垂垂臣名○〔垂〕平去二音 帝曰俞咨垂汝共工 共謂供其職事○〔共〕音恭 垂拜稽首讓于殳斨暨伯與 殳斨伯與二臣名○〔殳〕音殊〔斨〕七良反〔與〕音餘 帝曰俞往哉汝諧 汝能諧和此官 帝曰疇若予上下草木鳥獸 僉曰益哉 上謂山下謂澤順謂施其政教取之有時用之有節言伯益能之○益皋陶子也 帝曰俞咨益汝作朕虞 虞掌山澤之官 益拜稽首讓于朱虎熊羆 帝曰俞往哉汝諧 朱虎熊羆二臣名○垂益所讓四人皆在元凱之中○〔羆〕彼皮反 帝曰咨四岳有能典朕三禮 僉曰伯夷 三禮天地人之禮伯夷臣名姜姓 帝曰俞咨伯汝作秩宗 秩序宗尊也主郊廟之官 夙夜惟寅直哉惟清 夙早也言早夜敬思其職典禮施政教使正直而清明○〔寅〕如字徐音夷 伯拜稽首讓于夔龍 夔龍二臣名○〔夔〕求龜反 帝曰俞往欽哉 然其賢不許讓 帝曰夔命汝典樂教冑子 冑長也謂元子已下至卿大夫子弟以歌詩蹈之舞之教長國子中和祗庸孝友○〔冑〕直又反 直而溫寬而栗 教之正直而溫和寬弘而能莊栗 剛而無虐簡而無傲 剛失入虐簡失入傲教之以防其失 詩言志歌永言 謂詩言志以導之歌詠其義以長其言○〔永〕徐音詠又如字 聲依永律和聲 聲謂五聲宮商角徵羽律謂六律六呂十二月之音氣言當依聲律以和樂 八音克諧無相奪倫神人以和 倫理也八音能諧理不錯奪則神人咸和命夔使勉之 夔曰於予擊石拊石百獸率舞 石磬也磬音之清者拊亦擊也舉清者和則其餘皆從矣樂感百獸使相率而舞則神人和可知○〔於〕如字或音烏而人絕句者非○〔拊〕音撫 帝曰龍朕堲讒說殄行震驚朕師 堲疾殄絕震動也言我疾讒說絕君子之行而動驚我眾欲遏絕之○〔堲〕在力反〔讒〕士咸反〔說〕如字徐失銳反〔殄〕徒典反〔行〕下孟反注同 命汝作納言夙夜出納朕命惟允 納言喉舌之官聽下言納於上受上言宣於下必以信 帝曰咨汝二十有二人 禹垂益伯夷夔龍六人新命有職四岳十二牧凡二十二人特勑命之 欽哉惟時亮天功 各敬其職惟是乃能信立天下之功 三載考績三考黜陟幽明 三年有成故以考功九歲則能否幽明有別黜退其幽者升進其明者○〔黜〕丑律反 庶績咸熙分北三苗 考績法明眾功皆廣三苗幽闇君臣善否分北流之不令相從善惡明○〔北〕如字又音佩 舜生三十徵庸 言其始見試用 三十在位 歷試二年攝位二十八年 五十載陟方乃死 方道也舜即位五十年升道南方巡守死於蒼梧之野而葬焉三十徵庸三十在位服喪三年其一在三十之數為天子五十年凡壽百一十二歲 帝釐下土方設居方 言舜理四方諸侯各設其官居其方○〔釐〕力之反 別生分類 生姓也別其姓族分其類使相從○〔別〕彼列反〔分〕方云反徐扶問反 作汩作 汩治作興也言其治民之功興故為汩作之篇亡○〔汩〕音骨 九共九篇稾飫 稾勞飫賜也凡十一篇皆亡○〔共〕音恭王已勇反〔稾〕苦報反〔飫〕於庶反稾飫亦書篇名也汩作等十一篇同此序其文皆亡

尚書卷第一

尚書卷第二

大禹謨第三　虞書　孔氏傳

臯陶矢厥謨矢陳也○〔臯〕音高〔陶〕音遙禹成厥功陳其成功帝舜申之申重也重美二子之言○〔重〕直用反下同作大禹臯陶謨大禹謀九功臯陶謀九德益稷凡三篇

大禹謨禹稱大大其功謨謀也曰若稽古大禹順考古道而言之曰文命敷于四海祗承于帝言其外布文德教命內則敬承堯舜○文命孔云文德教命也先儒云文命禹名曰后克艱厥后臣克艱厥臣政乃乂黎民敏德敏疾也能知爲君難爲臣不易則其政治而衆民皆疾修德○〔易〕以豉反帝曰俞允若茲嘉言罔攸伏野無遺賢萬邦咸寧攸所也善言無所伏言必用如此則賢才在位天下安○〔俞〕羊朱反〔攸〕音由稽于衆舍己從人不虐無告不廢困窮惟帝時克帝謂堯也舜因嘉言無所伏遂稱堯德以成其義考衆從人矜孤愍窮凡人所輕聖人所重○〔舍〕音捨〔告〕音谷〔矜〕居陵反益曰都帝德廣運乃聖乃神乃武乃文益因舜言又美堯也廣謂所覆者大運謂所及者遠聖無所不通神妙無方文經天地武定禍亂皇天眷命奄有四海爲天下君眷視奄同也言堯有此德故爲天所命所以勉舜也○〔眷〕俱倦反〔奄〕於檢反禹曰惠迪吉從逆凶惟影響迪道也順道吉從逆凶吉凶之報若影之隨形響之應聲言不虛○〔迪〕徒歷反〔響〕許丈反益曰吁戒哉儆戒無虞罔失法度先吁後戒欲使聽者精其言虞度也無億度謂無形戒於無形備慎深秉法守度言有常○〔吁〕況俱反〔度〕徒布反注守度同虞度下徒洛反後億度同罔遊于逸罔淫于樂淫過也遊逸過樂敗德之原富貴所忽故特以爲戒○〔樂〕音洛任賢勿貳去邪勿疑疑謀勿成百志惟熙一意任賢果於去邪疑則勿行道義所存於心日以廣矣○〔去〕起呂反〔熙〕火其反罔違道以干百姓之譽干求也失道求名古人賤之罔咈百姓以從己之欲咈戾也專欲難成犯衆興禍故戒之○〔咈〕扶弗反〔戾〕連第反無怠無荒四夷來王言天子常戒慎無怠惰荒廢則四夷歸往之○〔怠〕音待〔惰〕徒卧反

禹曰於帝念哉德惟善政政在養民歎而言念重其言爲政以德則民懷之○〔於〕音烏水火金木土穀惟修言養民之本在先修六府正德利用厚生惟和正德以率下利用以阜財厚生以養民三者和所謂善政九功惟敘九敘惟歌言六府三事之功有次敘皆可歌樂乃德政之致○〔樂〕音洛戒之用休董之用威勸之以九歌俾勿壞休美董督也言善政之道美以戒之威以督之歌以勸之使政勿壞在此三者而已○〔俾〕必爾反〔壞〕乎怪反帝曰俞地平天成六府三事允治萬世永賴時乃功水土治曰平五行敘曰成因禹陳九功而歎美之言是汝之功明衆臣不及○〔治〕直吏反帝曰格汝禹朕宅帝位三十有三載耄期倦于勤汝惟不怠總朕師八十九十曰耄百年曰期頤言己年老厭倦萬機汝不懈怠於位稱總我衆欲使攝禹曰朕德罔克民不依臯陶邁種德德乃降黎民懷之邁行種布降下懷歸也言己無德民所不能依臯陶布行其德下洽於民民歸服之○〔種〕章用反〔降〕江巷反帝念哉念茲在茲釋茲在茲茲此釋廢也念此人在此功廢此人在此罪言不可誣名言茲在茲允出茲在茲惟帝念功名言此事必在此義信出此心亦在此義言臯陶之德以義爲主所宜念之帝曰臯陶惟茲臣庶罔或干予正或有也無有干我正言順命汝作士明于五刑以弼五教期于予治弼輔期當也歎其能以刑

輔教當於治體○〔治〕直吏反注下同〔當〕丁浪反刑期于無刑民協于中時乃
功懋哉雖或行刑以殺止殺終無犯者刑期於無所刑民皆合於大中之道是汝之功勉之○〔懋〕
音茂皋陶曰帝德罔愆臨下以簡御衆以寬愆過也善則歸君人
臣之義○〔愆〕起虔反罰弗及嗣賞延于世嗣亦世俱謂子延及也父子罪不相及而
及其賞道德之政宥過無大刑故無小過誤所犯雖大必宥不忌故犯雖小必刑
○〔宥〕音又罪疑惟輕功疑惟重刑疑附輕賞疑從重忠厚之至與其殺不
辜寧失不經好生之德洽于民心茲用不犯于有司
辜罪經常司主也皋陶因帝勉己遂稱帝之德所以明民不犯上也寧失不常之罪不枉不辜之善仁愛
之道○〔辜〕音孤〔好〕呼報反帝曰俾予從欲以治四方風動惟乃之
休使我從心所欲而政以治民動順上命若草應風是汝能明刑之美帝曰來禹降水
儆予成允成功惟汝賢水性流下故曰下水儆戒也能成聲教之信成治水之功
言禹最賢重美之○〔儆〕居領反克勤于邦克儉于家不自滿假惟汝
賢滿謂盈實假大也言禹惡衣薄食卑其宮室而盡力爲民執心謙沖不自盈大○〔假〕工雅反〔盡〕津忍
反〔爲〕于僞反汝惟不矜天下莫與汝爭能汝惟不伐天下
莫與汝爭功自賢曰矜自功曰伐言禹推善讓人而不失其能不有其勞而不失其功所以
能絶衆人予懋乃德嘉乃丕績天之曆數在汝躬汝終陟
元后丕大也曆數謂天道元大也大君天子舜善禹有治水之大功言天道在汝身汝終當升爲天
子○〔丕〕普悲反人心惟危道心惟微惟精惟一允執厥中危則
難安微則難明故戒以精一信執其中無稽之言勿聽弗詢之謀勿庸
無考無信驗不詢專獨終必無成故戒勿聽用○〔聽〕天定反可愛非君可畏非民

衆非元后何戴后非衆罔與守邦民以君爲命故可愛君失道民叛之
故可畏言衆戴君以自存君恃衆以守國相須而立欽哉愼乃有位敬修其可
願四海困窮天祿永終有位天子位可願謂道德之美困窮謂天民之無告者言
爲天子勤此三者則天之祿籍長終汝身惟口出好興戎朕言不再好謂賞善
戎謂伐惡言口榮辱之主慮而宣之成於一也○〔出〕如字徐尺遂反〔好〕如字徐許到反禹曰枚
卜功臣惟吉之從枚謂歷卜之而從其吉此禹讓之志○〔枚〕音梅帝曰禹官
占惟先蔽志昆命于元龜帝王立卜占之官故曰官占蔽斷昆後也官占之法
先斷人志後命於元龜言志定然後卜○〔蔽〕必世反朕志先定詢謀僉同鬼神
其依龜筮協從卜不習吉習因也言已謀之於心謀及卜筮四者合從卜不因
吉無所枚卜○〔僉〕七潛反禹拜稽首固辭再辭曰固帝曰毋惟汝諧言毋
所以禁其辭禹有大功德故能諧和元后之任正月朔旦受命于神宗受舜終事
之命神宗文祖之宗廟言神尊之○〔正〕音政徐音征率百官若帝之初順舜初攝帝位
故事奉行之帝曰咨禹惟時有苗弗率汝徂征三苗之民數干王誅
率循徂往也不循帝道言亂逆命禹討之禹乃會羣后誓于師曰濟濟有
衆咸聽朕命會諸侯共伐有苗軍旅曰誓濟濟衆盛之貌○〔濟〕子禮反蠢茲有苗
昏迷不恭蠢動昏闇也言其所以宜討之侮慢自賢反道敗德狎侮先王
輕慢典教反正道敗德義○〔侮〕亡甫反〔慢〕亡諫反君子在野小人在位廢仁賢任
姦佞民弃不保天降之咎言民叛天災之○〔咎〕其九反肆予以爾衆
士奉辭罰罪肆故也辭謂不恭罪謂侮慢以下事爾尚一乃心力其克
有勳尚庶幾一汝心力以從我命三旬苗民逆命旬十日也以師臨之一月不服

責舜不先有文誥之命威讓之辭而便憚之以威脅之以兵所以生辭益贊于禹曰惟
德動天無遠弗屆贊佐屆至也益以此義佐禹欲其修德致遠○〔屆〕音戒滿招
損謙受益時乃天道自滿者人損之自謙者人益之是天之常道帝初于
歷山往于田日號泣于旻天于父母仁覆愍下謂之旻天言舜初耕
于歷山之時為父母所疾日號泣于旻天及父母克己自責不責於人○〔號〕戶高反〔旻〕武巾反負罪
引慝祗載見瞽瞍夔夔齋慄瞽亦允若慝惡載事也夔夔悚懼之
貌言舜負罪引惡敬以事見于父悚懼齋莊父亦信順之言能以至誠感頑父○〔慝〕他則反〔見〕賢遍反〔瞽〕
音古〔瞍〕素后反〔夔〕求龜反至諴感神矧茲有苗諴和矧況也至和感神況有苗乎言
易感○〔諴〕音咸〔矧〕失忍反禹拜昌言曰俞班師振旅昌當也以益言為當故拜
受而然之遂還師兵入曰振旅言整眾帝乃誕敷文德遠人不服大布文德以來之○
〔誕〕音但舞干羽于兩階干楯羽翳也皆舞者所執修闡文教舞文舞于賓主階間抑武
事○〔楯〕食允反七旬有苗格討而不服不討自來明御之者必有道三苗之國左洞庭右彭
蠡在荒服之例去京師二千五百里○〔蠡〕音禮

皋陶謨第四　虞書　孔氏傳

皋陶謨謨謀也皋陶為帝舜謀○〔為〕于偽反曰若稽古皋陶亦順考古道以言之
典謨聖帝所以立治之本皆師法古道以成不易之則曰允迪厥德謨明弼諧
迪蹈厥其也其古人也言人君當信蹈行古人之德謀廣聰明以輔諧其政禹曰俞如何
然其言問所以行皋陶曰都慎厥身修思永歎美之重也慎修其身思為長
久之道惇敘九族庶明勵翼邇可遠在茲言慎修其身厚次敘九族
則眾庶皆明其教而自勉勵翼戴上命近可推而遠者在此道○〔惇〕都昆反禹拜昌言曰
俞以皋陶言為當故拜受而然之皋陶曰都在知人在安民歎修身親親之
道在知人所信任在能安民禹曰吁咸若時惟帝其難之言帝堯亦以知
人安民為難故曰吁知人則哲能官人安民則惠黎民懷之哲智
也無所不知故能官人惠愛也愛則民歸之能哲而惠何憂乎驩兜佞人亂真
堯憂其敗政故流放之何遷乎有苗何畏乎巧言令色孔壬孔甚
也巧言靜言庸違令色象恭滔天禹言有苗驩兜之徒甚佞如此堯畏其亂政故遷放之皋陶曰
都亦行有九德言人性行有九德以考察真偽則可知○〔行〕下孟反亦言其人
有德乃言曰載采采載行采事也稱其人有德必言其所行某事某事以為驗禹
曰何問九德品例皋陶曰寬而栗性寬弘而能莊栗柔而立和柔而能
立事愿而恭愨愿而恭恪○〔愿〕音願〔愨〕苦各反亂而敬亂治也有治而能謹敬擾
而毅擾順也致果為毅○〔擾〕而小反徐音饒〔毅〕五既反直而溫行正直而氣溫和簡
而廉性簡大而有廉隅剛而塞剛斷而實塞○〔斷〕丁亂反彊而義無所屈撓動必
合義○〔撓〕女孝反彰厥有常吉哉彰明吉善也明九德之常以擇人而官之則政之善
日宣三德夙夜浚明有家三德九德之中有其三宣布夙早浚須也卿大夫稱
家言能日日布行三德早夜思之須明行之可以為卿大夫○〔浚〕息俊反日嚴祗敬六德
亮采有邦有國諸侯日日嚴敬其身敬行六德以信治政事則可以為諸侯翕受敷
施九德咸事俊乂在官翕合也能合受三六之德而用之以布施政教使九德之
人皆用事謂天子如此則俊德治能之士並在官○〔翕〕許及反百僚師師百工惟時
僚工皆官也師師相師法百官皆是言政無非撫于五辰庶績其凝凝成也言百官
皆撫順五行之時眾功皆成無教逸欲有邦不為逸豫貪欲之教是有國者之常兢

兢兢業業一日二日萬幾兢兢戒慎業業危懼幾微也言當戒懼萬事之微○[兢]居凌反[幾]徐音機

無曠庶官天工人其代之曠空也位非其才爲空官言人代天理官不可以天官私非其才

天敘有典勑我五典五惇哉天次敘人之常性各有分義當勑正我五常之教使合于五厚厚天下○[分]扶問反

天秩有禮自我五禮有庸哉庸常自用也天次秩有禮當用我公侯伯子男五等之禮以接之使有常

同寅協恭和衷哉衷善也以五禮正諸侯使同敬合恭而和善○[衷]音中

天命有德五服五章哉五服天子諸侯卿大夫士之服也尊卑采章各異所以命有德

天討有罪五刑五用哉言天以五刑討有罪用五刑宜必當

政事懋哉懋哉言敘典禮命德討罪無非天意者故人君居天官聽政治事不可以不自勉

天聰明自我民聰明言天因民而降之福民所歸者天命之天視聽人君之行用民所爲聰明

天明畏自我民明威天明可畏亦用民成其威民所叛者天討之是天明可畏之效

達于上下敬哉有土言天所賞罰惟善惡所在不避貴賤有土之君不可不敬懼

皐陶曰朕言惠可厎行其所陳九德以下之言順於古道可致行

禹曰俞乃言厎可績然其所陳從而美之曰用汝言致可以立功

皐陶曰予未有知思曰贊贊襄哉言我未有所知未能思致於善徒亦贊奏上古行事而言之因禹美之承以謙辭言之序○[襄]息羊反

益稷第五　虞書　孔氏傳

益稷禹稱其人因以名篇

帝曰來禹汝亦昌言因皐陶謨九德故呼禹使亦陳當言○[當]丁浪反

禹拜曰都帝予何言予思日孜孜拜而歎辭不言欲使帝重皐陶所陳言己思日孜孜不怠奉承臣功而已○[思]如字又息吏反[孜]音茲

皐陶曰吁如何問所以孜孜之事

禹曰洪水滔天浩浩懷山襄陵下民昏墊言天下民昏瞀墊溺皆困水災○[浩]戶老反[墊]丁念反[瞀]音務

予乘四載隨山刊木所載者四謂水乘舟陸乘車泥乘輴山乘樏隨行九州之山林刊槎其木開通道路以治水也○[乘]音繩[刊]苦安反[輴]丑倫反以板置泥上形如木箕[樏]力追反[行]下孟反[槎]士雅反

暨益奏庶鮮食奏謂進於民鳥獸新殺曰鮮與益槎木獲鳥獸民以進食○[暨]其器反[鮮]音仙生也

予決九川距四海濬畎澮距川距至也決九州名川通之至海一畝之間廣尺深尺曰畎方百里之間廣二尋深二仞曰澮澮畎深之至川亦入海○[距]音巨[濬]思俊反[畎]工犬反[澮]故外反[廣]光浪反[深]尸鴆反下同

暨稷播奏庶艱食鮮食艱難也衆難得食處則與稷教民播種之決川有魚鼈使民鮮食之

懋遷有無化居化易也居謂所宜居積者勉勸天下徙有之無魚鹽徙山林木徙川澤交易其所居積

烝民乃粒萬邦作乂米食曰粒言天下由此爲治本

皐陶曰俞師汝昌言言禹功甚當可師法○[當]丁浪反

禹曰都帝慎乃在位帝曰俞然禹言受其戒

禹曰安汝止惟幾惟康其弼直言慎在位當先安好惡所止念慮幾微以保其安其輔臣必用直人○[好]呼報反[惡]烏路反

惟動丕應徯志徯待也帝先安所止動則天下大應之順命以待帝志○[徯]胡啓反

以昭受上帝天其申命用休昭明也非但人應之又乃明受天之報施天又重命用美

帝曰吁臣哉鄰哉鄰哉臣哉禹曰俞鄰近也言君臣道近相須而成

帝曰臣作朕股肱耳目言大體若身○[股]音古[肱]古閎反

予欲左右有民汝翼左右助也助我所有之民富而教之汝翼成我

予欲宣力四方汝爲布力立治之功汝羣臣當爲之

予欲觀古人之象欲觀示法象之服制

日月星辰山龍華蟲日月星爲三辰華象草華蟲雉也畫三辰

山龍華蟲於衣服旌旗。作會宗彝。會，五采也，以五采成此畫焉。宗廟彝樽亦以山龍華蟲爲飾。○〔會〕胡對反。〔彝〕音夷。藻火粉米黼黻絺繡。藻，水草有文者。火爲火字。粉若粟冰。米若聚米。黼若斧形。黻爲兩已相背。葛之精者曰絺。五色備曰繡。○〔黼〕音甫。〔黻〕音弗。〔絺〕勑私反。以五采彰施于五色作服，汝明。天子服日月而下，諸侯自龍袞而下至黼黻，士服藻火，大夫加粉米。上得兼下，下不得僭上。以五采明施于五色，作尊卑之服，汝明制之。予欲聞六律五聲八音，在治忽，以出納五言，汝聽。言欲以六律和聲音，在察天下治理及忽怠者，又以出納仁義禮智信五德之言，施于民以成化，汝當聽審之。○〔出〕如字，又尺遂反。予違汝弼，汝無面從，退有後言。我違道，汝當以義輔正我，無得面從我違，而退後有言我不可弼。欽四鄰。庶頑讒說，若不在時，四近，前後左右之臣。勑使敬其職。衆頑愚讒說之人，若所行不在於是而爲非者，當察之。侯以明之，撻以記之，當行射侯之禮，以明善惡之教。笞撻不是者，使記識其過。書用識哉，欲竝生哉。書識其非，欲使改悔，與共竝生。○〔識〕職吏反。工以納言，時而颺之，工，樂官，掌誦詩以納諫，當是正其義而颺道之。○〔颺〕音揚。格則承之庸之，否則威之。天下人能至于道則承用之，任以官；不從教則以刑威之。○〔否〕方有反，徐音鄙。禹曰：「俞哉！帝光天之下，至于海隅蒼生，光天之下，至于海隅蒼蒼然生草木，言所及廣遠。萬邦黎獻，共惟帝臣，惟帝時舉。敷納以言，明庶以功，車服以庸。獻，賢也。萬國衆賢共爲帝臣，帝舉是而用之，使陳布其言，明之皆以功大小爲差，以車服旌其能用之。誰敢不讓，敢不敬應？上惟賢是用，則下皆敬應上命而讓善。帝不時敷，同日奏罔功。帝用臣不是，則遠近布同而日進於無功，以賢愚竝位，優劣共流故。無若丹朱傲，惟慢遊是好，丹朱，堯子，舉以戒之。〔傲〕五報反。〔好〕呼報反。○敖虐是作，罔晝夜頟頟，敖戲而爲虐，無晝夜常頟頟肆惡無休息。○〔敖〕五羔反，徐五報反。〔頟〕五客反。罔水行舟，朋淫于家，用殄厥世。朋，羣也。丹朱習於無水陸地行舟，言無度。羣淫於家，妻妾亂。用是絕其世不得嗣。○〔殄〕徒典反。予創若時，娶于塗山，辛壬癸甲。創，懲也。塗山，國名。懲丹朱之惡，辛日娶妻，至于甲日，復往治水，不以私害公。○〔娶〕〔復〕扶又反。啓呱呱而泣，予弗子，惟荒度土功。啓，禹子也。禹治水，過門不入，聞啓泣聲，不暇子名之，以大治度水土之功故。○〔呱〕音孤。〔度〕徒洛反。弼成五服，至于五千，州十有二師，五服，侯、甸、綏、要、荒服也。服五百里，四方相距爲方五千里。治洪水輔成之。一州用三萬人功，九州二十七萬庸。○〔要〕一遙反。外薄四海，咸建五長，薄，迫也。言至海，諸侯五國立賢者一人爲方伯，謂之五長，以相統治，以奬帝室。○〔薄〕蒲各反。〔長〕丁丈反。各迪有功，苗頑弗即工，帝其念哉！」九州五長各蹈爲有功，唯三苗頑凶，不得就官，善惡分別。帝曰：「迪朕德，時乃功惟敘。」言天下蹈行我德，是汝治水之功有次序，敢不念乎。皐陶方祇厥敘，方施象刑惟明。方，四方。禹五服既成，故皐陶敬行其九德考績之次序於四方，又施其法刑，皆明白。史因禹功重美之。夔曰：「戛擊鳴球，搏拊琴瑟以詠，祖考來格。戛擊，柷敔，所以作止樂。搏拊，以韋爲之，實之以糠，所以節樂。球，玉磬。此舜廟堂之樂，民悅其化，神歆其祀，禮備樂和，故以祖考來至明之。○〔夔〕求龜反。〔戛〕居八反。〔球〕音求。〔搏〕音博。〔拊〕音撫。〔柷〕尺叔反。〔敔〕魚呂反。虞賓在位，羣后德讓。丹朱爲王者後，故稱賓。言與諸侯助祭，年爵同，推先有德。下管鼗鼓，合止柷敔，堂下樂也。上下合止樂，各有柷敔，明球弦鐘籥各自互見。○〔鼗〕音桃。〔見〕賢遍反，下同。笙鏞以閒，鳥獸蹌蹌。鏞，大鐘。閒，迭也。吹笙擊鐘，鳥獸化德，相率而舞，蹌蹌然。○〔鏞〕音庸。〔閒〕閒廁之閒。〔蹌〕七羊反。簫韶九成，鳳皇來儀。韶，舜樂名。言簫，見細器之備。雄曰鳳，雌曰皇，靈鳥也。儀，有容儀。備樂九奏而致鳳皇，則餘鳥獸不待九而率舞。夔曰：於予擊石拊石，百獸率舞，庶尹允諧。尹，正也。衆正官之長，信皆和諧，言神人洽，始於任賢立政以禮，治成以樂，所以太平。○[於]〔予〕並如字。帝庸作歌曰：勑天之命，惟時惟幾。用庶尹允諧之政，故作歌以戒，安不忘危。勑，正也。奉正天命以臨民，惟在順時，惟在慎微。乃歌曰：股肱喜哉！元首起哉！百工熙哉！元首，君也。股肱之臣喜樂盡忠，君之治功乃起，百官之業乃廣。○[樂]音洛。[盡]津忍反。皋陶拜手稽首，颺言曰：念哉！大言而疾曰颺。承歌以戒帝。○[颺]音揚。率作興事，慎乃憲，欽哉！憲，法也。天子率臣下爲起治之事，當慎汝法度，敬其職。屢省乃成，欽哉！屢，數也。當數顧省汝成功，敬終以善，無懈怠。○[屢]力具反。[省]悉井反。[數]色角反。[懈]佳賣反。乃賡載歌曰：元首明哉！股肱良哉！庶事康哉！賡，續；載，成也。帝歌歸美股肱，義未足，故續歌，先君後臣，衆事乃安，以成其義。○[賡]加孟反，又皆行反。又歌曰：元首叢脞哉！股肱惰哉！萬事墮哉！叢脞，細碎無大略。君如此，則臣懈惰，萬事墮廢，其功不成。歌以申戒。○[叢]才公反。[脞]倉果反。[惰]徒臥反。[墮]許規反。帝拜曰：俞，往欽哉！拜受其歌，戒羣臣自今以往敬其職事哉。

尚書卷第二

尚書卷第三

禹貢第一

夏書　　孔氏傳

禹別九州。分其圻界。〇[別]彼列反。[圻]其依反。隨山濬川。刊其木，深其流。〇[濬]思俊反。[刊]苦安反。任土作貢。任其土地所有，定其貢賦之差。此堯時事，而在夏書之首，禹之王以是功。

禹貢。禹制九州貢法。

禹敷土。隨山刊木。洪水汎溢，禹分布治九州之土，隨行山林，斬木通道。〇[行]下孟反。奠高山大川。奠，定也。高山，五岳。大川，四瀆。定其差秩，祀禮所視。

冀州既載。堯所都也。先施貢賦役，載於書。壺口治梁及岐。壺口在冀州。梁、岐在雍州。從東循山治水而西。〇[治]如字。既修太原至于岳陽。高平曰太原。今以爲郡名。岳，太岳，在太原西南。山南曰陽。覃懷厎績至于衡漳。覃懷近河地名。漳水橫流入河。從覃懷致功至橫漳。〇[覃]徒南反。[厎]之履反。厥土惟白壤。無塊曰壤。水去土復其性，色白而壤。〇[壤]若丈反。[塊]苦對反。厥賦惟上上錯。賦謂土地所生以供天子。上上，第一。錯，雜。雜出第二之賦。〇[上]如字。[錯]倉各反。厥田惟中中。田之高下肥瘠，九州之中爲第五。〇[中]丁仲反，又如字。恆衛既從。大陸既作。二水已治，從其故道。大陸之地已可耕作。島夷皮服。海曲謂之島。居島之夷還服其皮，明水害除。〇[島]當老反。北夷國。夾右碣石入于河。碣石，海畔山。禹夾右此山而入河。上此州帝都，不說境界，以餘州所至則可知。先賦後田，亦殊於餘州。不言貢篚，亦差於餘州。〇[夾]音協。[碣]其列反。

濟河惟兗州。東南據濟，西北距河。〇[濟]子禮反。下同。[兗]悅轉反。九河既道。河水分爲九道，在此州界，平原以北是。〇九河：徒駭一，太史二，馬頰三，覆釜四，胡蘇五，簡六，絜七，鉤盤八，鬲津九。出爾雅。雷夏既澤。灉沮會同。雷夏，澤名。灉、沮二水會同此澤。〇[灉]音邕。[沮]七餘反。桑土既蠶。是降丘宅土。地高曰丘。大水去，民下居平土，就桑蠶。厥土黑墳。色黑而墳起。〇[墳]扶粉反。後同。[illegible]厥草惟繇。厥木惟條。繇，茂。條，長也。〇[繇]音遙。厥田惟中下。田第六。厥賦貞。貞，正也。州第九，賦正與九相當。作十有三載乃同。治水十三年，乃有賦法，與他州同。厥貢漆絲。厥篚織文。地宜漆林，又宜桑蠶。織文，錦綺之屬，盛之筐篚而貢焉。〇[盛]音成。浮于濟漯，達于河。順流曰浮。濟、漯兩水名。因水入水曰達。〇[漯]天苔反。

海岱惟青州。東北據海，西南距岱。〇[岱]音代。泰山也。嵎夷既略。濰淄其道。嵎夷，地名。用功少曰略。濰、淄二水復其故道。〇[嵎]音隅。[濰]音惟。[淄]側其反。厥土白墳。海濱廣斥。濱，涯也。言復其斥鹵。厥田惟上下。厥賦中上。田第三，賦第四。厥貢鹽絺。海物惟錯。絺，細葛。錯，雜，非一種。岱畎絲枲鈆松怪石。畎，谷也。怪，異。好石似玉者。岱山之谷出此五物，皆貢之。〇[畎]工犬反。[枲]思似反。[鈆]寅專反。萊夷作牧。萊夷，地名。可以放牧。厥篚檿絲。檿桑蠶絲，中琴瑟絃。〇[檿]烏簟反。浮于汶，達于濟。〇[汶]音問。

海岱及淮惟徐州。東至海，北至岱，南及淮。淮沂其乂。蒙羽其藝。二水已治，二山已可種藝。〇[沂]音宜。[藝]魚世反。大野既豬。東原厎平。大野，澤名。水所停曰豬。東原致功而平，言可耕。〇[豬]張魚反。厥土赤埴墳。草木漸包。土黏曰埴。漸進長，包叢生。〇[埴]市力反。厥田惟上中。厥賦中中。田第二，賦第五。厥貢惟土五色。王者封五色土爲社，建諸侯，則各割其方色土與之，使立社。燾以黃土，苴以白茅。茅取其絜，黃取王者覆四方。羽畎夏翟。夏翟，翟雉名。羽中旌旄。羽山之谷有之。孤，特也。嶧山之陽特生桐，中琴瑟。〇[夏]行雅反。[翟]徒歷反。[嶧]音亦。嶧陽孤桐。泗濱浮磬。淮夷蠙珠暨魚。泗水涯，水中見石，可以爲磬。蠙珠，珠名。淮夷二水出蠙珠美魚。〇[蠙]蒲邊反。[暨]其器反。[見]賢遍反。厥篚玄纖縞。玄，黑繒。縞，白繒。纖，細也。纖在中，明二物皆當細○[縞]古老反[繒]似陵反。浮于淮泗，達于河。淮海惟揚州。北據淮南距海。彭蠡既豬，陽鳥攸居。彭蠡澤名。隨陽之鳥鴻鴈之屬，冬月所居於此澤。○[蠡]音禮。三江既入，震澤厎定。震澤吳南大湖名。言三江已入，致定爲震澤。○[厎]之履反。篠簜既敷。篠竹箭，簜大竹。水去已布生。○[篠]西了反[簜]徒黨反。厥草惟夭，厥木惟喬。少長曰夭。喬，高也。○[夭]於嬌反[喬]其嬌反[少]詩照反。厥土惟塗泥。地泉濕。厥田惟下下，厥賦下上上錯。田第九，賦第七，雜出第六。厥貢惟金三品。金銀銅也。瑤琨篠簜。瑤琨皆美玉。齒革羽毛惟木。齒象牙，革犀皮。羽鳥羽，毛旄牛尾，木楩梓豫章。○[楩]音緶。島夷卉服。南海島夷草服葛越。○[卉]許貴反。厥篚織貝。織細紵，貝水物。厥包橘柚錫貢。小曰橘，大曰柚。其所包裹而致者，錫命乃貢，言不常。○[柚]由究反。沿于江海，達于淮泗。順流而下曰沿。沿江入海，自海入淮，自淮入泗。○[沿]悅專反。荊及衡陽惟荊州。北據荊山，南及衡山之陽。江漢朝宗于海。二水經此州而入海，有似於朝百川以海爲宗。宗，尊也。○[朝]直遙反。九江孔殷。江於此州界分爲九道，甚得地勢之中。沱潛既道。沱，江別名。潛，水名。皆復其故道。○[沱]徒河反。雲土夢作乂。雲夢之澤在江南，其中有平土丘，水去可爲耕作畎畝之治。厥土惟塗泥，厥田惟下中，厥賦上下。田第八，賦第三，人功修。厥貢羽毛齒革惟金三品。土所出與揚州同。杶榦栝柏。榦柘也，柏葉松身曰栝。○[杶]勑倫反[榦]故旦反[栝]古活反[柘]章夜反。礪砥砮丹。砥細於礪，皆磨石也。砮石中矢鏃，丹朱類。○[礪]力世反[砥]音脂，徐之履反[砮]音奴，韋昭乃固反[磨]末佐反[鏃]子木反。惟箘簵楛，三邦厎貢厥名。箘簵美竹，楛中矢幹，三物皆出雲夢之澤，近澤三國常致貢之，其名天下稱善。○[箘]求隕反[簵]音路[楛]音戶，馬云木名，可以爲箭。包匭菁茅。包橘柚也。匭匣也。菁以爲葅，茅以縮酒。○[匭]音軌[菁]子丁反。厥篚玄纁璣組。此州染玄纁色善，故貢之。璣珠類，生於水。組綬類。○[纁]許云反[璣]其依反，又音機[組]音祖。九江納錫大龜。尺二寸曰大龜，出於九江水中。龜不常用，錫命而納之。浮于江沱潛漢，逾于洛，至于南河。也越逾河在冀州南，東流，故越洛而至南河。荊河惟豫州。西南至荊山，北距河水。伊洛瀍澗既入于河。伊出陸渾山，洛出上洛山，澗出沔池山，瀍出河南北山，四水合流而入河。○[瀍]音纏。滎波既豬。滎澤波水已成遏豬。○[滎]戶扃反。滎澤也。導菏澤，被孟豬。菏澤在胡陵。孟豬澤名，在菏東北，水流溢覆被之。○[菏]徐音柯[被]皮寄反[豬]張魚反。厥土惟壤，下土墳壚。高者壤，下者壚。壚，疏。○[壚]音盧。黑剛土也。厥田惟中上，厥賦錯上中。田第四，賦第二，又雜出第一。厥貢漆枲絺紵，厥篚纖纊。纊，細綿。○[絺]勑其反[紵]直呂反[纊]音曠。錫貢磬錯。治玉石曰錯，治磬錯。浮于洛，達于河。華陽黑水惟梁州。東據華山之南，西距黑水。○[華]胡化反，又胡瓜反。岷嶓既藝，沱潛既道。岷山嶓冢皆山名。水去已可種藝。沱潛發源此州，入荊州。○[岷]武巾反[嶓]音波，後同。蔡蒙旅平，和夷厎績。蔡蒙二山名。祭山曰旅。平言治功畢。和夷之地致功可藝。厥土青黎。色青黑而沃壤。厥田惟下上，厥賦下中三錯。田第七，賦第八，雜出第七第九三等。厥貢璆鐵銀鏤砮磬。璆玉名，鏤剛鐵。[璆]音虯，又居虯反。熊羆狐狸織皮。貢四獸之皮，織金罽。○[熊]音雄[羆]彼宜反[罽]紀例反。西傾因桓是來，浮于潛，逾于沔。西傾山名。桓水自西傾山南行，因桓水是來，浮于潛。漢上曰沔。○[傾]窺井反，後同。入于渭，亂于河。越沔而北入渭，浮東渡河而還帝都白所治。正絕流曰亂。黑水西河惟雍州。西距黑水，東據河。龍門之河在冀州西。○[雍]於用反。弱水既西。導之西流，至於合黎。涇屬渭汭。屬，逮也。水北曰汭。言治涇水入於渭。○[屬]之蜀反[汭]如銳

反 漆沮既從灃水攸同 漆沮之水已從入渭灃水所同同之於渭○〔沮〕七徐反〔灃〕
芳弓反 荊岐既旅 已旅祭言治功畢此荊在岐東非荊州之荊 終南惇物至
于鳥鼠 三山名言相望 原隰厎績至于豬野 下濕曰隰豬野地名言皆致功
三危既宅三苗丕敘 西裔之山已可居三苗之族大有次敘美禹之功 厥土
惟黃壤厥田惟上上厥賦中下 田第一賦第六人功少 厥貢惟
球琳琅玕 球琳皆玉名琅玕石而似珠○〔球〕音求〔琳〕來金反 浮于積石至于
龍門西河 積石山在金城西南河所經也沿河順流而北千里而東千里而南龍門山在河東
之西界 會于渭汭 逆流曰會自渭北涯逆水西上 織皮崑崙析支渠搜
西戎即敘 織皮毛布有此四國在荒服之外流沙之內羌髳之屬皆就次敘美禹之功及戎狄
也○〔崘〕魯門反〔析〕星歷反〔搜〕所由反〔髳〕音謀西戎國名 導岍及岐至于荊山 更理
說所治山川首尾所在治山通水故以山名之三山皆在雍州○〔岍〕音牽 逾于河 此謂梁山龍門
西河 壺口雷首至于太岳 三山在冀州太岳上黨西 厎柱析城至于
王屋 此三山在冀州南河之北東行○〔厎〕之履反 太行恆山至于碣石入
于海 此二山連延東北接碣石而入滄海百川經此衆山禹皆治之不可勝名故以山言之○〔行〕戶
剛反 西傾朱圉鳥鼠 西傾朱圉在積石以東鳥鼠渭水所出在隴西之西三者雍州之南
山○〔圉〕魚呂反 至于太華 相首尾而東○〔華〕如字又戶化反 熊耳外方桐柏
至于陪尾 四山相連東南在豫州界洛經熊耳伊經外方淮出桐柏經陪尾凡此皆先舉所施
功之山於上而後條列所治水於下互相備○〔陪〕音裴 導嶓冢至于荊山 漾水出嶓
冢在梁州經荊山荊山在荊州○〔漾〕羊尚反 內方至于大別 內方大別二山名在荊州
漢所經 岷山之陽至于衡山 岷山江所出在梁州衡山江所經在荊州 過九

江至于敷淺原 言衡山連延過九江接敷淺原言導從首起言陽從南敷淺原一名博陽
山在揚州豫章界 導弱水至于合黎 合黎水名在流沙東 餘波入于流
沙 弱水餘波西溢入流沙 導黑水至于三危入于南海 黑水自北而南
經三危過梁州入南海 導河積石至于龍門 施功發于積石至于龍門或鑿山或
穿地以通流 南至于華陰 河自龍門南流至華山北而東行 東至于厎柱
厎柱山名河水分流包山而過山見水中若柱然在西虢之界○〔見〕賢遍反〔虢〕寡白反 又東至
于孟津 孟津地名在洛北都道所湊古今以爲津 東過洛汭至于大伾 洛汭
洛入河處山再成曰伾至于大伾而北行○〔伾〕音丕又皮鄙反 北過降水至于大陸
降水水名入河大陸澤名○〔降〕如字鄭戶江反 又北播爲九河 北分爲九河以殺其溢在
兗州界 同爲逆河入于海 同合爲一大河名逆河而入於渤海皆禹所加功故敘之
嶓冢導漾東流爲漢 泉始出山爲漾水東南流爲沔水至漢中東行爲漢水 又
東爲滄浪之水 別流在荊州○〔浪〕音郎 過三澨至于大別 三澨水名
入漢大別山名○〔澨〕市制反 南入于江 觸山迴南入江 東匯澤爲彭蠡 匯迴
也水東迴爲彭蠡大澤○〔匯〕胡罪反 東爲北江入于海 自彭蠡江分爲三入震澤遂爲
北江而南入海 岷山導江東別爲沱 江東南流沱東行 又東至于澧
澧水名○〔澧〕音禮 過九江至于東陵 江分爲九道在荊州東陵地名 東迆北
會于匯 迆溢也東溢分流都共北會爲彭蠡○〔迆〕以爾反 東爲中江入于海
有北有中南可知 導沇水東流爲濟 泉源爲沇流去爲濟在溫西北平地○〔沇〕音兗
又以轉反 入于河溢爲滎 濟水入河並流十數里而南截河又並流數里溢爲滎澤在敖
倉東南○〔數〕色住反 東出于陶丘北 陶丘丘再成○〔陶〕音桃 又東至于菏

菏澤之水。又東北會于汶。濟與汶合。又北東入于海。北折而東。導淮自桐柏。桐柏山在南陽之東。東會于泗沂。東入于海。與泗沂二水合入于海。導渭自鳥鼠同穴。鳥鼠共爲雌雄同穴處此山，遂名山曰鳥鼠，渭水出焉。東會于灃。又東會于涇。灃水自南，涇水自北而合。○〔灃〕音豐。又東過漆沮。入于河。漆沮，二水名。亦曰洛水，出馮翊北。導洛自熊耳。在宜陽之西。東北會于澗瀍。會于河南城南。又東會于伊。合於洛陽之南。又東北入于河。合於鞏之東。○〔鞏〕恭勇反，縣名。九州攸同。所同事在下。四隩既宅。四方之宅已可居。○〔隩〕於六反，又於報反。九山刊旅。九川滌源。九澤既陂。九州名山已槎木通道而旅祭矣，九州之川已滌除泉源無壅塞矣，九川之澤已陂障無決溢矣。○〔滌〕待歷反。〔陂〕彼宜反。〔槎〕仕雅反。四海會同。六府孔修。四海之內會同京師，九州同風，萬國共貫。水火金木土穀甚修治，言政化和。庶土交正。厎慎財賦。交，俱也。衆土俱得其正，謂壤、墳、壚。致所慎者，財貨貢賦，言取之有節，不過度。咸則三壤。成賦中邦。皆法壤田上中下，大較三品，成九州之賦，明水害除。○〔較〕音角。錫土姓。祗台德先。不距朕行。台，我也。天子建德，因生以賜姓，謂有德之人生此地，以此地名賜之姓以顯之。王者常自以敬我德爲先，則天下無距違我行者。○〔台〕音怡。〔行〕下孟反。五百里甸服。規方千里之內謂之甸服，爲天子服治田，去王城面五百里。○〔甸〕田遍反。〔爲〕于僞反。百里賦納總。甸服內之百里近王城者，禾稾曰總，入之供飼國馬。二百里納銍。銍，刈，謂禾穗。○〔銍〕珍栗反。三百里納秸服。秸，稾也。服稾役。○〔秸〕工八反。四百里粟。五百里米。所納精者少，麤者多。五百里侯服。甸服外之五百里。侯，候也，斥候而服事。百里采。侯服內之百里，供王事而已。不主一。二百里男邦。男，任也，任王者事。○〔任〕而針反。三百里諸侯。三百里同爲王者斥候，故合三爲一名。○〔爲〕于僞反。五百里綏服。綏，安也。侯服外之五百里，安服王者之政教。三百里揆文教。揆，度也。度王者文教而行之，三百里皆同。○〔揆〕葵癸反。二百里奮武衛。文教外之二百里奮武衛，天子所以安。五百里要服。綏服外之五百里。要束以文教。○〔要〕一遙反。三百里夷。守平常之教，事王者而已。二百里蔡。蔡，法也。法三百里而差簡。○〔差〕初佳反。五百里荒服。要服外之五百里。言荒，又簡略。三百里蠻。以文德蠻來之，不制以法。二百里流。流，移也。言政教隨其俗。凡五服相距爲方五千里。東漸于海。西被于流沙。朔南暨聲教。漸，入也。被，及也。此言五服之外，皆與王者聲教而朝見。○〔漸〕子廉反。〔被〕皮寄反。〔與〕音預。〔朝〕直遙反。〔見〕賢遍反。訖于四海。禹錫玄圭。告厥成功。玄，天色。禹功盡加於四海，故堯賜玄圭以彰顯之，言天功成。○〔訖〕斤密反。

甘誓第二　夏書　孔氏傳

啓與有扈戰于甘之野。作甘誓。夏啓嗣禹位，伐有扈之罪。○〔扈〕音戶，國名。與夏同姓。馬云：姒姓之國。甘誓。甘，有扈郊地名。將戰，先誓。大戰于甘。乃召六卿。天子六軍，其將皆命卿。○〔將〕子匠反。王曰。嗟六事之人。各有軍事，故曰六事。予誓告汝。有扈氏威侮五行。怠棄三正。五行之德，王者相承所取法。有扈與夏同姓，恃親而不恭，是則威虐侮慢五行，怠惰棄廢天地人之正道。言亂常。○〔侮〕亡甫反。〔正〕如字，徐音征。天用勦絕其命。用其失道，故勦，截也。截絕，謂滅之。○〔勦〕子六反，玉篇子小反。今予惟恭行天之罰。恭，奉也。言欲截絕之。左不攻于左。汝不恭命。左，車左。左方主射。攻，治也。治其職。右不攻于右。汝不恭命。右，車右，勇力之士，執戈矛以退敵。御非其馬之正。汝不恭命。御以正馬爲政。三者有失，皆不奉我命。○

〔御〕魚慮反用命賞于祖天子親征必載遷廟之祖主行有功則賞祖主前示不專弗用命戮于社天子親征又載社主謂之社事不用命奔北者則戮之於社主前社主陰陰主殺親祖嚴社之義○〔戮〕音六〔北〕如字又音佩予則孥戮汝孥子也非但止汝身辱及汝子言恥累也○〔孥〕音奴〔累〕劣偽反

五子之歌第三　夏書　孔氏傳

太康失邦啓子也盤于遊田不恤民事為羿所逐不得反國昆弟五人須于洛汭作五子之歌太康五弟與其母待太康於洛水之北怨其不反故作歌○〔汭〕如銳反五子之歌啓之五子因以名篇太康尸位以逸豫尸主也主以尊位為逸豫不勤滅厥德黎民咸貳君喪其德則衆民皆二心矣○〔喪〕息浪反乃盤遊無度盤樂遊逸無法度○〔盤〕步干反〔樂〕音洛○畋于有洛之表十旬弗反洛水之表水之南十日曰旬田獵過百日不還○〔畋〕音田有窮后羿因民弗忍距于河有窮國名羿諸侯名距太康於河不得入國遂廢之○〔羿〕五計反〔距〕音巨厥弟五人御其母以從御侍也言從畋○〔從〕如字徯于洛之汭五子咸怨待太康怨其久畋失國○〔徯〕胡啓反述大禹之戒以作歌述循也歌以敘怨其一曰皇祖有訓民可近不可下皇君也君祖禹有訓戒近謂親之下謂失分○〔近〕巨靳反〔分〕扶問反民惟邦本本固邦寧言人君當固民以安國予視天下愚夫愚婦一能勝予言能畏敬小民所以得衆心一人三失怨豈在明不見是圖三失過非一也不見是謀備其微○〔三〕如字又息暫反〔見〕賢遍反予臨兆民懍乎若朽索之馭六馬十萬曰億十億曰兆言多懍危貌朽腐也腐索馭六馬言危懼甚○〔懍〕力甚反〔朽〕許久反〔索〕息各反〔馭〕音御為人上者柰何不敬能敬則不驕在上不驕則高而不危其二曰訓有之內作色荒外作禽荒作為也迷亂曰荒色女色禽鳥獸甘酒嗜音峻宇彫牆甘嗜無厭足峻高大彫飾畫○〔甘〕戶甘反〔嗜〕市志反〔峻〕思俊反〔厭〕於豔反有一于此未或不亡此六者棄德之君必有其一有一必亡況兼有乎其三曰惟彼陶唐有此冀方陶唐帝堯氏都冀州統天下四方今失厥道亂其紀綱乃底滅亡言失堯之道亂其法制自致滅亡○〔底〕之履反其四曰明明我祖萬邦之君有典有則貽厥子孫君萬國為天子典謂經籍則法貽遺也言仁及後世○〔貽〕以之反〔遺〕唯季反關石和鈞王府則有荒墜厥緒覆宗絕祀金鐵曰石供民器用通之使和平則官民足言古制存而大康失其業以取亡○〔覆〕芳服反其五曰嗚呼曷歸予懷之悲曷何也言思而悲○〔曷〕戶割反萬姓仇予予將疇依仇怨也言當依誰以復國乎鬱陶乎予心顏厚有忸怩鬱陶言哀思也顏厚色愧忸怩心慙慙愧於仁人賢士○〔鬱〕紆勿反〔陶〕音桃〔忸〕女六反〔怩〕女姬反〔思〕息嗣反弗慎厥德雖悔可追言人君行己不慎其德以速滅敗雖欲改悔其可追及乎言無益

胤征第四　夏書　孔氏傳

羲和湎淫廢時亂日羲氏和氏世掌天地四時之官自唐虞至三代世職不絕承太康之後沈湎於酒過差非度廢天時亂甲乙○〔湎〕音緬面善反〔差〕初賣反又初佳反胤往征之作胤征胤國之君受王命往征之胤征奉辭罰罪曰征惟仲康肇位四海羿廢太康而立其弟仲康為天子○〔肇〕音兆胤侯命掌六師仲康命胤侯掌主六師為大司馬羲和廢厥職酒荒于厥邑舍其職官還其私邑以酒迷亂不修其業○〔舍〕音捨胤后承王命徂征徂往也就其私邑往討之告于衆曰嗟予

有衆。誓勑之。聖有謨訓，明徵定保。徵，證。保，安也。聖人所謀之教訓，爲世明證，所以定國安家。先王克謹天戒，臣人克有常憲。言君能慎戒，臣能奉有常法。百官修輔，厥后惟明明。修職輔君，君臣俱明。每歲孟春，遒人以木鐸徇于路。遒人，宣令之官。木鐸，金鈴木舌，所以振文教。○〔遒〕在由反。〔鐸〕待洛反。官師相規，工執藝事以諫。官師，衆官，更相規闕。百工各執其所治技藝以諫，諫失常。○〔更〕音庚。〔技〕其綺反。其或不恭，邦有常刑。言百官廢職，服大刑。惟時羲和顛覆厥德，顛覆，言反倒。將陳羲和所犯，故先舉孟春之令，犯令之誅。○〔覆〕芳服反。〔倒〕丁老反。沈亂于酒，畔官離次，沈謂醉冥，失次位也。○〔離〕如字，又力智反。〔冥〕莫定反。俶擾天紀，遐棄厥司。俶，始。擾，亂。遐，遠也。紀謂時日。司，所主也。○〔俶〕尺六反。〔擾〕而小反。乃季秋月朔，辰弗集于房。辰，日月所會。房，所舍之次。集，合也。不合即日食可知。瞽奏鼓，嗇夫馳，庶人走。凡日食，天子伐鼓於社，責上公。瞽，樂官。樂官進鼓則伐之。嗇夫，主幣之官，馳取幣禮天神。衆人走，供救日食之百役也。○〔嗇〕音色。羲和尸厥官，罔聞知。主其官而無聞知於日食之變異，所以罪重。昏迷于天象，以干先王之誅。闇錯天象，言昏亂之甚。干，犯也。政典曰：先時者殺無赦，政典，夏后爲政之典籍，若周官六卿之治典。先時，謂曆象之法，四時節氣，弦望晦朔，先天時則罪死無赦。○〔先〕悉薦反，又如字，注同。不及時者殺無赦。不及，謂曆象後天時。雖治其官，有先後之差則無赦，況廢官乎？○苟〔後〕天，胡豆反。今予以爾有衆奉將天罰。將，行也。奉王命，行王誅，謂殺湎淫之身，立其賢子弟。爾衆士同力王室，尚弼予，欽承天子威命。以天子威命，督其士衆，使用命。火炎崐岡，玉石俱焚。山脊曰岡。崐山出玉。言火逸而害玉。○〔崐〕音昆。天吏逸德，烈于猛火。逸，過也。天王之吏，爲過惡之德，其傷害天下甚於火之害玉。猛火烈矣，又烈於火。殲厥渠魁，脅從罔治。殲，滅。渠，大。魁，帥也。指謂羲和罪人之身。其脅從距王師者，皆無治。○〔殲〕子廉反。〔脅〕虛業反。舊染汙俗，咸與惟新。言其餘人久染汙俗，本無惡心，皆與更新，一人無所問。○〔汙〕烏故反，又音烏。嗚呼！威克厥愛，允濟；歎能以威勝所愛，則必有成功。愛克厥威，允罔功。以愛勝威，無以濟衆，信無功。其爾衆士懋戒哉。言當勉以用命，戒以辟戮。○〔懋〕音茂。〔辟〕音避。

自契至于成湯八遷，十四世凡八徙國都。○〔契〕息列反。湯始居亳，從先王居。契父帝嚳都亳，湯自商丘遷焉，故曰從先王居。○〔亳〕旁各反。作帝告、釐沃。告來居，治沃土。二篇皆亡。○〔告〕工毒反。〔釐〕力之反。〔沃〕烏酷反。湯征諸侯。爲夏方伯，得專征伐。葛伯不祀，湯始征之。葛，國；伯，爵也。廢其土地山川及宗廟神祇，皆不祀。湯始伐之，伐始於葛。○〔祇〕巨支反。作湯征。述始征之義也。亡。伊尹去亳適夏。伊尹字氏，湯進於桀。既醜有夏，復歸于亳。醜惡其政，不能用賢，故退還。○〔復〕扶又反。入自北門，乃遇汝鳩、汝方。鳩、方二人，湯之賢臣，不期而會曰遇。作汝鳩、汝方。言所以醜夏而還之意。二篇皆亡。

尚書卷第三

尚書卷第四

湯誓第一

商書　孔氏傳

伊尹相湯伐桀。升自陑。桀都安邑湯升道從陑出其不意陑在河曲之南○[相]息亮反[桀]其列反[陑]音而遂與桀戰于鳴條之野。地在安邑之西桀逆拒湯作湯誓。

湯誓。戒誓其士衆王曰。格爾衆庶。悉聽朕言。契始封商湯遂以爲天下號湯稱王則比桀於一夫○[格]庚白反來也非台小子敢行稱亂。有夏多罪。天命殛之。稱舉也舉亂以諸侯伐天子非我小子敢行此事桀有昏德天命誅之今順天○[台]以之反下同[殛]居力反今爾有衆。汝曰。我后不恤我衆。舍我穡事。而割正夏。汝汝有衆我后桀也正政也言奪民農功而爲割剝之政○[恤]荀律反[舍]音捨予惟聞汝衆言。不憂我衆之言夏氏有罪。予畏上帝。不敢不正。不敢不正桀罪誅之今汝其曰。夏罪其如台。今汝其復言桀惡其亦如我所聞之言○[復]扶又反夏王率遏衆力。率割夏邑。言桀君臣相率爲勞役之事以絶衆力謂廢農功相率割剝夏之邑居謂征賦重○[遏]於葛反徐音謁有衆率怠弗協。曰。時日曷喪。予及汝皆亡。衆下相率爲怠惰不與上和合比桀於日曰是日何時喪我與汝俱亡欲殺身以喪桀○[喪]息浪反[惰]徒臥反夏德若茲。今朕必往。凶德如此我必往誅之爾尚輔予一人。致天之罰。予其大賚汝。賚與也汝庶幾輔成我我大與汝爵賞○[罰]音伐[賚]力代反爾無不信。朕不食言。食盡其言僞不實爾不從誓言。不用命予則孥戮汝。罔有攸赦。古之用刑父子兄弟罪不相及今云孥戮汝無有所赦權以脅之使勿犯湯既勝夏。欲遷其社。不可。湯承堯舜禪代之後順天應人逆取順守而有慙德故革命創制改正易服變置社稷而後世無及句龍者故不可而止○[社]常者反[禪]時戰反[正]音征又如字[句]音鉤作夏社。疑至。臣扈。言夏社不可遷之義疑至及臣扈三篇皆亡○[扈]音戶夏師敗績。湯遂從之。大崩曰敗績從謂逐討之○[績]子寂反遂伐三朡。俘厥寶玉。三朡國名桀走保之今定陶也桀自安邑東入山出太行東南涉河湯緩追之不迫遂奔南巢俘取也玉以禮神使無水旱之災故取而寶之○[朡]子公反[俘]音孚[行]戶剛反誼伯。仲伯。作典寶。二臣作典寶一篇言國之常寶也亡

仲虺之誥第二　商書　孔氏傳

湯歸自夏。至于大坰。自三朡而還大坰地名○[坰]故螢反仲虺作誥。爲湯左相奚仲之後○[虺]許鬼反[誥]故報反仲虺之誥。仲虺臣名以諸侯相天子會同曰誥成湯放桀于南巢。惟有慙德。湯伐桀武功成故以爲號南巢地名有慙德慙德不及古曰。予恐來世以台爲口實。恐來世論道我放天子常不去口仲虺乃作誥。陳義誥湯可無慙曰。嗚呼。惟天生民有欲。無主乃亂。民無君主則恣情欲必致禍亂惟天生聰明時乂。言天生聰明是治民亂有夏昏德。民墜塗炭。夏桀昏亂不恤下民民之危險若陷泥墜火無救之者天乃錫王勇智。表正萬邦。纘禹舊服。言天與王勇智應爲民主儀表天下法正萬國繼禹之功統其故服○[纘]子管反茲率厥典。奉若天命。天意如此但當循其典法奉順天命而已無所慙夏王有罪。矯誣上天。以布命于下。言託天以行虐於民乃桀之大罪○[矯]居表反[誣]音無帝用不臧。式商受命。用爽厥師。天用桀無道故不善之式用爽明也用商受王命用明其衆言爲主也簡賢附勢。寔

繁有徒。簡略也。賢而無勢則略之，不賢有勢則附之。若是者繁多有徒衆，無道之世所常。○[繁]音煩。肇我邦于有夏，若苗之有莠，若粟之有秕。始我商家國於夏世，欲見翦除，若莠生苗，若秕在粟，恐被鋤治簸颺。○[莠]羊九反。[秕]悲里反，又必履反。[簸]波我反。[颺]音揚。小大戰戰，罔不懼于非辜。矧予之德，言足聽聞。言商家小大憂危，恐其非罪見滅。矧，況也。況我之道德善言足聽聞乎？無道之惡有道，自然理。○[矧]申忍反。[惡]烏路反。惟王不邇聲色，不殖貨利。邇，近也。不近聲樂，言清簡。不近女色，言貞固。殖，生也。不生資貨財利，言不貪也。既有聖德，兼有此行。德懋懋官，功懋懋賞。用人惟己，改過不吝。勉於德者，則勉之以官；勉於功者，則勉之以賞。用人之言，若自己出；有過則改，無所吝惜，所以能成王業。○[懋]音茂。[吝]良刃反。克寬克仁，彰信兆民。言湯寬仁之德，明信於天下。乃葛伯仇餉，初征自葛，東征西夷怨，南征北狄怨。葛伯遊行，見農民之餉於田者，殺其人，奪其餉，故謂之仇餉。仇，怨也。湯為是以不祀之罪伐之，從此後遂征無道。西夷北狄，舉遠以言，則近者著矣。○[仇]音求。[餉]式亮反。曰：奚獨後予？怨者辭也。攸徂之民，室家相慶，曰：徯予后，后來其蘇。湯所往之民皆喜曰：待我君來，其可蘇息。○[徯]胡啓反。民之戴商，厥惟舊哉！舊謂初征自葛時。佑賢輔德，顯忠遂良。賢則助之，德則輔之，忠則顯之，良則進之，明王之道。兼弱攻昧，取亂侮亡。弱則兼之，闇則攻之，亂則取之，有亡形則侮之，言正義。推亡固存，邦乃其昌。有亡道則推而亡之，有存道則輔而固之。王者如此，國乃昌盛。○[推]吐雷反。德日新，萬邦惟懷；志自滿，九族乃離。日新，不懈怠。自滿，志盈溢。王懋昭大德，建中于民，以義制事，以禮制心，垂裕後昆。欲王自勉，明大德，立大中之道於民，率義奉禮，垂優足之道示後世。○[中]如字。予聞曰：能自得師者王，求賢聖而事之。○[王]于況反，又如字。謂人莫己若者亡。自多足，人莫之益，亡之道。好問則裕，自用則小。問則有得，所以足；不問專固，所以小。○[好]去聲。嗚呼！慎厥終，惟其始。靡不有初，鮮克有終，故戒慎終如其始。○[鮮]息淺反。殖有禮，覆昏暴。有禮者封殖之，昏暴者覆亡之。○[覆]芳服反。[暴]蒲報反。欽崇天道，永保天命。王者如此上事，則敬天安命之道。

湯誥第三　商書　孔氏傳

湯既黜夏命，黜，退也。退其王命。復歸于亳，作湯誥。湯誥以伐桀大義告天下。王歸自克夏，至于亳，誕告萬方。誕，大也。以天命大義告萬方之衆人。○[誕]音但。[告]工毒反。王曰：嗟！爾萬方有衆，明聽予一人誥。天子自稱曰予一人，古今同義。惟皇上帝，降衷于下民。皇，大。上帝，天也。衷，善也。若有恆性，克綏厥猷惟后。順人有常之性，能安立其道教則惟為君之道。夏王滅德作威，以敷虐于爾萬方百姓。夏桀滅道德，作威刑，以布行虐政於天下百官，言殘酷。爾萬方百姓，罹其凶害，弗忍荼毒，罹，被。荼毒，苦也。不能堪忍虐之甚。○[罹]力之反。[荼]音徒。並告無辜于上下神祇。言百姓兆民並告無罪，稱冤訴天地。天道福善禍淫，降災于夏，以彰厥罪。政善天福之，淫過天禍之，故下災異以明桀罪惡，譴寤之而桀不改。○[譴]遣戰反。肆台小子，將天命明威，不敢赦。行天威，謂誅之。○[台]音怡。敢用玄牡，敢昭告于上天神后，請罪有夏。明告天，問桀百姓有何罪而加虐乎？○[牡]茂后反。聿求元聖，與之戮力，以與爾有衆請命。聿，遂也。大聖陳力，謂伊尹。放桀除民之穢，是請命。○[聿]允橘反。[戮]舊音六，又力彫反。上天孚佑下民，罪人黜伏。孚，信也。天信佑助下民，桀知其罪，退伏遠屏。天命弗僭，賁若草木，兆民允殖。僭，差。賁，飾也。言福善禍淫之道不差，天下惡除，渙然咸飾，若草木同華，民信樂生。○僭，子念反。賁，彼義反，徐扶云反。俾予一人輯寧爾邦家，言天使我輯安汝國家。諸侯家卿大夫。○俾，必爾反。輯音集，又七入反。茲朕未知獲戾于上下，此伐桀未知得罪於天地，謙以求衆心。慄慄危懼，若將隕于深淵。慄慄，危心。若墜深淵，危懼之甚。○慄音栗。隕，于敏反。凡我造邦，無從匪彝，無即慆淫，戒諸侯與之更始。彝，常。慆，慢也。無從非常，無就慢過，禁之。○慆，他刀反。各守爾典，以承天休。守其常法，承天美道。爾有善，朕弗敢蔽，罪當朕躬，弗敢自赦，惟簡在上帝之心。所以不蔽善人，不赦己罪，以其簡在天心故。其爾萬方有罪，在予一人；自責化不至。予一人有罪，無以爾萬方。無用爾萬方，言非所及。嗚呼！尚克時忱，乃亦有終。」忱，誠也。庶幾能是誠道，乃亦有終世之美。○忱，市林反。咎單作明居。咎單，臣名，主土地之官。作明居民法一篇，亡。○咎，其九反。單音善。

伊訓第四　商書　孔氏傳

成湯既沒，太甲元年，太甲，太丁子，湯孫也。太丁未立而卒，及湯沒而太甲立，稱元年。伊尹作伊訓、肆命、徂后。凡三篇，其二亡。伊訓作訓以教道太甲。惟元祀十有二月乙丑，伊尹祠于先王，此湯崩踰月，太甲即位，奠殯而告。奉嗣王祗見厥祖，居位主喪。見，賢遍反。○侯甸羣后咸在，在位次。○甸，徒遍反。百官總己以聽冢宰。伊尹制百官，以三公攝冢宰。伊尹乃明言烈祖之成德，以訓于王。湯有功烈之祖，故稱焉。曰：「嗚呼！古有夏先后方懋厥德，罔有天災，先后謂禹以下、少康以上賢王。言能以德禳災。○少，詩照反。上，時掌反。山川鬼神亦莫不寧，莫，無也。言皆安之。暨鳥獸魚鼈咸若。雖微物皆順之，明其餘無不順。○暨，其器反。于其子孫弗率，皇天降災，假手于我有命，言桀不循其祖道，故天下禍災，借手於我有命商王誅討之。造攻自鳴條，朕哉自亳。造、哉，皆始也。始攻桀伐無道，由我始修德于亳。○亳，旁各反，徐扶各反。惟我商王布昭聖武，代虐以寬，兆民允懷。言湯布明武德，以寬政代桀虐政，兆民以此皆信懷我商王之德。今王嗣厥德，罔不在初。言善惡之由，無不在初，欲其慎始。立愛惟親，立敬惟長，始于家邦，終于四海。言立愛敬之道，始於親長，則家國並化，終洽四海。○長，丁丈反。嗚呼！先王肇修人紀，從諫弗咈，先民時若。言湯始修為人綱紀，有過則改，從諫如流，必先民之言是順。○咈，扶弗反。居上克明，言理恕。為下克忠，事上竭誠。與人不求備，檢身若不及，使人，必器之；常如不及，恐有過。以至于有萬邦，茲惟艱哉。言湯操心常危懼，動而無過，以至為天子，此自立之難。敷求哲人，俾輔于爾後嗣。布求賢智，使師輔於爾嗣王，言仁及後世。制官刑，儆于有位。言湯制治官刑法，以儆戒百官。○儆，居領反。曰：『敢有恆舞于宮，酣歌于室，時謂巫風。常舞則荒淫，樂酒曰酣，酣歌則廢德，事鬼神曰巫，言無政。○酣，戶甘反。敢有殉于貨色，恆于遊畋，時謂淫風。殉，求也。敢求財貨美色，常遊戲畋獵，是淫過之風俗。○殉，辭俊反，徐辭荀反。畋音田。敢有侮聖言，逆忠直，遠耆德，比頑童，時謂亂風。狎侮聖人之言而不行，拒逆忠直之規而不納，耆年有德疏遠之，童稚頑嚚親比之，是荒亂之風俗。○遠，于萬反。耆，巨夷反。比，毗志反。○惟茲三風十愆，卿士有一于身，家必喪，有一過則德義廢，失位亡家之道。○愆，去乾反。喪，如字，又息浪反。邦君有一于身，國必亡。（諸侯犯此，國亡之道。）臣下不匡，其刑墨，具訓于蒙士。（邦君卿士則以爭臣自匡正。臣不正君，服墨刑，鑿其額，涅以墨。蒙士，例謂下士。士以爭友僕隸自匡正。○〔涅〕乃結反。）嗚呼！嗣王祗厥身，念哉！（言當敬身念祖德。）聖謨洋洋，嘉言孔彰。（洋洋，美善也。言甚明可法。○〔洋〕音羊，徐音翔。）惟上帝不常，作善降之百祥，作不善降之百殃。（祥，善也。天之禍福，惟善惡所在，不常在一家。）爾惟德罔小，萬邦惟慶。（修德無小，則天下賚慶。○〔賚〕力代反。）爾惟不德罔大，墜厥宗。（苟為不德無大，言惡有類，以類相致，必墜失宗廟。此伊尹至忠之訓。）肆命、（陳天命以戒太甲。亡。）徂后。（陳往古明君以戒。亡。）

太甲上第五　商書　孔氏傳

太甲既立，不明。（不用伊尹之訓，不明居喪之禮。）伊尹放諸桐。（湯葬地也。不知朝政，故曰放。○〔朝〕直遙反。）三年復歸于亳，思庸。（念常道。）伊尹作太甲三篇。太甲。（戒太甲，故以名篇。）惟嗣王不惠于阿衡。（阿，倚；衡，平。言不順伊尹之訓。○〔倚〕於綺反。）伊尹作書曰：先王顧諟天之明命，以承上下神祇、（顧謂常目在之。諟，是也。言敬奉天命以承順天地。○〔顧〕音故。〔諟〕音是。〔祇〕巨支反。）社稷宗廟，罔不祗肅。（肅，嚴也。言能嚴敬鬼神而遠之。○〔遠〕于萬反。）天監厥德，用集大命，撫綏萬方。（監，視也。天視湯德，集王命於其身，撫安天下。○〔監〕工暫反。）惟尹躬克左右厥辟，宅師。（伊尹言能助其君，居業天下之衆。○〔辟〕必亦反。〔左〕〔右〕去聲。）肆嗣王丕承基緒。（肆，故也。言先祖勤德，致有天下，故子孫得大承基業，宜念祖修德。○〔丕〕普悲反。）惟尹躬先見于西邑夏，自周有終，相亦惟終。（周，忠信也。言身先見夏君臣用忠信有終。夏都在亳西。○〔先〕〔見〕並如字，徐同。〔相〕息亮反。）其後嗣王罔克有終，相亦罔終。（言桀君臣滅先人之道德，不能終其業，以取亡。）嗣王戒哉！祗爾厥辟，辟不辟，忝厥祖。（以不終為戒，慎之至。敬其君道則能終，忝，辱也。為君不君，則辱其祖。）王惟庸罔念聞。（言太甲守常不改，無念聞伊尹之戒。）伊尹乃言曰：先王昧爽丕顯，坐以待旦。（爽，顯，皆明也。言先王昧明思大明其德，坐以待旦而行之。○〔昧〕音妹。）旁求俊彥，啓迪後人。（旁非一方。美士曰彥。開道後人，言訓戒。○彥〔迪〕大歷反。）無越厥命以自覆。（越，墜失也。無失亡祖命而不勤德以自顛覆。○〔越〕于月反。〔覆〕芳服反。）慎乃儉德，惟懷永圖。（言當以儉為德，思長世之謀。）若虞機張，往省括于度則釋。（機，弩牙也。虞，度也。度機，機有度以準望。言修德夙夜思之，明旦行之，如射先省矢括于度，釋則中。○〔省〕息井反。〔括〕故活反。〔度〕如字。註虞〔度〕待洛反。〔中〕丁仲反。）欽厥止，率乃祖攸行。（止，謂行所安止。君止於仁，子止於孝。）惟朕以懌，萬世有辭。（言能循汝祖所行，則我喜悅，王亦見歎美無窮。○〔懌〕音亦。）王未克變。（未能變，不用訓，太甲性輕脫。伊尹至忠，所以不已。○〔輕〕遣政反。）伊尹曰：茲乃不義，習與性成。（言習行不義，將成其性。）予弗狎于弗順，營于桐宮，密邇先王其訓，無俾世迷。（狎，近也。經營桐墓立宮，令太甲居之，近先王則訓於義，無成其過，不使世人迷惑怪之。）王徂桐宮居憂，（往入桐宮，居憂位。）克終允德。（言能思念其祖，終其信德。）

太甲中第六　商書　孔氏傳

惟三祀十有二月朔，（湯以元年十一月崩，至此二十六月，三年服闋。○〔闋〕苦穴反。）伊尹以冕服奉嗣王歸于亳。（冕，冠也。踰月即吉服。○〔冕〕音免。）作書曰：民非后，罔克胥匡以生；（無能相匡，故須君以生。）后非民，罔以辟四方。（須民以君四方。）皇天眷佑有商，俾嗣王克終厥德，實萬世無疆之休（言王能終其德乃天之顧佑商家是商家萬世無窮之美○疆居良反）王拜手稽首（君而稽首於臣謝前過）曰予小子不明于德自厎不類（類善也闇於德故自致不善○厎之履反）欲敗度縱敗禮以速戾于厥躬（速召也言己放縱情欲毀敗禮儀法度以召罪於其身○敗必邁反縱子用反戾郎計反）天作孽猶可違自作孽不可逭（孽災逭逃也言天災可避自作災不可逃○孽魚列反逭胡亂反）既往背師保之訓弗克于厥初尚賴匡救之德圖惟厥終（言己已往之前不能修德於其初今庶幾賴教訓之德謀終於善悔過之辭○背音佩徐扶代反）伊尹拜手稽首（拜手首至手）曰修厥身允德協于下惟明后（言修其身使信德合於羣下惟乃明君）先王子惠困窮民服厥命罔有不悅（言湯子愛困窮之人使皆得其所故民心服其教令無有不忻喜）並其有邦厥鄰乃曰徯我后后來無罰（湯俱與鄰並有國鄰國人乃曰待我君來言忻戴君來無罰言仁惠○徯胡啓反）王懋乃德視乃厥祖無時豫怠（言當勉修其德法視其祖而行之無為是逸豫怠惰）奉先思孝接下思恭（以念祖德為孝以不驕慢為恭）視遠惟明聽德惟聰（言當以明視遠以聰聽德）朕承王之休無斁（王所行如此則我承王之美無厭○斁音亦）

太甲下第七　商書　孔氏傳

伊尹申誥于王曰嗚呼惟天無親克敬惟親（言天於人無有親疏惟親能敬身者）民罔常懷懷于有仁（民所歸無常以仁政為常）鬼神無常享享于克誠（言鬼神不保一人能誠信者則享其祀）天位艱哉（言居天子之位難以此三者）德惟治否德亂（為政以德則治不以德則亂）與治同道罔不興與亂同事罔不亡（言安危在所任治亂在所法）終始慎厥與惟明明后（明慎其所與治亂之機則為明王明君）先王惟時懋敬厥德克配上帝（言湯惟是終始所與之難勉修其德能配天而行之）今王嗣有令緒尚監茲哉（令善也繼祖善業當夙夜庶幾視祖此配天之德而法之）若升高必自下若陟遐必自邇（言善政有漸如登高升遠必用下近為始然後終致高遠）無輕民事惟難（無輕為力役之事必重難之乃可）無安厥位惟危（言當常自危懼以保其位）慎終于始（於始慮終於終思始）有言逆于汝心必求諸道（人以言咈違汝心必以道義求其意勿拒逆之）有言遜于汝志必求諸非道（遜順也言順汝心必以非道察之勿以自臧）嗚呼弗慮胡獲弗為胡成一人元良萬邦以貞（胡何貞正也言常念慮道德則得道德念為善政則成善政一人天子天子有大善則天下得其正）君罔以辯言亂舊政（利口覆國家故特慎焉）臣罔以寵利居成功（成功不退其志無限故為之極以安之）邦其永孚于休（言君臣各以其道則國長信保於美）

咸有一德第八　商書　孔氏傳

伊尹作咸有一德（言君臣皆有純一之德以戒太甲）咸有一德（卽政之後）伊尹既復政厥辟（還政太甲）將告歸乃陳戒于德（恐其不一故以戒之告老歸邑陳德以戒）曰嗚呼天難諶命靡常（以其無常故難信○諶市林反）常厥德保厥位厥德匪常九有以亡（人能常其德則安其位九有諸侯桀不能常其德湯伐而兼之）夏王弗克庸德慢神虐民（言桀不能常其德不敬神明不恤下民）皇天弗保監于萬方啓迪有命（言天不安桀所

爲廣視萬方，有天命者開道之。眷求一德，俾作神主。天求一德，使代桀爲天地神祇之主。惟尹躬暨湯咸有一德，克享天心，受天明命。享，當也。所征無敵，謂之受天命。以有九有之師，爰革夏正。爰，於也。於得九有之衆，遂伐夏勝之，改其正。非天私我有商，惟天佑于一德。非天私商而王之，佑助一德所以王。○〔王〕，于況反，下同。非商求于下民，惟民歸于一德。非商以力求民，民自歸于一德。德惟一，動罔不吉；德二三，動罔不凶。二三，言不一。惟吉凶不僭在人，惟天降災祥在德。行善則吉，行惡則凶，是不差。德一，天降之善；不一，天降之災。是在德。○〔僭〕，子念反。今嗣王新服厥命，惟新厥德。其命，王命。新其德，戒勿怠。終始惟一，時乃日新。言德行終始不衰殺，是乃日新之義。○〔行〕，下孟反。〔殺〕，色界反。任官惟賢材，左右惟其人。官賢材而任之。非賢材不可任，選左右必忠良，不忠良非其人。臣爲上爲德，爲下爲民。言臣奉上布德，順下訓民，不可官所私，任非其人。○〔爲〕上，于僞反，下〔爲〕民同。〔爲〕德，上如字，下〔爲〕下同，徐皆于僞反。其難其慎，惟和惟一。其難，無以爲易；其慎，無以輕之。羣臣當和一心以事君，政乃善。○〔易〕，以豉反。德無常師，主善爲師。德非一方，以善爲主，乃可師。善無常主，協于克一。言以合於能一爲常德。俾萬姓咸曰：大哉王言！一德之言，故曰大。又曰：一哉王心！能一德則一心。克綏先王之祿，永底烝民之生。言爲王而令萬姓如此，則能保安先王之寵祿，長致衆民所以自生之道，是明王之事。○〔烝〕，之承反。嗚呼！七世之廟，可以觀德；天子立七廟，有德之王則爲祖宗，其廟不毀，故可觀德。萬夫之長，可以觀政。能整齊萬夫，其政可知。○〔長〕，丁丈反。后非民罔使，民非后罔事。君以使民自尊，民以事君自生。無自廣以狹人，匹夫匹婦不獲自盡，民主罔與成厥功。上有狹人之心，則下無所自盡矣。言先盡其心，然後乃能盡其力，人君所以成功。○〔狹〕，戶夾反。〔盡〕，徐子忍反。

沃丁既葬伊尹于亳，沃丁，太甲子。伊尹既致仕，老終，以三公禮葬。○〔沃〕，烏毒反，徐於毒反。咎單遂訓伊尹事，訓暢其所行功德之事。作沃丁。咎單，忠臣名。作此篇以戒也。亡。

伊陟相太戊，伊陟，伊尹子。太戊，沃丁弟之子。○〔陟〕，張力反。〔相〕，息亮反。亳有祥桑穀共生于朝。祥，妖怪。二木合生，七日大拱，不恭之罰。○〔桑〕，蘇臧反。〔穀〕，工木反，楮也。〔朝〕，直遥反。伊陟贊于巫咸，作咸乂四篇。贊，告也。巫咸，臣名。皆亡。

太戊贊于伊陟，告以改過自新。作伊陟、原命。原，臣名。原命、伊陟二篇皆亡。

仲丁遷于囂，太戊子，去亳。囂，地名。○〔囂〕，五羔反。作仲丁。陳遷都之義。亡。

河亶甲居相，仲丁弟。相，地名，在河北。○〔亶〕，丁但反。〔相〕，息亮反。作河亶甲。亡。

祖乙圮于耿，亶甲子。圮於相，遷於耿。河水所毀曰圮。○〔圮〕，備美反，徐扶鄙反。作祖乙。亡。

尚書卷第四

尚書卷第五

盤庚上第九　商書　孔氏傳

盤庚五遷，將治亳殷。自湯至盤庚凡五遷都，盤庚治亳殷。民咨胥怨。胥，相也。民不欲徙，乃咨嗟憂愁，相與怨上。○[胥]思餘反。作盤庚三篇。盤庚，殷王名。殷質，以名篇。

盤庚遷于殷，亳之別名。民不適有居，適之也。不欲之殷有邑居。率籲衆慼出矢言。籲，和也。率和衆憂之人，出正直之言。○[籲]音喻。[慼]千歷反。曰：我王來既爰宅于茲，我王祖乙居耿，爰，於也，言祖乙已居於此。重我民，無盡劉。劉，殺也。所以遷此，重我民，無欲盡殺故。○[盡]子忍反。不能胥匡以生，卜稽曰其如台？言民不能相匡以生，則當卜考于龜以徙，曰其如我所行。○[稽]工兮反。[台]音怡。先王有服，恪謹天命，茲猶不常寧，先王有所服行，敬謹天命，如此尚不常安，有可遷輒遷。不常厥邑，于今五邦。湯遷亳，仲丁遷囂，河亶甲居相，祖乙居耿，我往居亳，凡五徙國都。今不承于古，罔知天之斷命，今不承古而徙，是無知天將斷絕汝命。○[斷]音短。矧曰其克從先王之烈？天將絕命，尚無知之，況能從先王之業乎？○[從]才容反。若顛木之有由蘖，言今往遷都，更求昌盛，如顛仆之木有用生蘖哉。○[蘖]五達反。天其永我命于茲新邑，言天其長我命於此新邑，不可不徙。紹復先王之大業，厎綏四方。言我徙，欲如此。○[厎]之履反。盤庚斆于民，由乃在位，以常舊服，正法度。斆，教也。教人使用汝在位之命，用常故事，正其法度。○[斆]戶教反。[度]如字。曰：無或敢伏小人之攸箴。言無有敢伏絕小人之所欲箴規上者。戒朝臣。○[箴]之林反。王命衆，悉至于庭。衆，羣臣以下。王若曰：格汝衆，予告汝訓：告汝以法教。汝猷黜乃心，無傲從康。謀退汝違上之心，無傲慢從心所安。○[傲]五報反。古我先王，亦惟圖任舊人共政。先王謀任久老成人，共治其政。○[任]而鴆反。王播告之修，不匿厥指。王布告人以所修之政，不匿其指。○[播]波餓反。[匿]女力反。王用丕欽，罔有逸言，民用丕變。王用大敬其政教，無有逸豫之言，民用大變從化。今汝聒聒，起信險膚，予弗知乃所訟。聒聒，無知之貌。起信險僞膚受之言，我不知汝所訟言何謂。○[聒]故活反。非予自荒茲德，惟汝含德，不惕予一人。予若觀火，我之欲徙，非廢此德，汝不從我命，所含惡德，但不畏懼我耳。我視汝情如視火。○[惕]他歷反。予亦拙謀，作乃逸。逸，過也。我不威脅汝徙，是我拙謀成汝過。若網在綱，有條而不紊；若農服田力穡，乃亦有秋。紊，亂也。穡，耕稼也。下之順上，當如網在綱，各有條理而不亂也。農勤穡則有秋，下承上則有福。○[紊]音問。汝克黜乃心，施實德于民，至于婚友，丕乃敢大言汝有積德。汝羣臣能退汝違上之心，施實德於民，至于婚姻僚友，則我大乃敢言汝有積德之臣。乃不畏戎毒于遠邇，惰農自安，不昬作勞，不服田畝，越其罔有黍稷。戎，大。昬，強。越，於也。言不欲徙，則是不畏大毒於遠近，如怠惰之農，苟自安逸，不強作勞於田畝，則黍稷無所有。○[昬]音敏。[強]其丈反。汝不和吉言于百姓，惟汝自生毒。責公卿不能和喻百官，是自生毒害。乃敗禍姦宄，以自災于厥身。言汝不相率共徙，是為敗禍姦宄以自災之道。○[宄]音軌。乃既先惡于民，乃奉其恫，汝悔身何及！羣臣不欲徙，是先惡於民。恫，痛也。不徙則禍毒在汝身，徙奉持所痛而悔之，則於身無所及。○[奉]孚勇反，注同。[恫]勑動反，又音通。相時憸民，猶胥顧于箴言，其發有逸口，矧予制乃短長之命！言憸利小民尚相顧於箴誨，恐其發動有過口之患，況我制汝死生之命而汝不相教從我是不若小民○[相]息亮反馬云視也徐息羊反[憸]息廉反徐七漸反汝曷弗告朕。而胥動以浮言。恐沈于衆。曷何也責其不以情告上而相恐動以浮言不徙恐汝沈溺於衆有禍害○[曷]何末反若火之燎于原。不可嚮邇。其猶可撲滅。火炎不可嚮近尚可撲滅浮言不可信用尚可刑戮絕之○[燎]力召反又力鳥反[嚮]許亮反撲普卜反則惟汝衆自作弗靖。非予有咎。我刑戮汝非我咎也靖謀也是汝自為非謀所致遲任有言曰。人惟求舊。器非求舊。惟新。遲任古賢言人貴舊器貴新汝不徙是不貴舊○[遲]直疑反[任]而金反古我先王。暨乃祖乃父。胥及逸勤。予敢動用非罰。言古之君臣相與同勞逸子孫所宜法之我豈敢動用非常之罰脅汝乎世選爾勞。予不掩爾善。選數也言我世世數汝功勤不掩蔽汝善是我忠於汝○[選]息轉反又蘇管反[數]色主反茲予大享于先王。爾祖其從與享之。古者天子錄功臣配食於廟大享烝嘗也所以不掩汝善○[與]音預作福作災。予亦不敢動用非德。善自作福惡自作災我不敢動用非罰加汝非德賞汝乎從汝善惡而報之予告汝于難。若射之有志。告汝行事之難當如射之有所準志必中所志乃善○[射]食夜反汝無侮老成人。無弱孤有幼。不用老成人之言是侮老人不徙則孤幼受害是弱易之○[侮]亡甫反各長于厥居。勉出乃力。聽予一人之作猷。盤庚勑臣下各思長於其居勉盡心出力聽從遷徙之謀○[長]丁丈反無有遠邇。用罪伐厥死。用德彰厥善。言遠近待之如一罪以懲之使勿犯伐去其死道德以明之使勸慕競為善○[去]羌呂反邦之臧。惟汝衆。有善則衆臣之功○[臧]子郎反邦之不臧。惟予一人有佚罰。佚失也是己失政之罰罪己之義○[佚]音逸凡爾衆。其惟致告。致我誠告汝衆自今至于後日。各恭爾事。齊乃位。度乃口。奉其職事正齊其位以法度居汝口勿浮言○[度]如字罰及爾身。弗可悔。不從我謀罰及汝身雖悔可及乎。

盤庚中第十　商書　孔氏傳

盤庚作。惟涉河以民遷。為此南渡河之法用民徙乃話民之弗率。誕告用亶其有衆。話善言民不循教發善言大告用誠於衆○[話]胡快反[亶]丁但反咸造勿褻在王庭。造至也衆皆至王庭無褻慢○[造]七報反馬在早反[褻]息列反盤庚乃登進厥民。升進命使前曰明聽朕言。無荒失朕命。荒廢嗚呼。古我前后。罔不惟民之承。言我先世賢君無不承安民而恤之保后胥感。鮮以不浮于天時。民亦安君之政相與憂行君令浮行也少以不行於天時者言皆行天時○[鮮]息淺反殷降大虐。先王不懷。我殷家於天降大災則先王不思故居而行徙厥攸作。視民利用遷。其所為視民有利則用徙汝曷弗念我古后之聞。古后先王之聞謂遷事○[曷]何末反承汝俾汝。惟喜康共。非汝有咎比于罰。我今法先王惟民之承故承汝使汝徙惟與汝共喜安非謂汝有惡徙汝令比近於殃罰○[咎]其九反[比]毗志反徐扶至反[共]羣用反[令]力呈反予若籲懷茲新邑。亦惟汝故。以丕從厥志。言我順和懷此新邑欲利汝衆故大從其志而徙之[籲]羊戍反○今予將試以汝遷。安定厥邦。試用汝不憂朕心之攸困。所困不順上命乃咸大不宣乃心。欽念以忱動予一人。汝皆大不布腹心敬念以誠感動我是汝不盡忠○[忱]市林反爾惟自鞠自苦。鞠窮也言汝為臣不忠自取窮苦○[鞠]居六反若乘舟。汝弗濟。臭厥載。言不

徙之害如舟在水中流不渡臭敗其所載物○臭尺售反載如字又在代反爾忱不屬惟
胥以沈不其或稽自怒曷瘳汝忠誠不屬逮古苟不欲徙相與沈溺不考之
先王禍至自怒何瘳差乎○屬音燭沈直林反瘳勑留反汝不謀長以思乃災汝
誕勸憂汝不謀長久之計思汝不徙之災苟不欲徙是大勸憂之道今其有今罔
後汝何生在上言不徙無後計汝何得久生在人上禍將及汝今予命汝一
無起穢以自臭我一心命汝汝違我是自臭敗○穢於廢反恐人倚乃身
迂乃心言汝既不欲徙又為他人所誤倚曲汝迂僻○倚於綺反徐於奇反迂音于予迓續
乃命于天予豈汝威用奉畜汝眾迓迎也言我徙欲迎續汝命于天豈
以威脅汝乎用奉畜養汝眾○迓五駕反畜許竹反下同予念我先神后之勞爾
先予丕克羞爾用懷爾然言我亦法湯大能進勞汝以義懷汝心而汝違我是
汝反先人○勞力報反又如字失于政陳于茲高后丕乃崇降罪疾
曰曷虐朕民崇重也今既失政而陳久於此而不徙湯必大重下罪疾於我曰何為虐我民
而不徙乎○重直勇反又直恭反汝萬民乃不生生暨予一人猷同
心不進進謀同心徙先后丕降與汝罪疾曰曷不暨朕幼孫
有比言非但罪我亦將罪汝幼孫盤庚自謂比同心故有爽德自上其罰汝
汝罔能迪湯有明德在天見汝情下罰汝汝無能道言無辭古我先后既勞
乃祖乃父勞之共治人汝共作我畜民汝有戕則在乃心
戕殘也汝共我治民有殘人之心而不欲徙是反父祖之行○戕在良反又七良反我先后綏
乃祖乃父乃祖乃父乃斷棄汝不救乃死言我先王安汝父祖
之忠今汝不忠汝父祖必斷絕棄汝命不救汝死○斷丁緩反茲予有亂政同位具

乃貝玉亂治也此我有治政之臣同位於父祖不念盡忠但念貝玉而已言其貪乃祖先
父丕乃告我高后曰作丕刑于朕孫言汝父祖見汝貪而不忠必大
乃告湯曰作大刑於我子孫求討不忠之罪○告工號反迪高后丕乃崇降弗祥
言汝父祖開道湯大重下不善以罰汝汝陳忠孝之義以督之嗚呼今予告汝不易
凡所言皆不易之事○易以豉反永敬大恤無胥絕遠長敬我言大憂行之無相
與絕遠棄廢之○遠于萬反又如字汝分猷念以相從各設中于乃心
羣臣當分明相與謀念和以相從各設中正於汝心○分扶問反又如字乃有不吉不迪
不善不道謂凶人顛越不恭暫遇姦宄顛隕越墜也不恭不奉上命暫遇人而劫
奪之為姦於外為宄於內○隕于敏反暫才淡反我乃劓殄滅之無遺育無
俾易種于茲新邑劓割育長也言不善之人當割絕滅之無遺長其類無使易種於此
新邑○劓魚器反徐吾氣反殄徒典反易如字又以豉反往哉生生今予將試以
汝遷永建乃家自今已往進進於善我用以汝徙長立汝家卿大夫稱家

盤庚下第十一　商書　孔氏傳

盤庚既遷奠厥攸居乃正厥位定其所居正郊廟朝社之位○奠田薦反
綏爰有眾曰無戲怠懋建大命安於有眾戒無戲怠勉立大教今予
其敷心腹腎腸歷告爾百姓于朕志布心腹言輸誠於百官以告志
○腎時忍反罔罪爾眾爾無共怒協比讒言予一人羣臣前有
此過故禁其後今我不罪汝汝勿共怒我合比凶人而妄言○比毗志反讒仕咸反古我先王
將多于前功言以遷徙多大前人之功美適于山用降我凶德嘉
績于朕邦徙必依山之險無城郭之勞下去凶惡之德立善功於我國○降工巷反徐下江反

今我民用蕩析離居。罔有定極。水泉沈溺故蕩析離居無安定之極徙以為之極。○析先歷反。爾謂朕曷震動萬民以遷。言皆不明己本心。肆上帝將復我高祖之德。亂越我家。以徙故天將復湯德治理於我家。朕及篤敬。恭承民命。用永地于新邑。言我當與厚敬之臣奉承民命用長居新邑。肆予沖人。非廢厥謀。弔由靈。沖童。童人謙也。弔至。靈善也。非廢謂動謀於衆至用其善。○弔音的或如字。各非敢違卜。用宏茲賁。宏賁皆大也。君臣用謀不敢違卜用大此遷都大業。○賁扶云反。嗚呼。邦伯。師長。百執事之人。尚皆隱哉。國伯二伯及州牧也。衆長公卿也。言當庶幾相隱括共爲善政。○長丁丈反。予其懋簡相爾。念敬我衆。簡大。相助也。勉大助汝念敬我衆民。○相息亮反。朕不肩好貨。敢恭生生。鞠人謀人之保居。敘欽。肩任也。我不任貪貨之人。敢奉用進進於善者。人之窮困能謀安其居者則我式序而敬之。○好呼報反。任而林反。今我既羞告爾于朕志。若否。罔有弗欽。已進告汝之後順於汝心與否當以情告我無敢有不敬。○告故報反。無總于貨寶。生生自庸。無總貨寶以求位當進進皆自用功德。式敷民德。永肩一心。用布示民必以德義長任一心以事君。

說命上第十二　商書　孔氏傳

高宗夢得說。盤庚弟小乙子名武丁德高可尊故號高宗。夢得賢相其名曰說。○說音悅。下同。使百工營求諸野。得諸傅巖。使百官以所夢之形象經營求之於外野得之於傅巖之谿。作說命三篇。命說爲相使攝政。

說命始求得而命之。王宅憂亮陰三祀。陰默也。居憂信默三年不言。既免喪。其惟弗言。除喪猶不言政。羣臣咸諫于王曰。嗚呼。知之曰明哲。明哲實作則。知事則爲明智明智則能制作法則。天子惟君萬邦。百官承式。天下待令百官仰法。王言惟作命。不言。臣下罔攸稟令。稟受令亦命也。王庸作書以誥曰。以台正于四方。台恐德弗類。茲故弗言。用臣下怪之故作誥。類善也。我正四方恐德不善此故不言。○誥故報反。台音怡。恭默思道。夢帝賚予良弼。其代予言。夢天與我輔弼良佐將代我言政教。○賚力代反。徐音來。乃審厥象。俾以形旁求于天下。審所夢之人刻其形象以四方旁求之於民間。說築傅巖之野。惟肖。傅氏之巖在虞虢之界通道所經有澗水壞道常使胥靡刑人築護此道。說賢而隱代胥靡築之以供食。肖似。似所夢之形。○肖音笑。壞音怪。爰立作相。王置諸其左右。於是禮命立以爲相使在左右。命之曰。朝夕納誨。以輔台德。言當納諫誨直辭以輔我德。○朝張遙反。若金。用汝作礪。鐵須礪以成利器。○礪力世反。若濟巨川。用汝作舟楫。渡大水待舟楫。○楫音接。若歲大旱。用汝作霖雨。霖三日雨。霖以救旱。啓乃心。沃朕心。若藥弗瞑眩。厥疾弗瘳。開汝心以沃我心如服藥必瞑眩極其病乃除。欲其出切言以自警。○瞑莫遍反。眩穴絹反。徐呼縣反。瘳勑留反。若跣弗視地。厥足用傷。跣必視地足乃無害。言欲使爲己視聽。○跣先典反。爲于僞反。惟暨乃僚。罔不同心。以匡乃辟。與汝並官皆當倡率無不同心以匡正汝君。○辟必亦反。俾率先王。迪我高后。以康兆民。言匡正汝君使循先王之道蹈成湯之蹤以安天下。嗚呼。欽予時命。其惟有終。敬我是命修其職使有終。說復于王曰。惟木從繩則正。后從諫則聖。言木以繩直君以諫明。后克聖。臣不命其承。君能受諫則臣

不待命其承意而諫之疇敢不祗若王之休命。言王如此誰敢不敬順王之美命而諫者乎

說命中第十三　商書　孔氏傳

惟說命總百官。在冢宰之任乃進于王曰。嗚呼。明王奉若天道。建邦設都。天有日月北斗五星二十八宿皆有尊卑相正之法言明王奉順此道以立國設都○〔宿〕音秀樹后王君公。承以大夫師長。言立君臣上下將陳為治之本故先舉其始○〔王〕于方反不惟逸豫。惟以亂民。不使有位者逸豫民上言立之主使治民○〔豫〕羊慮反○惟天聰明。惟聖時憲。惟臣欽若。惟民從乂。憲法也言聖王法天以立教臣敬順而奉之民以從上為治○〔從〕才容反惟口起羞。惟甲冑起戎。甲鎧冑兜鍪也言不可輕教令易用兵○〔冑〕直又反惟衣裳在笥。惟干戈省厥躬。言服不可加非其人兵不可任非其才○〔笥〕息嗣反〔省〕息井反王惟戒茲。允茲克明。乃罔不休。言王戒慎此四惟之事信能明政乃無不美惟治亂在庶官。言所官得人則治失人則亂官不及私昵。惟其能。不加私昵惟能是官○〔昵〕女乙反爵罔及惡德。惟其賢。言非賢不爵慮善以動。動惟厥時。非善非時不可動有其善。喪厥善。矜其能。喪厥功。雖天子亦必讓以得之○〔喪〕息浪反惟事事。乃其有備。有備無患。事事非一事無啟寵納侮。開寵非其人則納侮之道無恥過作非。恥過誤而文之遂成大非惟厥攸居。政事惟醇。其所居行皆如所言則王之政事醇粹○〔醇〕音純黷于祭祀。時謂弗欽。禮煩則亂。事神則難。祭不欲數數則黷黷則不敬事神禮煩則亂而難行高宗之祀特豐數近廟故說因以戒之○〔黷〕徒木反〔數〕色角反王曰。旨哉。說乃言惟服。旨美也美其所言皆可服行乃不良于言。予罔聞于行。汝若不善於所言則我無聞於所行之事說拜稽首曰。非知之艱。行之惟艱。言知之易行之難以勉高宗王忱不艱。允協于先王成德。王心誠不以行之為難則信合於先王成德惟說不言有厥咎。王能行善而說不言則有其咎罪

說命下第十四　商書　孔氏傳

王曰。來汝說。台小子舊學于甘盤。學先王之道甘盤殷賢臣有道德者○〔台〕音怡既乃遯于荒野。入宅于河。既學而中廢業遯居田野河洲也其父欲使高宗知民之艱苦故使居民間○〔遯〕徒頓反自河徂亳。暨厥終罔顯。自河往居亳與今其終故遂無顯明之德爾惟訓于朕志。言汝當教訓於我使我志通達若作酒醴。爾惟麴糵。酒醴須麴糵以成亦言我須汝以成○〔麴〕起六反〔糵〕魚列反若作和羹。爾惟鹽梅。鹽鹹梅醋羹須鹹醋以和之○〔羹〕音庚〔鹽〕余廉反〔醋〕七故反〔和〕如字又胡臥反爾交修予。罔予棄。予惟克邁乃訓。交非一之義邁行也言我能行汝教說曰。王。人求多聞。時惟建事。學于古訓乃有獲。王者求多聞以立事學於古訓乃有所得事不師古。以克永世。匪說攸聞。事不法古訓而以能長世非說所聞言無是道惟學遜志。務時敏。厥修乃來。學以順志務是敏疾其德之修乃來允懷于茲。道積于厥躬。信懷此學志則道積於其身惟斅學半。念終始典于學。厥德修罔覺。斅教也教然後知所困是學之半終始常念學則其德之修無能自覺○〔斅〕戶孝反監于先王成憲。其永無愆。愆過也視先王成法其長無過其惟學乎○〔愆〕起虔反惟說式克欽承。旁

招俊乂列于庶位言王能志學說亦用能敬承王志廣招俊乂使列衆官王曰嗚呼說四海之內咸仰朕德時乃風風教也使天下皆仰我德是汝教○[倣]如字徐五亮反股肱惟人良臣惟聖手足具乃成人有良臣乃成聖昔先正保衡作我先王保衡伊尹也作起正長也言先世長官之臣○[長]丁丈反乃曰予弗克俾厥后惟堯舜其心愧恥若撻于市言伊尹不能使其君如堯舜則恥之若見撻于市故成其能○[撻]他達反一夫不獲則曰時予之辜伊尹見一夫不得其所則以爲己罪佑我烈祖格于皇天言以此道左右成湯功至大天無能及者爾尚明保予罔俾阿衡專美有商汝庶幾明安我事則與伊尹同美○[阿]烏何反惟后非賢不乂惟賢非后不食言君須賢治賢須君食其爾克紹乃辟于先王永綏民能繼汝君於先王長安民則汝亦有保衡之功○[辟]必亦反說拜稽首曰敢對揚天子之休命對荅也荅受美命而稱揚之

高宗肜日第十五　商書　孔氏傳

高宗祭成湯有飛雉升鼎耳而雊耳不聰之異雊鳴○[雊]工豆反祖己訓諸王賢臣也以訓道諫王○[己]音紀作高宗肜日高宗之訓所以訓也亡○[肜]音融高宗肜日祭之明日又祭殷曰肜周曰繹高宗肜日越有雊雉於肜日有雊雉異祖己曰惟先格王正厥事言至道之王遭變異正其事而異自消乃訓于王曰惟天監下民典厥義祖己既言遂以道訓諫王言天視下民以義爲常降年有永有不永非天夭民民中絕命言天之下年與民有義者長無義者不長非天欲夭民民自不修義以致絕命○[中]丁仲反又如字民有不若德不聽罪天既孚命正厥德不順德言無義不服罪不改修天已信命正其德謂有永有不永乃曰其如台祖己恐王未受其言故乃復曰天道其如我所言○[台]音怡[復]扶又反嗚呼王司敬民罔非天胤典祀無豐于昵胤嗣昵近也歎以感王入其言王者主民當敬民事民事無非天所嗣常也祭祀有常不當特豐於近廟欲王因異服罪改修之○[豐]芳弓反[昵]女乙反

西伯戡黎第十六　商書　孔氏傳

殷始咎周咎惡○[咎]其九反周人乘黎乘勝也所以見惡祖伊恐祖己後賢臣奔告于受受紂也音相亂帝乙之子嗣立暴虐無道○[受]如字作西伯戡黎戡亦勝也○[戡]音堪西伯戡黎西伯既戡黎近王圻之諸侯在上黨東北○[圻]巨衣反祖伊恐奔告于王曰天子天既訖我殷命文王率諸侯以事紂內秉王心紂不能制今又克有黎國迫近王圻故知天已畢訖殷之王命言將化爲周○[王]心去聲下注王者同格人元龜罔敢知吉至人以人事觀殷大龜以神靈考之皆無知吉非先王不相我後人惟王淫戲用自絕非先祖不助子孫以王淫過戲怠用自絕於先王○[相]息亮反故天棄我不有康食不虞天性不迪率典以紂自絕於先王故天亦棄之宗廟不有安食於天下而王不度天性命所在而所行不蹈循常法言多罪○[度]待洛反今我民罔弗欲喪曰天曷不降威大命不摯今王其如台摯至也民無不欲王之亡言天何不下罪誅之有大命宜王者何以不至王之凶害其如我所言○[摯]音至王曰嗚呼我生不有命在天言我生有壽命在天民之所言豈能害我遂惡之辭祖伊反曰嗚呼乃罪多參在上乃能責命于天反報紂也言汝罪惡衆多參列於上天天誅罰汝汝

能責命于天，拒天誅乎。○〔參〕七南反。殷之即喪，指乃功，不無戮于爾邦。言殷之就亡，指汝功事所致，汝不得無死戮於殷國，必將滅亡，立可待。

微子第十七　商書　孔氏傳

殷既錯天命，錯，亂也。〔錯〕七各反。○微子作誥父師、少師。告二師而去紂。○〔少〕詩照反。

微子，微，圻內國名。子，爵。爲紂卿士，去無道。微子若曰：父師、少師，父師，太師，三公，箕子也。少師，孤卿，比干。微子以紂距諫，知其必亡，順其事而言之。殷其弗或亂正四方。或，有也。言殷其不有治正四方之事，將必亡。我祖厎遂陳于上，言湯致遂其功，陳列於上世。我用沈酗于酒，用亂敗厥德于下。我，紂也。沈湎酗醟，敗亂湯德於後世。○〔沈〕直金反。〔酗〕況具反。以酒爲凶曰酗。〔湎〕面善反。〔醟〕音詠。殷罔不小大好草竊姦宄，草野竊盜，又爲姦宄於外內。○〔好〕呼報反。〔宄〕音軌。卿士師師非度，凡有辜罪，乃罔恆獲。六卿典士相師效爲非法度，皆有辜罪，無秉常得中者。○〔度〕如字。小民方興，相爲敵讎。卿士既亂，而小人各起一方，共爲敵讎。言不和同。○〔讎〕市周反。今殷其淪喪，若涉大水，其無津涯。淪，沒也。言殷將沒亡，如涉大水，無涯際，無所依就。○〔淪〕音倫。徐力允反。〔喪〕息浪反。〔涯〕五佳反。殷遂喪，越至于今。言遂喪亡，於是至於今到不待久。曰：父師、少師，我其發出狂，吾家耄遜于荒。我念殷亡，發疾生狂，在家耄亂，故欲遯出於荒野，言愁悶。○〔出〕尺遂反。〔耄〕莫報反。〔遯〕徒困反。今爾無指告予顛隮，若之何其？汝無指意告我殷邦顛隕隮墜，如之何其救之。〔隮〕子細反。又子兮反。○父師若曰：王子！比干不見，明心同，省文。微子，帝乙元子，故曰王子。○〔見〕賢遍反。〔省〕所景反。天毒降災荒殷邦，方興沈酗于酒。天生紂爲亂，是天毒下災。四方化紂沈湎，不可如何。乃罔畏畏，咈其耇長舊有位人。言起沈湎，上不畏天災，下不畏賢人，違戾耇老之長、致仕之賢，不用其教，法紂故。○〔咈〕扶勿反。〔耇〕工口反。〔長〕丁丈反。今殷民乃攘竊神祇之犧牷牲用以容，將食無災。自來而取曰攘，色純曰犧，體完曰牷，牛羊豕曰牲，器實曰用。盜天地宗廟牲用相容行食之，無災罪之者，言政亂。○〔攘〕如羊反。〔犧〕許宜反。〔牷〕音全。降監殷民，用乂讎斂，召敵讎不怠。下視殷民所用治者，皆重賦傷民斂聚怨讎之道，而又亟行暴虐，自召敵讎不懈怠。○〔斂〕力檢反。鄭力劍反。罪合于一，多瘠罔詔。言殷民上下有罪，皆合於一法，紂故使民多瘠病而無詔救之者。○〔瘠〕在益反。商今其有災，我興受其敗。災滅在近，我起受其敗，言宗室大臣義不忍去。商其淪喪，我罔爲臣僕。詔王子出迪。商其沒亡，我二人無所爲臣僕，欲以死諫紂，我教王子出合於道。我舊云刻子，王子弗出，我乃顛隮。刻，病也。我久知子賢，言於帝乙，欲立子，帝乙不肯，病子不得立，則宜爲殷後者，子今若不出逃難，我殷家宗廟乃隕墜無主。○〔刻〕音克。自靖，人自獻于先王。各自謀行其志，人人自獻達于先王，以不失道。我不顧行遯。言將與紂俱死。所執各異，皆歸於仁，明君子之道出處語默非一途。○〔顧〕音故。

尚書卷第五

尚書卷第六

泰誓上第一

周書　孔氏傳

惟十有一年武王伐殷。周自虞芮質厥成，諸侯並附，以爲受命之年。至九年而文王卒。武王三年服畢，觀兵孟津，以卜諸侯伐紂之心。諸侯僉同，乃退以示弱。一月戊午師渡孟津。十三年正月二十八日更與諸侯期而共伐紂。○孟津，地名也。作泰誓三篇。渡津乃作。

泰誓。大會以誓衆。惟十有三年春大會于孟津。三分二諸侯及諸戎狄。此周之孟春。王曰。嗟。我友邦冢君越我御事庶士明聽誓。冢，大。御，治也。友諸侯，親之。稱大君，尊之。下及我治事衆士，大小無不皆明聽誓。惟天地萬物父母。惟人萬物之靈。生之謂父母。靈，神也。天地所生，惟人爲貴。亶聰明作元后。元后作民父母。人誠聰明，則爲大君，而爲衆民父母。○〔亶〕丁但反。

今商王受弗敬上天。降災下民。沈湎冒色。敢行暴虐。沈湎嗜酒，冒亂女色，敢行酷暴，虐殺無辜。○〔湎〕面善反。〔冒〕莫報反。罪人以族。官人以世。一人有罪，刑及父母兄弟妻子，言淫濫。官人不以賢才，而以父兄，所以政亂。惟宮室臺榭陂池侈服。以殘害于爾萬姓。土高曰臺，有木曰榭。澤障曰陂，停水曰池。侈謂服飾過制，言匱民財力爲奢麗。○〔陂〕彼皮反。焚炙忠良。刳剔孕婦。忠良無罪，焚炙之。懷子之婦，刳剔視之。言暴虐。○〔刳〕口胡反。〔剔〕他歷反。〔孕〕以證反。皇天震怒。命我文考。肅將天威。大勳未集。言天怒紂之惡，命文王敬行天罰，功業未成而崩。肆予小子發。以爾友邦冢君。觀政于商。父業未就之故，故我與諸侯觀紂政之善惡，謂十一年自孟津還時。惟受罔有悛心。乃夷居弗事上帝神祇。遺厥先宗廟弗祀。悛，改也。言紂縱惡無改心，平居無故，廢天地百神宗廟之祀，慢之甚。○〔悛〕七全反。犧牲粢盛。既于凶盜。凶人盡盜之食，而紂不罪。○〔粢〕音咨。稷曰粢。〔盛〕音成。在器曰盛。乃曰。吾有民有命。罔懲其侮。紂言吾所以有兆民，有天命，故羣臣畏罪不爭，無能止其慢心。○〔懲〕直承反。

天佑下民。作之君。作之師。言天佑助下民，爲立君以政之，爲立師以教之。○〔爲〕于僞反。惟其克相上帝。寵綏四方。當能助天寵安天下。○〔相〕息亮反。有罪無罪。予曷敢有越厥志。越，遠也。言己志欲爲民除惡，是與否，不敢遠其志。同力度德。同德度義。力鈞則有德者勝，德鈞則秉義者強。揆度優劣，勝負可見。○〔度〕徒洛反，下同。受有臣億萬。惟億萬心。人執異心，不和諧。予有臣三千。惟一心。三千一心，言同欲。商罪貫盈。天命誅之。予弗順天。厥罪惟鈞。紂之爲惡，一以貫之，惡貫已滿，天畢其命。今不誅紂，則爲逆天，與紂同罪。○〔貫〕古亂反。予小子夙夜祇懼。受命文考。類于上帝。宜于冢土。以爾有衆。厎天之罰。祭社曰宜。冢土，社也。言我長天之威，告文王廟以事，類告天，祭社，用汝衆致天罰於紂。○〔冢〕中勇反。〔厎〕之履反。天矜于民。民之所欲。天必從之。矜，憐也。言天除惡樹善，與民同。○〔從〕才容反。爾尚弼予一人。永清四海。穢惡除，則四海長清。時哉弗可失。言今我伐紂，正是天人合同之時，不可違失。

泰誓中第二

周書　孔氏傳

惟戊午。王次于河朔。次，止也。戊午渡河而誓，既誓而止於河之北。羣后以師畢會。諸侯盡會次也。王乃徇師而誓。曰。嗚呼。西土有衆。咸聽朕言。徇，循也。武王在西，故稱西土。我聞吉人爲善。惟日不足。凶人爲不善亦惟日不足 言吉人竭日以爲善凶人亦竭日以行惡○[竭]苦曷反又苦蓋反 今商王受力行無度 行無法度竭日不足故曰力行 播弃犂老 昵比罪人 鮐背之耇稱犂老布弃不禮敬昵近罪人謂天下逋逃之小人○[犂]力私反又力兮反[昵]女乙反[比]毗志反 淫酗肆虐臣下化之 過酗縱虐以酒成惡臣下化之言罪同○[酗]況付反 朋家作仇脅權相滅無辜籲天穢德彰聞 臣下朋黨自爲仇怨脅上權命以相誅滅籲呼也民皆呼天告冤無辜紂之穢德彰聞天地言罪惡深○[脅]虛業反[籲]音喻[穢]於廢反 惟天惠民惟辟奉天 言天惠民以君天下者當奉天以愛民○[辟]必亦反 有夏桀弗克若天流毒下國 桀不能順天流毒虐於下國萬民言凶害 天乃佑命成湯降黜夏命 言天助湯命使下退桀命 惟受罪浮于桀 浮過 剝喪元良賊虐諫輔 剝傷害也賊殺也元善之長良善以諫輔紂紂反殺之○[喪]息浪反 謂己有天命謂敬不足行謂祭無益謂暴無傷 言紂所以罪過於桀○[己]音紀 厥監惟不遠在彼夏王 其視紂罪與桀同辜 天其以予乂民 言必誅之 用我治民當除惡 朕夢協朕卜襲于休祥戎商必克 言我夢與卜俱合於美善以兵誅紂必克之占 受有億兆夷人離心離德 平人凡人也雖多而執心用德不同 予有亂臣十人同心同德 我治理之臣雖少而心德同○十人周公旦召公奭太公望畢公榮公太顛閎夭散宜生南宮适及文母 雖有周親不如仁人 周至也言紂至親雖多不如周家之少仁人也 天視自我民視天聽自我民聽 言天因民以視聽民所惡者天誅之 百姓有過在予一人 己能無惡于民民之有過在我教不至 今朕必往我武惟揚侵于之疆 揚舉也言我舉武事侵入紂郊疆伐之○[疆]居良反 取彼凶殘我

伐用張于湯有光 桀流毒天下湯黜其命紂行凶殘之德我以兵取之伐其惡之道張設比於湯有光明 又勖哉夫子 勖勉也夫子謂將士 罔或無畏寧執非敵 無敢有無畏之心寧執非敵之志伐之則克矣○[勖]許玉反下同 百姓懍懍若崩厥角 言民畏紂之虐危懼不安若崩摧其角無所容頭○[懍]力甚反 嗚呼乃一德一心立定厥功惟克永世 汝同心立功則能長世以安民

泰誓下第三　周書　孔氏傳

時厥明王乃大巡六師明誓衆士 是其戊午明日師出以律三申令之 重難之義衆士百夫長已上 王曰嗚呼我西土君子天有顯道厥類惟彰 言天有明道其義類惟明言王所宜法則 今商王受狎侮五常荒怠弗敬 輕狎五常之教侮慢不行大爲怠惰不敬天地神明 自絕于天結怨于民 不敬天自絕之酷虐民結怨之 斮朝涉之脛剖賢人之心 冬月見朝涉水者謂其脛耐寒斬而視之比干忠諫謂其心異於人剖而觀之酷虐之甚○[斮]側略反又士略反[朝]陟遙反[脛]戶定反[剖]普口反 作威殺戮毒痡四海 痡病也言害所及遠○[痡]音敷又普吳反 崇信姦回放黜師保 回邪也姦邪之人反尊信之可法以安者反放退之 屏弃典刑囚奴正士 屏弃常法而不顧箕子正諫而以爲囚奴 郊社不修宗廟不享作奇技淫巧以悅婦人 言紂廢至尊之敬營卑褻惡事作過制技巧以恣耳目之欲○[技]其倚反 上帝弗順祝降時喪 祝斷也天惡紂逆道斷絕其命故下是喪亡之誅○[喪]蘇浪反 爾其孜孜奉予一人恭行天罰 孜孜勤勉不怠○[孜]音茲 古人有言曰撫我則后虐我則讎 武王述古言以明義言非惟今惡紂 獨夫受洪惟作威乃汝世讎 言獨夫失君道也大作威殺無

辜乃是汝累世之讎明不可不誅 樹德務滋除惡務本 立德務滋長去惡務除本言紂爲天下惡本 肆予小子誕以爾衆士殄殲乃讎 言欲行除惡之義絶盡紂○〔殄〕徒典反〔殲〕子廉反 爾衆士其尚迪果毅以登乃辟 迪進也殺敵爲果致果爲毅登成也成汝君之功○〔毅〕牛既反 功多有厚賞不迪有顯戮 賞以勸之戮以威之 嗚呼惟我文考若日月之照臨光于四方顯于西土 稱父以感衆也言其明德充塞四方明著岐周 惟我有周誕受多方 言文王德大故受衆方之國三分天下而有其二 予克受非予武惟朕文考無罪 推功於父言文王無罪於天下故天佑之人盡其用 受克予非朕文考有罪惟予小子無良 若紂克我非我父罪我之無善之致

牧誓第四　周書　孔氏傳

武王戎車三百兩 兵車百夫長所載車稱兩一車步卒七十二人凡二萬一千人舉全數○〔兩〕力尚反 虎賁三百人 勇士稱也若虎賁獸言其猛也皆百夫長○〔賁〕音奔〔稱〕尺證反 與受戰于牧野作牧誓 至牧地而誓衆○〔牧〕如字徐音茂 時甲子昧爽 是克紂之月甲子之日二月四日昧冥爽明早旦○〔昧〕音妹 王朝至于商郊牧野乃誓 紂近郊三十里地名牧癸亥夜陳甲子朝誓將與紂戰○〔陳〕直刃反 王左杖黄鉞右秉白旄以麾曰逖矣西土之人 鉞以黄金飾斧左手杖鉞示無事於誅右手把旄示有事於教逖遠也遠矣西土之人勞苦之○〔杖〕直亮反〔鉞〕音越〔旄〕音毛〔麾〕許危反〔逖〕他歷反 王曰嗟我友邦冢君 同志爲友言志同滅紂 御事司徒司馬司空 治事三卿司徒主民司馬主兵司空主土指誓戰者 亞旅師氏 亞次旅衆也衆大夫其位次卿師氏大夫官以兵守門者 千夫長百夫長 師帥卒帥○〔帥〕色類反 及庸蜀羌髳微盧彭濮人 八國皆蠻夷戎狄屬文王者國名羌在西蜀叟髳微在巴蜀盧彭在西北庸濮在江漢之南○〔羌〕起良反〔髳〕茂侯反〔濮〕音卜〔叟〕所求反 稱爾戈比爾干立爾矛予其誓 稱舉也戈戟干楯也○〔比〕扶志反〔楯〕食準反 王曰古人有言曰牝雞無晨 言無晨鳴之道○〔牝〕頻引反 牝雞之晨惟家之索 索盡也喻婦人知外事雌代雄鳴則家盡婦奪夫政則國亡○〔索〕西各反 今商王受惟婦言是用 妲己惑紂紂信用之○〔妲〕丹達反 昏棄厥肆祀弗荅 昏亂肆陳荅當也亂棄其所陳祭祀不復當享鬼神○〔復〕扶又反 昏棄厥遺王父母弟不迪 王父祖之昆弟母弟同母弟言棄其骨肉不接之以道 乃惟四方之多罪逋逃是崇是長 言紂棄其賢臣而尊長逃亡罪人信用之 是信是使是以爲大夫卿士 士事也用爲卿大夫典政事 俾暴虐于百姓以姦宄于商邑 使四方罪人暴虐姦宄於都邑○〔宄〕音軌 今予發惟恭行天之罰今日之事不愆于六步七步乃止齊焉 今日戰事就敵不過六步七步乃止相齊言當旅進一心○〔愆〕去虔反 夫子勖哉不愆于四伐五伐六伐七伐乃止齊焉 夫子謂將士勉勵之伐謂擊刺少則四五多則六七以爲例○〔勖〕許玉反〔刺〕七亦反 勖哉夫子尚桓桓 桓桓武貌 如虎如貔如熊如羆于商郊 貔執夷虎屬也四獸皆猛健欲使士衆法之奮擊於牧野○〔貔〕音毗〔羆〕彼皮反 弗迓克奔以役西土 商衆能奔來降者不迎擊之如此則所以役我西土之義○〔迓〕五嫁反 勖哉夫子爾所弗勖其于爾躬有戮 臨敵所安汝不勉則於汝身有戮矣

武成第五　周書　孔氏傳

武王伐殷。往伐歸獸。往誅紂克定，偃武修文，歸馬牛于華山桃林之牧地。識其政事。記識殷家政教善事以為法。○[識]據註職吏反。作武成。武功成，文事修。武成文王受命，有此武功，成於克商。惟一月壬辰，旁死魄。此本說始伐紂時，一月，周之正月。旁，近也。月二日近死魄。[旁]步光反。[魄]普白反。○越翼日癸巳，王朝步自周，于征伐商。翼，明。步，行也。武王以正月三日行，自周往征伐商，二十八日渡孟津。厥四月哉生明，王來自商，至于豐。其四月，哉，始也。始生明，月三日，與死魄互言。○[哉]音載。乃偃武修文。倒載干戈，包以虎皮，示不用。行禮射，設庠序，修文教。歸馬于華山之陽，放牛于桃林之野，示天下弗服。山南曰陽。桃林在華山東。皆非長養牛馬之地，欲使自生自死，示天下不復乘用。○[華]胡化、胡瓜二反。[復]扶又反。丁未，祀于周廟，邦甸侯衛，駿奔走，執豆籩。四月丁未，祭告后稷以下，文考文王以上七世之祖。駿，大也。邦國甸侯衛服諸侯，皆大奔走於廟執事。○[駿]荀俊反。[籩]音邊。越三日庚戌，柴望，大告武成。燔柴郊天，望祀山川。先祖後郊，自近始。○[燔]音煩。既生魄，庶邦冢君暨百工受命于周。魄生明死，十五日之後，諸侯與百官受政命於周，明一統。[暨]其器反。○王若曰：嗚呼，羣后！順其祖業，數美之以告諸侯。惟先王建邦啓土，謂后稷也。尊祖，故稱先王。公劉克篤前烈，后稷曾孫。公爵，劉名。能厚先人之業。至于大王肇基王迹，王季其勤王家。大王修德以翦齊商人，始王業之肇迹。王季纘統其業，乃勤立王家。○[大]音泰。[肇]音兆。[王]迹于況反，又如字。我文考文王克成厥勳，誕膺天命，以撫方夏。言我文德之父，能成其王功，大當天命，以撫綏四方中夏。大邦畏其力，小邦懷其德。言天下諸侯，大者畏威，小者懷德，是文王威德之大。惟九年，大統未集。言諸侯歸之，九年而卒，故大業未就。

予小子其承厥志，言承文王本意。厎商之罪，告于皇天后土，所過名山大川，致商之罪，謂伐紂時。后土，社也。名山華岳，大川河。○[厎]之履反。曰：惟有道曾孫周王發，將有大正于商。告天地山川之辭。大正以兵征之。今商王受無道，無道德。暴殄天物，害虐烝民，暴絕天物，言逆天也。逆天害民，所以為無道。○[烝]之承反。為天下逋逃主，萃淵藪。逋，亡也。天下罪人逃亡者，而紂為魁主，窟聚淵府藪澤，言大姦。○[萃]在醉反。[藪]素口反。予小子既獲仁人，敢祗承上帝，以遏亂略。仁人謂太公、周、召之徒。略，路也。言誅紂敬承天意，以絕亂路。○[遏]烏末反。[召]上照反。華夏蠻貊，罔不率俾，恭天成命。冕服采章曰華，大國曰夏。及四夷皆相率而使奉天成命。○[貊]亡白反。肆予東征，綏厥士女。此謂十一年會孟津還時。惟其士女，篚厥玄黃，昭我周王。言東國士女，筐篚盛其絲帛，奉迎道次，明我周王為之除害。○[篚]音匪。[為]于僞反。天休震動，用附我大邑周。天之美應，震動民心，故用依附我。惟爾有神，尚克相予以濟兆民，無作神羞。神庶幾助我渡民危害，無為神羞辱。○[相]息亮反。既戊午，師逾孟津。癸亥，陳于商郊，俟天休命。自河至朝歌，出四百里，五日而至。赴敵宜速，待天休命，謂夜雨止畢陳。○[陳]直刃反，徐音塵。甲子昧爽，受率其旅若林，會于牧野。旅，衆也。如林，言盛多。會逆距戰。罔有敵于我師，前徒倒戈，攻于後以北，血流漂杵。紂衆服周仁政，無有戰心，前徒倒戈，自攻其後以北走。血流漂春杵，甚之言。○[倒]丁老反。[漂]匹妙反，又匹消反。[杵]昌呂反。一戎衣，天下大定。衣，服也。一著戎服而滅紂，言與衆同心，動有成功。乃反商政，政由舊。反紂惡政，用商先王善政。釋箕子囚，封比干墓，式商容閭。皆武王反紂政。囚，奴徒隸。封，益其土。商容，賢人，紂所貶退，式其閭巷，以禮賢。散鹿臺之財，發鉅橋之粟，紂所積之府倉，皆散發以賑貧民。○〔散〕西旦反。大賚于四海，而萬姓悅服。施舍已債，救乏賙無，所謂周有大賚，天下皆悅仁服德。○〔賚〕力代反，徐音來。〔債〕側界反。列爵惟五，卽所識政事而法之。爵五等，公、侯、伯、子、男。分土惟三。列地封國，公侯方百里，伯七十里，子男五十里，爲三品。建官惟賢，立官以官賢才。位事惟能。居位理事，必任能事。重民五教，所重在民及五常之教。惟食喪祭。民以食爲命，喪禮篤親愛，祭祀崇孝養，皆聖王所重。惇信明義，使天下厚行信，顯忠義。崇德報功。有德尊以爵，有功報以祿。垂拱而天下治。言武王所修皆是，所任得人，故垂拱而天下治。○〔拱〕居勇反。〔任〕而鴆反。

尚書卷第六

尚書卷第七

洪範第六

周書　　孔氏傳

武王勝殷殺受立武庚不放而殺紂自焚也武庚紂子以爲王者後一名祿父○〔勝〕商證反以箕子歸作洪範歸鎬京箕子作之○〔範〕音範〔鎬〕胡老反武王所都洪範洪大範法也言天地之大法惟十有三祀王訪于箕子商曰祀箕子稱祀不忘本此年四月歸宗周先告武成次年問天道王乃言曰嗚呼箕子惟天陰騭下民相協厥居騭定也天不言而默定下民是助合其居使有常生之資○〔陰〕默也〔騭〕之逸反〔相〕息亮反助也我不知其彝倫攸敘言我不知天所以定民之常道理次敘問何由○〔彝〕以之反箕子乃言曰我聞在昔鯀陻洪水汩陳其五行陻塞汩亂也治水失道亂陳其五行○〔陻〕音因〔汩〕工忽反帝乃震怒不畀洪範九疇彝倫攸斁畀與斁敗也天動怒鯀不與大法九疇疇類也故常道所以敗○〔畀〕必二反〔斁〕多路反鯀則殛死禹乃嗣興放鯀至死不赦嗣繼也廢父興子堯舜之道○〔殛〕紀力反天乃錫禹洪範九疇彝倫攸敘天與禹洛出書神龜負文而出列於背有數至于九禹遂因而第之以成九類常道所以次敘初一曰五行九類類一章以五行爲始次二曰敬用五事五事在身用之必敬乃善次三曰農用八政農厚也厚用之政乃成次四曰協用五紀協和也和天時使得正用五紀次五曰建用皇極皇大極中也凡立事當用大中之道次六曰乂用三德治民必用剛柔正直之三德次七曰明用稽疑明用卜筮考疑之事次八曰念用庶徵次九曰嚮用五福威用六極言天所以嚮勸人用五福所以威沮人用六極此已上禹所第敘○〔嚮〕許亮反〔沮〕在汝反〔上〕時掌反下注同馬云從五行已下至六極洛書文也

一五行一曰水二曰火三曰木四曰金五曰土皆其生數水曰潤下火曰炎上言其自然之常性木曰曲直金曰從革木可以揉曲直金可以改更土爰稼穡種曰稼斂曰穡土可以種可以斂潤下作鹹水鹵所生炎上作苦焦氣之味曲直作酸木實之性從革作辛金之氣味稼穡作甘甘味生於百穀五行以下箕子所陳二五事一曰貌容儀二曰言詞章三曰視觀正四曰聽察是非五曰思心慮所行貌曰恭儼恪言曰從是則可從視曰明必清審聽曰聰必微諦○〔諦〕音帝思曰睿必通於微○〔睿〕悅歲反馬云通也恭作肅心敬從作乂可以治明作哲照了○〔哲〕之舌反聰作謀所謀必成當○〔當〕丁浪反睿作聖於事無不通謂之聖三八政一曰食勤農業二曰貨寶用物三曰祀敬鬼神以成教四曰司空主空土以居民五曰司徒主徒衆教以禮義六曰司寇主姦盜使無縱七曰賓禮賓客無不敬八曰師簡師所任必良士卒必練四五紀一曰歲所以紀四時二曰月所以紀一月三曰日紀一日四曰星辰二十八宿迭見以敘氣節十二辰以紀日月所會○〔迭〕田節反〔見〕賢遍反五曰曆數曆數節氣之度以爲曆敬授民時五皇極皇建其有極大中之道大立其有中謂行九疇之義斂時五福用敷錫厥庶民斂是五福之道以爲教用布與衆民使慕之惟時厥庶民于汝極錫汝保極君上有五福之教衆民於君取中與君以安中之善言從化凡厥庶民無有淫朋人無有比德惟皇作極民有安中之善則無淫過朋黨之惡比周之德惟天下皆大爲中正○〔比〕毗志

反凡厥庶民有猷有爲有守汝則念之民戢有道有所爲有所執守汝則念錄敘之不協于極不罹于咎皇則受之凡民之行雖不合於中而不罹於咎惡皆可進用大法受之○[罹]力馳反[行]下孟反而康而色曰予攸好德汝當安汝顏色以謙下人人曰我所好者德汝則與之爵祿○[好]呼報反汝則錫之福下並同時人斯其惟皇之極不合於中之人汝與之福則是人此其惟大之中言可勉進無虐煢獨而畏高明煢單無兄弟也無子曰獨單獨者不侵虐之寵貴者不枉法畏之○[煢]岐局反人之有能有爲使羞其行而邦其昌功能有爲之士使進其所行汝國其昌盛○其[行]如字徐下孟反凡厥正人既富方穀凡其正直之人既當以爵祿富之又當以善道接之汝弗能使有好于而家時人斯其辜不能使正直之人有好於國家則是人斯其詐取罪而去于其無好德汝雖錫之福其作汝用咎於其無好德之人汝雖與之爵祿其爲汝用惡道以敗汝善○[爲]于僞反無偏無陂遵王之義偏不平陂不正言當循先王之正義以治民○[陂]音祕無有作好遵王之道無有作惡遵王之路言無有亂爲私好惡動必循先王之道路○[好]呼報反[惡]烏路反無偏無黨王道蕩蕩言開闢○[闢]婢亦反無黨無偏王道平平言辨治○[平]婢緜反無反無側王道正直言所行無反道不正則王道平直會其有極歸其有極言會其有中而行之則天下皆歸其有中矣曰皇極之敷言是彝是訓于帝其訓曰者大其義言以大中之道布陳言教不失是常則人皆是順矣天且其順而況于人乎凡厥庶民極之敷言是訓是行以近天子之光凡其衆民中心之所陳言凡順是行之則可以近益天子之光明曰天子作民父母以爲天

下王言天子布德惠之教爲兆民之父母是爲天下所歸往不可不務六三德一曰正直能正人之曲直二曰剛克剛能立事三曰柔克和柔能治三者皆德平康正直世平安用正直治之彊弗友剛克友順也世彊禦不順以剛能治之○[禦]魚呂反燮友柔克燮和也世和順以柔能治之○[燮]息協反沈潛剛克沈潛謂地雖柔亦有剛能出金石高明柔克高明謂天言天爲剛德亦有柔克不干四時喻臣當執剛以正君君亦當執柔以納臣惟辟作福惟辟作威惟辟玉食言惟君得專威福爲美食○[辟]補亦反臣無有作福作威玉食臣之有作福作威玉食其害于而家凶于而國人用側頗僻民用僭忒在位不敦平則下民僭差○[頗]普多反[僻]匹亦反[僭]子念反[忒]他得反七稽疑擇建立卜筮人龜曰卜蓍曰筮考正疑事當選擇知卜筮人而建立之乃命卜筮建立其人命以其職曰雨曰霽龜兆形有似雨者有似雨止者○[霽]子細反曰蒙蒙陰闇曰驛氣落驛不連屬○[屬]音燭曰克兆相交錯五者卜兆之常法曰貞曰悔內卦曰貞外卦曰悔凡七卜筮之數卜五占用二衍忒立時人作卜筮三人占則從二人之言立是知卜筮人使爲卜筮之事夏殷周卜筮各異三法並卜從二人之言善鈞從衆卜筮各三人○[衍]以淺反汝則有大疑謀及乃心謀及卿士謀及庶人謀及卜筮將舉事而汝則有大疑先盡汝心以謀慮之次及卿士衆民然後卜筮以決之汝則從龜從筮從卿士從庶民從是之謂大同人心和順龜筮從之是謂大同於吉身其康彊子孫其逢吉動不違衆故後世遇吉汝則從龜從筮從卿士逆庶民逆吉三從二逆中吉亦可舉事卿士從龜從筮從汝則逆庶民逆吉君臣不同

決之卜筮，亦中吉。庶民從，龜從，筮從，汝則逆，卿士逆，吉。民與上異心，亦卜筮以決之。汝則從，龜從，筮逆，卿士逆，庶民逆，作內吉，作外凶。二從三逆，龜筮相違，故可以祭祀冠婚，不可以出師征伐。龜筮共違于人，皆逆。用靜吉，用作凶。安以守常則吉，動則凶。

八、庶徵：曰雨，曰暘，曰燠，曰寒，曰風，曰時。雨以潤物，暘以乾物，燠以長物，寒以成物，風以動物，五者各以其時，所以為衆驗。○[暘]音陽，[乾]音干，[長]丁丈反。五者來備，各以其敘，庶草蕃廡。言五者備至，各以次敘，則衆草蕃滋廡豐也。○[蕃]音煩，[廡]無甫反。一極備，凶；一極無，凶。一者備極，過甚則凶；一者極無，不至亦凶，謂不時失敘。曰休徵：敘美行之驗。○[行]下孟反。曰肅，時雨若；君行敬，則時雨順之。曰乂，時暘若；君行政治，則時暘順之。○[治]直吏反，治其職同。曰哲，時燠若；君能照哲，則時燠順之。曰謀，時寒若；君能謀，則時寒順之。曰聖，時風若。君能通理，則時風順之。曰咎徵：敘惡行之驗。○[咎]其九反。曰狂，恒雨若；君行狂妄，則常雨順之。曰僭，恒暘若；君行僭差，則常暘順之。曰豫，恒燠若；君行逸豫，則常燠順之。○[豫]羊庶反。曰急，恒寒若；君行急，則常寒順之。曰蒙，恒風若。君行蒙闇，則常風順之。曰王省惟歲，王所省職，兼所摠羣吏，如歲兼四時。○[省]悉井反。卿士惟月，卿士各有所掌，如月之有別。師尹惟日。衆正官之吏，分治其職，如日之有歲月。歲月日時無易，各順常。百穀用成，乂用明，歲月日時無易，則百穀成；君臣無易，則政治明。俊民用章，家用平康。賢臣顯用，國家平寧。日月歲時既易，是三者已易，喻君臣易職。百穀用不成，乂用昏不明，俊民用微，家用不寧。君失其柄，權臣擅命，治闇賢隱，國家亂。庶民惟星，星有好風，星有好雨。星，民象，故衆民惟若星。箕星好風，畢星好雨，亦民所好。○[好]呼報反。日月之行，則有冬有夏。日月之行，冬夏各有常度。君臣政治，小大各有常法。月之從星，則以風雨。月經於箕則多風，離於畢則多雨。政教失常以從民欲，亦所以亂。

九、五福：一曰壽，百二十年。二曰富，財豐備。三曰康寧，無疾病。四曰攸好德，所好者德福之道。○[好]呼報反。五曰考終命。各成其短長之命以自終，不橫夭。六極：一曰凶短折，動不遇吉。短，未六十；折，未三十。言辛苦。○[折]時設反。二曰疾，常抱疾苦。三曰憂，多所憂。四曰貧，困於財。五曰惡，醜惡。六曰弱。尪劣。

武王既勝殷，邦諸侯，班宗彝，賦宗廟彝器酒罇賜諸侯。作分器。言諸侯尊卑各有分也。亡。○[分]扶問反。

旅獒第七

周書　孔氏傳

西旅獻獒，西戎遠國，貢大犬。○[獒]五羔反。太保作旅獒。召公陳戒。○[召]時照反，後召公皆放此。旅獒，因獒而陳道義。惟克商，遂通道于九夷八蠻。四夷慕化，貢其方賄。九、八言非一，皆通道路，無遠不服。西旅厎貢厥獒，西戎之長致貢其獒。犬高四尺曰獒，以大為異。○[厎]之履反，[長]丁丈反。太保乃作旅獒，用訓于王。陳貢獒之義以訓諫王。曰：嗚呼！明王慎德，四夷咸賓。言明王慎德以懷遠，故四夷皆賓服。無有遠邇，畢獻方物，惟服食器用。天下萬國無有遠近，盡貢其方土所生之物，惟可以供服食器用者，言不為耳目華侈。王乃昭德之致于異姓之邦，無替厥服。德之所致，謂遠夷之貢，以分賜異姓諸侯，使無廢其職。分寶玉于伯叔之國，時庸展親。以寶玉分同姓之國，是用誠信其親親之道。人不易物，惟德其物。言物貴由人，有德則物貴，無德則物賤，所貴在於德。○[易]羊隻

反 德盛不狎侮 盛德必自敬何狎易侮慢之有○易以豉反 狎侮君子罔以盡人心 以虛受人則人盡其心矣○盡津忍反 狎侮小人罔以盡其力 以悅使民民忘其勞則力盡矣 不役耳目百度惟貞 言不以聲色自役則百度正 玩人喪德玩物喪志 以人為戲弄則喪其德以器物為戲弄則喪其志○玩五貫反喪息浪反 志以道寧言以道接 在心為志發氣為言皆以道為本故君子勤道 不作無益害有益功乃成不貴異物賤用物民乃足 遊觀為無益奇巧為異物言明王之道以德義為益器用為貴所以化俗生民○觀官喚反 犬馬非其土性不畜 非此土所生不畜以習其用○畜許六反 珍禽奇獸不育于國 皆非所用有損害故 不寶遠物則遠人格 不侵奪其利則來服矣 所寶惟賢則邇人安 寶賢任能則近人安近人安則遠人安矣 嗚呼夙夜罔或不勤 言當早起夜寐常勤於德 不矜細行終累大德 輕忽小物積害毀大故君子慎其微○行下孟反累劣偽反 ○為山九仞功虧一簣 八尺曰仞喻向成也未成一簣猶不為山故曰功虧一簣是以聖人乾乾日昃慎終如始○仞音刃簣其貴反 允迪茲生民保厥居惟乃世王 言其能信蹈行此誠則生人安其居天子乃世世王天下武王雖聖猶設此誡況非聖人可以無誡乎其不免於過則亦宜矣○況王如字又于況反 巢伯來朝 殷之諸侯伯爵也南方遠國武王克商慕義來朝○巢仕交反朝直遙反 芮伯作旅巢命 芮伯周同姓圻內之國為卿大夫陳威德以命巢亡○芮如銳反

金縢第八

周書　孔氏傳

武王有疾周公作金縢 為請命之書藏之於匱緘之以金不欲人開之○縢徒登反 金縢 遂以所藏為篇名 既克商二年王有疾弗豫 伐紂明年武王有疾不悅豫 二公曰我其為王穆卜周公曰未可以戚我先王 穆敬戚近也召公太公言王疾當敬卜吉凶周公言未可以死近我先王相順之辭○為于偽反 公乃自以為功 周公乃自以請命為己事 為三壇同墠 因大王王季文王請命於天故為三壇壇築土墠除地大除地於中為三壇○壇徒丹反墠音善 為壇於南方北面周公立焉 立壇上對三王 植璧秉珪乃告太王王季文王 璧以禮神植置也置於三王之坐周公秉桓珪以為贄告謂祝辭○植時職反 史乃冊祝曰惟爾元孫某遘厲虐疾 史為冊書祝辭也元孫武王某名臣諱君故曰某厲危虐暴也遘工豆反遇也 ○若爾三王是有丕子之責于天以旦代某之身 大子之責謂疾不可救於天則當以旦代之死生有命不可請代聖人敘臣子之心以垂世教○丕普悲反 予仁若考能多材多藝能事鬼神 我周公仁能順父又多材多藝能事鬼神言可以代武王之意 乃元孫不若旦多材多藝不能事鬼神乃命于帝庭敷佑四方 汝元孫受命於天庭為天子布其德教以佑助四方言不可以死 用能定爾子孫于下地四方之民罔不祗畏 言武王用受命帝庭之故能定先人子孫於天下四方之民無不敬畏 嗚呼無墜天之降寶命我先王亦永有依歸 歎惜武王言不救則墜天之寶命救之則先王長有依歸 今我即命于元龜 就受三王之命於大龜卜知吉凶 爾之許我我其以璧與珪歸俟爾命 許謂疾瘳待命當以事神 爾不許我我乃屏璧與珪 不許謂不愈也屏藏也言不得事神 乃卜三龜一習吉 習因也以三王之龜卜一相因而吉 啟籥見書乃并是吉 三兆

四四

既同吉開籥見占兆書乃亦并是吉○[籥]予若反[并]必政反公曰體王其罔害公視兆曰如此兆體王其無害言必愈予小子新命于三王惟永終是圖周公言我小子新受三王之命武王惟長終是謀周之道茲攸俟能念予一人言武王愈此所以待能念我天子事成周道公歸乃納冊于金縢之匱中王翼日乃瘳從壇歸翼明瘳差也○[差]初賣反武王既喪管叔及其羣弟乃流言於國武王死周公攝政其弟管叔及蔡叔霍叔乃放言於國以誣周公以惑成王○[喪]息浪反曰公將不利於孺子三叔以周公大聖有次立之勢遂生流言孺稚也稚子成王周公乃告二公曰我之弗辟我無以告我先王辟法也告召公太公言我不以法法三叔則我無以成周道告我先王○[辟]扶亦反周公居東二年則罪人斯得周公既告二公遂東征之二年之中罪人此得于後公乃爲詩以貽王名之曰鴟鴞王亦未敢誚公成王信流言而疑周公故周公既誅三監而作詩解所以宜誅之意以遺王王猶未悟故欲讓公而未敢○[貽]羊支反[鴟]尺夷反[鴞]于嬌反[誚]在笑反秋大熟未穫天大雷電以風二年秋也蒙恆風若雷以威之故有風雷之異○[穫]戶郭反禾盡偃大木斯拔邦人大恐風災所及邦人皆大恐○[拔]皮八反王與大夫盡弁以啓金縢之書皮弁質服以應天○[弁]皮彥反乃得周公所自以爲功代武王之說所藏請命冊書本○[說]如字二公及王乃問諸史與百執事三公倡王啓之故先見書史百執事皆從周公請命對曰信噫公命我勿敢言史百執事言信有此事周公使我勿道今言之則負周公噫恨辭○[噫]於其反王執書以泣曰其勿穆卜本欲敬卜吉凶今天意可知故止之昔公勤勞王家惟予沖人弗及知言己幼童不及知周公昔日忠勤○[沖]直忠反今天動威以彰周公之德發雷風之威以明周公之聖德惟朕小子其新逆我國家禮亦宜之周公以成王未悟故留東未還改過自新遣使者迎之亦國家禮有德之宜王出郊天乃雨反風禾則盡起郊以玉幣謝天天即反風起禾明郊之是二公命邦人凡大木所偃盡起而築之歲則大熟木有偃拔起而立之築有其根禾木無虧百穀豐熟周公之德此已上大誥後因武王喪并見之

大誥第九

周書　孔氏傳

武王崩三監及淮夷叛三監管蔡商淮夷徐奄之屬皆叛周○[監]古懺反視也周公相成王將黜殷作大誥相謂攝政黜絕也將以誅叛者之義大誥天下○[相]息亮反大誥陳大道以告天下遂以名篇王若曰猷大誥爾多邦越爾御事周公稱成王命順大道以告天下衆國及於御治事者盡及之○[猷]音由道也弗弔天降割于我家不少言周道不至故天下凶害於我家不少謂三監淮夷並作難○[弔]音的馬讀弗少延爲句[難]乃旦反延洪惟我幼沖人凶害延大惟累我幼童人成王言其不可不誅之意嗣無疆大歷服弗造哲迪民康言子孫承繼祖考無窮大數服行其政而不能爲智道以安人故使叛先自責矧曰其有能格知天命安人且猶不能況其有能至知天命者乎已予惟小子若涉淵水予惟往求朕攸濟已發端歎辭也我惟小子承先人之業如涉淵水往求我所以濟渡言祇懼敷賁敷前人受命茲不忘大功前人文武也我求濟渡在布行大道在布陳文武受命在此不忘大功言任重○[賁]扶云反徐音憤予不敢閉于天降威用

天下威用謂誅惡也言我不敢閉絶天所下威用而不行將欲伐四國寧王遺我大寶龜紹天明卽命安天下之王謂文王也遺我大寶龜疑則卜之以繼天明就其命而行之言卜不可違○〔遺〕唯季反曰有大艱于西土西土人亦不靜越茲蠢曰語更端也四國作大難於京師西土人亦不安於此蠢動○〔蠢〕尺允反殷小腆誕敢紀其敍言殷後小腆腆之祿父大敢紀其王業欲復之○腆他典反〔誕〕大旦反天降威知我國有疵天下威謂三叔流言故祿父知我周國有疵病○〔疵〕在斯反民不康曰予復反鄙我周邦祿父言我殷當復欺惑東國人令不安反鄙易我周家道其罪無狀今蠢今翼日民獻有十夫予翼以于敉寧武圖功今天下蠢動今之明日四國人賢者有十夫來翼佐我周用撫安武事謀立其功言人事先應○〔敉〕亡婢反我有大事休朕卜并吉大事戎事也人謀既從卜又并吉所以爲美○〔并〕必政反肆予告我友邦君越尹氏庶士御事以美故告我友國諸侯及於正官尹氏卿大夫衆士御治事者言謀及之曰予得吉卜予惟以爾庶邦于伐殷逋播臣用汝衆國往伐殷逋亡之臣謂祿父○〔逋〕布吾反爾庶邦君越庶士御事罔不反曰艱大汝衆國上下無不反曰征伐四國爲大難敍其情以戒之民不靜亦惟在王宮邦君室言四國不安亦在天子諸侯教化之過自責不能綏近以及遠越予小子考翼不可征王害不違卜於我小子先卜敬成周道若謂今四國不可征則王室有害故宜從卜肆予沖人永思艱曰嗚呼允蠢鰥寡哀哉故我童人成王長思此難而歎曰信蠢動天下使無妻無夫者受其害可哀哉○〔鰥〕故頑反予造天役遺大投艱于朕身我周家爲天下役事遺我甚大投此艱難於我身言不得已越予沖人不卬自恤義爾

邦君越爾多士尹氏御事言征四國於我童人不惟自憂而已乃欲施義於汝衆國君臣上下至御治事者○〔卬〕五剛反我也綏予曰無毖于恤不可不成乃寧考圖功汝衆國君臣當安勉我曰無勞於憂不可不成汝寧祖聖考文武所謀之功責其以善言之助○〔毖〕音祕已予惟小子不敢替上帝命不敢廢天命言卜吉當必征之天休于寧王興我小邦周寧王惟卜用克綏受茲命言天美文王興周者以文王惟卜之用故能安受此天命明卜宜用今天其相民矧亦惟卜用人獻十夫是天助民況亦用卜乎吉可知矣亦言文王○〔相〕息亮反嗚呼天明畏弼我丕丕基歎天之明德可畏輔成我大大之基業言卜不可違也王曰爾惟舊人爾丕克遠省爾知寧王若勤哉特命久老之人知文王故事者大能遠省識古事汝知文王若彼之勤勞哉目所親見法之又明○〔省〕息井反天閟毖我成功所予不敢不極卒寧王圖事閟慎也言天慎勞我周家成功所在我不敢不極盡文王所謀之事謂致太平○〔閟〕音祕肆予大化誘我友邦君我欲極盡文王所謀故大化天下道我友國諸侯天棐忱辭其考我民言我周家有大化誠辭爲天所輔其成我民矣○〔棐〕音匪予曷其不于前寧人圖功攸終我何其不於前文王安人之道謀立其功所終乎天亦惟用勤毖我民若有疾天亦勞慎我民欲安之如人有疾欲已去之予曷敢不于前寧人攸受休畢天欲安民我何敢不於前文王所受美命終畢之王曰若昔朕其逝朕言艱日思順古道我其往東征矣我所言國家之難備矣日思念之若考作室既厎法厥子乃弗肯堂矧肯構以作室喻治政也父已致法子乃不肯爲堂基況肯構立屋乎不爲其易則難者可知○〔厎〕之履反〔構〕古候反厥父菑厥子乃

弗肯播。矧肯穫。（又以農喻其父已菑耕其田其子乃不肯播種況肯收穫乎○〔菑〕側其反）厥考翼。（田一歲曰菑〔穫〕戶郭反）其肯曰予有後。弗棄基。（其父敬事創業而子不能繼成其功其肯言我有後不棄我基業乎今不征是棄之）肆予曷敢不越卬敉寧王大命。（作室農人猶惡棄基故我何敢不於今日撫循文王大命以征逆乎）若兄考。乃有友伐厥子。（若兄弟父子之家乃有朋友來伐其子民養其勸心不救者以子惡故以此四國將誅而無救者罪大故）民養其勸弗救。王曰。嗚呼。肆哉。爾庶邦君。越爾御事。（數今伐四國必克之故以告諸侯及臣下御治事者）爽邦由哲。亦惟十人。迪知上帝命。（言其故有明國事用智道十人蹈知天命謂人獻十夫來佐周）越天棐忱。爾時罔敢易法。矧今天降戾于周邦。（於天輔誠汝天下是知無敢易天法況今天下罪於周使四國叛乎）惟大艱人。誕鄰胥伐于厥室。爾亦不知天命不易。（惟大為難之人謂三叔也大近相伐於其室家謂叛逆也若不早誅汝天下亦不知天命之不易也○〔易〕以豉反）予永念曰。天惟喪殷。若穡夫。予曷敢不終朕畝。（稼穡之夫除草養苗我長念天亡殷惡主亦猶是矣我何敢不順天終竟我壟畝乎言當滅殷○〔喪〕如字又息浪反）天亦惟休于前寧人。予曷其極卜。敢弗于從。（天亦惟美于文王受命我何其極卜法敢不於從言必從也）率寧人有指疆土。（循文王所有指意以安疆土則善矣況今卜并吉乎言不可不從）矧今卜并吉。肆朕誕以爾東征。天命不僭。卜陳惟若茲。（以卜吉之故大以汝衆東征四國天命不僭差卜兆陳列惟若此吉必克之不可不勉○〔僭〕子念反）

微子之命第十

周書　　孔氏傳

成王既黜殷命。殺武庚。（一名祿父）命微子啓代殷後。（啓知紂必亡而奔周命為宋公為湯後）作微子之命。（封命之書）

微子之命。（稱其本爵以名篇）

王若曰。猷。殷王元子。（微子帝乙元子故順道本而稱之）惟稽古。崇德象賢。（惟考古典有尊德象賢之義言今法之）統承先王。修其禮物。（言二王之後各修其典禮正朔服色與時王並通三統）作賓于王家。與國咸休。永世無窮。（為時王賓客與時皆美長世無竟）嗚呼。乃祖成湯。克齊聖廣淵。（言汝祖成湯能齊德聖達廣大深遠澤流後世）皇天眷佑。誕受厥命。（大天眷顧湯佑助之大受其命謂天命）撫民以寬。除其邪虐。（撫民以寬政故桀邪虐湯之德也）功加于時。德垂後裔。（言湯立功加於當時德澤垂及後世裔末也○〔裔〕以制反）爾惟踐修厥猷。舊有令聞。（汝微子言能踐湯德久有善譽昭聞遠近○〔聞〕如字又音問）恪慎克孝。肅恭神人。予嘉乃德。曰篤不忘。（言微子敬慎能孝嚴恭神人故我善汝德謂厚不可忘○〔篤〕東谷反）上帝時歆。下民祗協。庸建爾于上公。尹茲東夏。（孝恭之人祭祀則神歆享施令則人敬和用是封立汝於上公之位正此東方華夏之國宋在京師東○〔歆〕許今反）欽哉。往敷乃訓。慎乃服命。率由典常。以蕃王室。（敬哉敬其為君之德往臨人布汝教訓慎汝祖服命數循用舊典無失其常以蕃屏周室戒之○〔蕃〕方元反）弘乃烈祖。律乃有民。永綏厥位。毗予一人。（大汝烈祖成湯之道以法度齊汝所有之人則長安其位以輔我一人言上下同榮慶○〔毗〕房脂反）世世享德。萬邦作式。（言微子累世享德不忝厥祖雖同公侯而特為萬國法式）俾我有周無斁。（汝世世享德則使我有周好汝無厭○〔俾〕必爾反〔斁〕

音亦嗚呼。往哉惟休。無替朕命。歎其德遺往之國言當惟爲美政無廢我命。

唐叔得禾。異畝同穎。唐叔成王母弟食邑內得異禾也畝壟穎穗也禾各生一壟而合爲一穗。〔穎〕役領反。○獻諸天子。拔而貢之。王命唐叔歸周公于東。異畝同穎天下和同之象周公之德所致周公東征未還故命唐叔以禾歸周公唐叔後封晉。作歸禾。亡

周公既得命禾。旅天子之命。已得唐叔之禾遂陳成王歸禾之命而推美成王善則稱君。作嘉禾。天下和同政之善者故周公作書以嘉禾名篇告天下亡。

尚書卷第七

尚書卷第八

康誥第十一

周書　孔氏傳

成王既伐管叔蔡叔 滅三監 以殷餘民封康叔 以三監之民國康叔爲衞侯周公懲其數叛故使賢母弟主之○〔數〕所角反 作康誥酒誥梓材 康誥 命康叔之誥康圻內國名叔封字○〔梓〕音子

惟三月哉生魄 周公攝政七年三月始生魄月十六日明消而魄生○〔魄〕普白反 周公初基作新大邑于東國洛 初造基建作王城大都邑於東國洛汭居天下土中四方之民大和悅而集會 四方民大和會 侯甸男邦采衞百工播民和見士于周 此五服諸侯服五百里侯服去王城千里甸服千五百里男服去王城二千里采服二千五百里衞服三千里與禹貢異制五服之百官播率其民和悅並見即事于周○〔見〕賢遍反 周公咸勤乃洪大誥治 周公皆勞勉五服之人遂乃因大封命大誥以治道

王若曰孟侯朕其弟小子封 周公稱成王命順康叔之德命爲孟侯孟長也五侯之長謂方伯使康叔爲之言王使我命其弟封封康叔名稱小子明當受教訓 惟乃丕顯考文王克明德慎罰 惟汝大明父文王能顯用俊德慎去刑罰以爲教首○〔去〕羌呂反下同 不敢侮鰥寡庸庸祗祗威威顯民 惠恤窮民不慢鰥夫寡婦用可用敬可敬刑可刑明此道以示民 用肇造我區夏越我一二邦以修 用此明德慎罰之道始爲政於我區域諸夏故於我一二邦皆以修治 我西土惟時怙冒聞于上帝帝休 我西土岐周惟是怙恃文王之道故其政教冒被四表上聞于天天美其治○〔怙〕音戶〔冒〕如字又音問 天乃大命文王殪戎殷誕受厥命 天美文王乃大命之殺兵殷大受其王命謂三分天下有其二以授武王○〔殪〕音翳 越厥邦厥民惟時敘 於其國於其民惟是次敘皆文王教 乃寡兄勗肆汝小子封在茲東土 汝寡有之兄武王勉行文王之道故汝小子封得在此東土爲諸侯○〔勗〕許玉反

王曰嗚呼封汝念哉 念我所以告汝之言 今民將在祗遹乃文考紹聞衣德言 今治民將在敬循汝文德之父繼其所聞服行其德言以爲政教○〔遹〕音聿〔衣〕如字徐於既反 往敷求于殷先哲王用保乂民 汝往之國當布求殷先智王之道用安治民 汝丕遠惟商耇成人宅心知訓 汝當大遠求商家耇老成人之道常以居心則知訓民○〔耇〕音狗 別求聞由古先哲王用康保民 又當別求所聞父兄用古先智王之道用其安者以安民 弘于天若德裕乃身不廢在王命 大于天爲順德則不見廢常在王命

王曰嗚呼小子封恫瘝乃身敬哉 恫痛瘝病治民務除惡政當如痛病在汝身欲去之敬行我言○〔恫〕音通〔瘝〕古頑反 天畏棐忱民情大可見小人難保 天德可畏以其輔誠人情大可見以小人難安○〔棐〕音匪 往盡乃心無康好逸豫乃其乂民 往當盡汝心爲政無自安好逸豫寬身其乃治民○〔盡〕徐子忍反〔好〕呼報反 我聞曰怨不在大亦不在小惠不惠懋不懋 怨不在大起於小不在小小至於大言怨不可爲故當使不順者順不勉者勉 已汝惟小子乃服惟弘王應保殷民 已乎汝惟小子乃當服行德政惟弘大王道上以應天下以安我所受殷之民衆 亦惟助王宅天命作新民 弘王道安殷民亦所以惟助王者居順天命爲民日新之教

王曰嗚呼封敬明乃罰 歎而勑之凡行刑罰汝必敬明之欲其重慎 人有小罪非眚乃惟終自作不典式爾 小罪非過失乃惟終身行之自爲不常用犯汝○〔眚〕所領反 有厥罪小乃

不可不殺乃有大罪非終乃惟眚災適爾既道極厥辜時乃不可殺汝盡聽訟之理以極其罪是人所犯亦不可殺當以罰宥論之王曰嗚呼封有敘時乃大明服歎政教有次敘是乃治理大明則民服惟民其勑懋和民既服化乃其自勑正勉為和若有疾惟民其畢棄咎化惡為善如欲去疾治之以理則惟民其盡棄惡修善○〔咎〕其九反若保赤子惟民其康乂愛養人如安孩兒赤子不失其欲惟民其皆安治非汝封刑人殺人言得刑殺罪人無或刑人殺人無以得刑殺人而有妄刑殺非辜者非汝封又曰劓刵人劓截鼻刵截耳刑之輕者亦言所得行○〔劓〕魚器反〔刵〕如志反無或劓刵人所以舉輕以戒為人輕行之王曰外事汝陳時臬司師茲殷罰有倫言外土諸侯奉王事汝當布陳是法司牧其眾及此殷家刑罰有倫理者兼用之○〔臬〕魚列反又曰要囚服念五六日至于旬時丕蔽要囚要囚謂察其要辭以斷獄既得其辭服膺思念五六日至於十日至于三月乃大斷之言必反覆思念重刑之至也○〔要〕於霄反〔蔽〕必世反王曰汝陳時臬事罰蔽殷彝陳是法事其刑罰斷獄用殷家常法謂典刑故事○〔彝〕以支反下同用其義刑義殺勿庸以次汝封義宜也用舊法典刑宜於時世者以刑殺勿用以就汝封之心所安乃汝盡遜曰時敘惟曰未有遜事乃使汝所行盡順曰是有次敘惟當自謂未有順事君子將興自以為不足已汝惟小子未其有若汝封之心朕心朕德惟乃知已乎他人未其有若汝封之心言汝心最善我心我德惟汝所知欲其明成王所以命己之款心凡民自得罪寇攘姦宄殺越人于貨凡民用得罪為寇盜攘竊姦宄殺人顛越人於是以取貨利○〔攘〕如羊反〔宄〕音軌暋不畏死罔弗憝暋強也自強為惡而不畏

死人無不惡之者言當消絕之○〔暋〕音敏〔憝〕徒對反〔強〕其丈反王曰封元惡大憝矧惟不孝不友大惡之人猶為人所大惡況不善父母不友兄弟者乎言人之罪惡莫大於不孝不友子弗祗服厥父事大傷厥考心為人子不能敬身服行父道而怠忽其業大傷其父心是不孝于父不能字厥子乃疾厥子於為人父不能字愛其子乃疾惡其子是不慈于弟弗念天顯乃弗克恭厥兄於為人弟不念天之明道乃不能恭事其兄是不恭兄亦不念鞠子哀大不友于弟為人兄亦不念稚子之可哀大不篤友于弟是不友○〔鞠〕居六反惟弔茲不于我政人得罪惟人至此不孝不慈不友不恭不於我執政之人得罪乎道教不至所致○〔弔〕音的天惟與我民彝大泯亂天與我民五常使父義母慈兄友弟恭子孝而廢棄不行是大滅亂天道〔泯〕武軫反○曰乃其速由文王作罰刑茲無赦言當速用文王所作違教之罰刑此亂五常者無得赦不率大戛矧惟外庶子訓人戛常也凡民不循大常之教猶刑之無赦況在外掌眾子之官主訓民者而親犯乎○〔戛〕簡八反惟厥正人越小臣諸節惟其正官之人於小臣諸有符節之吏及外庶子其有不循大常者則亦在無赦之科乃別播敷造民大譽弗念弗庸瘝厥君時乃引惡惟朕憝汝今往之國當分別播布德教以立民大善之譽若不念我言不用我法者病其君道是汝長惡惟我亦惡汝○〔別〕彼列反已汝乃其速由茲義率殺亦惟君惟長汝乃其速用此典刑宜於時世者循理以刑殺則亦惟君長之正道不能厥家人越厥小臣外正惟威惟虐大放王命乃非德用乂為人君長而不能治其家人之道則於其小臣外正官之吏並為威虐大放棄王命乃由非德用治之故汝亦罔不克敬典乃由裕民惟文王之敬忌

常事人之所輕，故戒以無不能敬常。汝用寬民之道，當惟念文王之所敬忌而法之。乃裕民。曰。我惟有及。則予一人以懌。汝行寬民之政，曰我惟有及於古，則我一人以此悅懌汝德。○〔懌〕音亦。王曰。封。爽惟民迪吉康。明惟治民之道而善安之。我時其惟殷先哲王德。用康乂民作求。我是其惟殷先智王德，用安治民，爲求等。矧今民罔迪不適。不迪則罔政在厥邦。治民乃欲求等殷先智王。況今民無道不之，言從教也。不以道訓之，則無善政在其國。王曰。封。予惟不可不監。告汝德之說。于罰之行。我惟不可不監視古義，告汝施德之說於罰之所行，欲其勤德慎刑。○〔說〕如字。今惟民不靜。未戾厥心。迪屢未同。假令今天下民不安，未定其心於周教，道屢數而未和同，設事之言。○〔令〕力呈反。〔數〕所角反。爽惟天其罰殛我。我其不怨。明惟天其以民不安罰誅我，我其不怨天。汝不治，我罰汝，汝亦不可怨我。○〔殛〕音激。惟厥罪無在大。亦無在多。矧曰其尚顯聞于天。民之不安，雖小邑少民，猶有誅罰，不在多大，況曰不慎罰明聞于天者乎？言罪大。王曰。嗚呼。封。敬哉。無作怨。勿用非謀非彝。言當修己以敬，無爲可怨之事。勿用非善謀非常法。蔽時忱。丕則敏德。斷行是誠道，大法敏德，信則人任焉，敏則有功。用康乃心。顧乃德。遠乃猷。用是誠道，安汝心，顧省汝德，無令有非，遠汝謀，思爲長久。裕乃以民寧。不汝瑕殄。行寬政，乃以民安，則我不汝罪過，不絕亡汝。王曰。嗚呼。肆汝小子封。惟命不于常。以民安則不絕亡，汝故當念天命之不於常，汝行善則得之，行惡則失之。汝念哉。無我殄。無絕棄我言而不念。享明乃服命。享有國土，當明汝所服行之命令，使可則。高乃聽。用康乂民。高汝聽，聽先王道德之言，以安治民。王若曰。往哉封。勿替敬典。汝往之國，勿廢所宜敬之常法。聽朕告汝。乃以殷民世享。順從我所告之言，即汝乃以殷民世世享國，福流後世。

酒誥第十二　周書　孔氏傳

酒誥。康叔監殷民，殷民化紂嗜酒，故以戒酒誥。王若曰。明大命于妹邦。周公以成王命誥康叔，順其事而言之，欲令明施大教命於妹國。妹，地名，紂所都朝歌以北是。○〔令〕力呈反，下同。乃穆考文王。肇國在西土。父昭子穆，文王第稱穆，將言始國在西土。西土岐周之政。〔昭〕一音韶。○厥誥毖庶邦庶士。越少正御事。朝夕曰。祀茲酒。文王其所告慎眾國眾士，於少正官御治事吏，朝夕勑之：惟祭祀而用此酒，不常飲。○〔毖〕音祕。〔少〕詩照反。惟天降命。肇我民惟元祀。惟天下教命，始令我民知作酒者，惟爲祭祀。○〔爲〕于僞反，下同。天降威。我民用大亂喪德。亦罔非酒惟行。天下威罰，使民亂德，亦無非以酒爲行者。言酒本爲祭祀，亦爲亂行。○〔行〕下孟反，下同。越小大邦用喪。亦罔非酒惟辜。於小大之國所用喪，亦無不以酒爲罪也。文王誥教小子。有正有事。無彝酒。小子，民之子孫也。正官治事，謂下羣吏，教之皆無常飲酒。越庶國飲。惟祀德將無醉。於所治眾國飲酒，惟當因祭祀，以德自將，無令至醉。惟曰我民迪小子。惟土物愛。厥心臧。文王化我民，教道子孫，惟土地所生之物皆愛惜之，則其心善。聰聽祖考之彝訓。越小大德。小子惟一。言子孫皆聰聽父祖之常教，於小大之人皆念德，則子孫惟專一。妹土嗣爾股肱。純其藝黍稷。奔走事厥考厥長。今往當使妹土之人繼汝股肱之教，爲純一之行，其當勤種黍稷，奔走事其父兄。○〔長〕丁丈反，下同。肇牽車牛遠服賈。用孝養厥父母。農功既畢，始牽車牛，載其所有，求易所無，遠行賈賣，用其所得珍異孝養其父母○〔賈〕音古〔養〕羊亮反 厥父母慶自洗腆致用酒 其父母善子之行子乃自潔厚致用酒養也○〔洗〕先典反〔腆〕他典反 庶士有正越伯庶君子其爾典聽朕教 眾伯君子長官大夫統眾士有正者其汝常聽我教勿違犯 爾大克羞耇惟君爾乃飲食醉飽 汝大能進老成人之道則為君矣如此汝乃飲食醉飽之道先戒羣吏以聽教次戒康叔以君義 丕惟曰爾克永觀省作稽中德 我大惟教汝曰汝能長觀省古道為考中正之德則君道成矣○〔省〕悉井反 爾尚克羞饋祀爾乃自介用逸 能考中德則汝庶幾能進饋祀於祖考矣能進饋祀則汝乃能自大用逸之道○〔饋〕其位反 茲乃允惟王正事之臣 汝能以進老成人為醉飽考中德為用逸則此乃信任王者正事之大臣 茲亦惟天若元德永不忘在王家 言此非但正事之臣亦惟天順其大德而佑之長不見忘在王家 王曰封我西土棐徂邦君御事小子尚克用文王教不腆于酒 我文王在西土輔訓往日國君及御治事者下民子孫皆庶幾能用上教不厚於酒言不常飲 故我至于今克受殷之命 以不厚於酒故我周家至于今能受殷王之命 王曰封我聞惟曰在昔殷先哲王迪畏天顯小民 聞之於古殷先智王謂湯蹈道畏天明著小民 經德秉哲自成湯咸至于帝乙成王畏相 能常德持智從湯至帝乙中間之王猶保成其王道畏敬輔相之臣不敢為非○〔相〕息亮反下同 惟御事厥棐有恭不敢自暇自逸 惟殷御治事之臣其輔佐畏相之君有恭敬之德不敢自寬暇自逸豫○〔暇〕遐嫁反 矧曰其敢崇飲 崇聚也自暇自逸猶不敢況敢聚會飲酒乎明無也 越在外服侯甸男衛邦伯 於在外國侯服甸服男服衛服國伯諸侯之長言皆化湯畏相之德 越在內服百僚庶尹惟亞惟服宗工 於在內服治事百官眾正及次大夫服事尊官亦不自逸 越百姓里居 於百官族姓及卿大夫致仕居田里者 罔敢湎于酒不惟不敢亦不暇 自外服至里居皆無敢沈湎于酒非徒不敢志在助君敬法亦不暇飲酒○〔湎〕面善反 惟助成王德顯越尹人祗辟 所以不暇飲酒惟助其君成王道明其德於正人之道必正身敬法其身正不令而行○〔辟〕扶亦反 我聞亦惟曰在今後嗣王酣身 嗣王紂也酣樂其身不憂政事〔酣〕戶甘反○ 厥命罔顯于民祗保越怨不易 言紂暴虐施其政令於民無顯明之德所敬所安皆在於怨不可變易○〔易〕如字馬以豉反 誕惟厥縱淫泆于非彝用燕喪威儀民罔不衋傷心 紂大惟其縱淫泆于非常用燕安喪其威儀民無不衋然痛傷其心○〔縱〕子用反〔泆〕音逸〔衋〕許力反 惟荒腆于酒不惟自息乃逸 言紂大厚於酒晝夜不念自息乃過差○〔差〕初佳反 厥心疾很不克畏死 紂疾很其心不能畏死言無忌憚○〔很〕胡懇反 辜在商邑越殷國滅無罹 紂聚罪人在都邑而任之於殷國滅亡無憂懼 弗惟德馨香祀登聞于天誕惟民怨 紂不念發聞其德使祀見享升聞於天大行淫虐惟為民所怨咎 庶羣自酒腥聞在上故天降喪于殷罔愛于殷惟逸 紂眾羣臣用酒沈荒腥穢聞在上天故天下喪亡於殷無愛於殷惟以紂奢逸故○〔聞〕音問 天非虐惟民自速辜 言凡為天所亡天非虐民惟民行惡自召罪 王曰封予不惟若茲多誥 我不惟若此多誥汝我親行之 古人有言曰人無於水監當於民監 古聖賢有言人無於水監當於民監視水見己形視民行事見吉凶○〔監〕工陷反下同 今惟殷墜厥命我其可不大監撫于時 今惟殷紂無道墜失天命我其可不大視此為戒撫安天下於是 予惟曰汝劼毖殷獻臣 劼固也我惟告

汝曰汝當固慎殷之善臣信用之○[劼]苦八反侯、甸、男、衛，侯甸男衛之國當慎接之況太史內史掌國典法所賓友乎矧太史友、內史友，越獻臣百宗工，矧惟爾事服休服采，於善臣百尊官不可不慎況汝身事服行美道服事治民乎矧惟若疇圻父薄違農父，圻父司馬農父司徒身事且宜敬慎況所順疇咨之司馬乎況能迫迴萬民之司徒乎言任大○[圻]巨依反[父]音甫[薄]蒲各反若保宏父定辟，矧汝剛制于酒。宏大也宏父司空當順安之司馬司徒司空列國諸侯三卿慎擇其人而任之則君道定況汝剛斷於酒乎○[辟]必亦反

厥或誥曰：「羣飲。」汝勿佚。其有誥汝曰民羣聚飲酒不用上命則汝收捕之勿令失也○[佚]音逸盡執拘以歸于周，予其殺。盡執拘羣飲酒者以歸於京師我其擇罪重者而殺之○[盡]子忍反又惟殷之迪諸臣惟工乃湎于酒，勿庸殺之，又惟殷家蹈惡俗諸臣惟眾官化紂日久乃沈湎於酒勿用法殺之○[惡]烏各反姑惟教之。有斯明享，以其漸染惡俗故必三申法令且惟教之則汝有此明訓以享國乃不用我教辭，惟我一人弗恤，弗蠲乃事，時同于殺。汝若忽怠不用我教辭惟我一人不憂汝乃不絜汝政事是汝同於見殺之罪王曰：「封，汝典聽朕毖，汝當常聽念我所慎而篤行之勿辯乃司民湎于酒。」辯使也勿使汝主民之吏湎於酒言當正身以帥民

梓材第十三

周書　孔氏傳

梓材告康叔以為政之道亦如梓人治材○[梓]音子

王曰：「封，以厥庶民暨厥臣達大家，言當用其眾人之賢者與其小臣之良者以通達卿大夫及都家之政於國○[暨]其器反以厥臣達王惟邦君，汝當信用其臣以通王教於民言通民事於國通王教於民惟乃國君之道汝若恆越曰：『我有師師，汝為君道使順常於是曰我有典常之師可師法司徒、司馬、司空、尹旅。』曰：『予罔厲殺人。』言國之三卿正官眾大夫皆順典常而曰我無厲虐殺人之事如此則善矣亦厥君先敬勞，肆徂厥敬勞。亦其為君之道當先敬勞民故汝往治民必敬勞來之○[勞]力報反下同[來]力代反肆往姦宄殺人歷人宥，以民當敬勞之故汝往之國又當詳察姦宄之人及殺人賊所過歷之人有所寬宥亦所以敬勞之○[宄]音軌肆亦見厥君事戕敗人宥。聽訟折獄當務從寬恕故往治民亦當見其為君之事察民以過誤殘敗人者當寬宥之○[見]如字又賢遍反[戕]在羊反

王啓監，厥亂為民。言王者開置監官其治為民不可不勉○[監]工暫反又工銜反下同[為]于僞反曰：『無胥戕，無胥虐，至于敬寡，至于屬婦，合由以容。』當教民無得相殘傷相虐殺至於敬養寡弱至於存恤妾婦和合其教用大道以容之無令見冤枉○[屬]音蜀妾之事妻也王其效邦君越御事，厥命曷以？王者其效實國君及於御治事者知其教命所施何用不可不勤引養引恬。自古王若茲監，罔攸辟。能長養民長安民用古王道如此監無所復罪當務之○[恬]田廉反[辟]扶亦反

惟曰：若稽田，既勤敷菑，惟其陳修，為厥疆畎。言為君監民惟若農夫之考田已勞力布發之惟其陳列修治為其疆畔畎壟然後功成以喻教化○[菑]側其反[畎]工犬反若作室家，既勤垣墉，惟其塗塈茨。如人為室家已勤立垣墉惟其當塗塈茨蓋之○[垣]音袁[墉]音庸卑曰垣高曰墉[塈]許既反[茨]在私反若作梓材，既勤樸斲，惟其塗丹雘。為政之術如梓人治材為器已勞力樸治斲削惟其當塗以漆丹以朱而後成以言教化亦須禮義然後治○[樸]音朴[斲]丁角反[雘]枉略反徐烏郭反

今王惟曰：先王既勤用明德，懷為夾，言文武已勤用明德懷遠為近汝治國當法之○[夾]

音協近也庶邦享作兄弟方來亦既用明德衆國朝享於王又親仁善
鄰爲兄弟之國方方皆來賓服亦已奉用先王之明德后式典集庶邦丕享君天
下能用常法則和集衆國大來朝享皇天既付中國民越厥疆土于先
王肆大天已付周家治中國民矣能遠拓其界壤則於先王之道遂大○〔付〕如字王惟德
用和懌先後迷民用懌先王受命今王惟用德和悅先後天下迷愚之
民先後謂教訓所以悅先王受命之義○〔懌〕音亦〔先〕悉薦反注同已若茲監惟曰欲
至于萬年惟王爲監所行已如此所陳法則我周家惟欲使至於萬年承奉王室○〔監〕古
暫反子子孫孫永保民又欲令其子孫累世長居國以安民

召誥第十四

周書　孔氏傳

成王在豐欲宅洛邑武王克商遷九鼎於洛邑欲以爲都故成王居焉使召
公先相宅相所居而卜之遂以陳戒〔召〕時照反〔相〕息亮反下同○作召誥召誥
召公以成王新即政因相宅以作誥惟二月既望周公攝政七年二月十五日日月相望因
紀之越六日乙未王朝步自周則至于豐於已望後六日二十一日
成王朝行從鎬京則至于豐以還都之事告文王廟告武王可知以祖見考○〔鎬〕胡老反〔見〕賢
遍反惟太保先周公相宅太保三公官名召公也召公於周公前相視洛居周公後
往○〔先〕悉薦反又如字越若來三月惟丙午朏越三日戊申太
保朝至于洛卜宅朏明也月三日明生之名於順來三月丙午朏於朏三日三月五日
召公早朝至於洛邑相卜所居○〔朏〕芳尾反又普沒反厥既得卜則經營其已得吉
卜則經營規度城郭郊廟朝市之位處○〔度〕待洛反越三日庚戌太保乃以庶

殷攻位于洛汭越五日甲寅位成於戊申三日庚戌以衆殷之民治都
邑之位於洛水北今河南城也於庚戌五日所治之位皆成言衆殷本其所由來○〔汭〕如銳反若翼
日乙卯周公朝至于洛周公順位成之明日而朝至于洛汭則達觀于
新邑營周公通達觀新邑所營言周徧越三日丁巳用牲于郊牛二
於乙卯三日用牲告立郊位於天以后稷配故二牛后稷貶於天有羊豕羊豕不見可知越翼日
戊午乃社于新邑牛一羊一豕一告立社稷之位用太牢也共工氏子
曰句龍能平水土祀以爲社周祖后稷能殖百穀祀以爲稷社稷共牢越七日甲子周
公乃朝用書命庶殷侯甸男邦伯於戊午七日甲子是時諸侯皆會故
周公乃昧爽以賦功屬役書命衆殷侯甸男服之邦伯使就功邦伯方伯即州牧也○〔屬〕音燭厥既
命殷庶庶殷丕作其已命殷衆衆殷之民大作言勸事太保乃以庶邦
冢君出取幣乃復入諸侯公卿並觀於王王與周公俱至文不見王無事召公與諸
侯出取幣欲因大會顯周公○〔復〕扶又反錫周公曰拜手稽首旅王若公
召公以幣入稱成王命賜周公曰敢拜手稽首陳王所宜順周公之事誥告庶殷越自
乃御事召公指戒成王而以衆殷諸侯於自乃御治事爲辭謙也諸侯在故託焉嗚呼皇
天上帝改厥元子茲大國殷之命歎皇天改其太子此大國殷之命言
紂雖爲天所太子無道猶改之言不可不慎惟王受命無疆惟休亦無疆
惟恤所以戒成王天改殷命惟王受之乃無窮惟美亦無窮惟當憂之嗚呼曷其柰
何弗敬何其柰何不憂敬之欲其行敬天既遐終大邦殷之命茲殷
多先哲王在天言天已遠終殷命此殷多先智王精神在天不能救者以紂不行敬故
越厥後王後民茲服厥命於其後王後民謂先智王之後繼世君臣此服其命

言不忝。厥終智藏瘝在。其終後王之終謂紂也。賢智隱藏。瘝病者在位。言無良臣。○〔瘝〕工頑反。夫知保抱攜持厥婦子，以哀籲天，徂厥亡出執。言困於虐政，夫知保抱其子，攜持其妻，以哀號呼天，告寃無辜。往其逃亡，出見執殺，無地自容，所以窮。○〔夫〕如字。〔籲〕音喻。嗚呼！天亦哀于四方民，其眷命用懋。民哀呼天，天亦哀之。其顧視天下有德者，命用勉敬者為民主。王其疾敬德。相古先民有夏，言王當疾行敬德，視古先民有夏之王以為法戒。天迪從子保，面稽天若。今時既墜厥命。夏禹能敬德，天道從而子安之。禹亦面考天心而順之。今是桀弃禹之道，天亦已墜其王命。今相有殷，次復觀有殷。天迪格保，面稽天若。言天道所以至於保安湯者，亦如禹。今時既墜厥命。墜其王命。今沖子嗣，則無遺壽耇。童子言成王少，嗣位治政，無遺弃老成人之言，欲其法之。曰其稽我古人之德，矧曰其有能稽謀自天？沖子成王其考行古人之德則善矣，況曰其有能考謀從天道乎？言至善。嗚呼！有王雖小，元子哉。其丕能諴于小民，今休。召公歎曰：有成王雖少，而大為天所子，其大能和於小民，成今之美，勉之。○〔諴〕音咸。王不敢後，用顧畏于民碞。王為政當不敢後，能用之士，必任之為先。碞，僭也。又當顧畏於下民僭差禮義。能此二者，則德化立而美道成。○〔碞〕五咸反。王來紹上帝，自服于土中。言王今來居洛邑，繼天為治，躬自服行教化於地勢正中。旦曰：其作大邑，其自時配皇天，稱周公言其為大邑於土中，其用是大邑配上天而為治。毖祀于上下，其自時中乂。為治當慎祀于天地，則其用是土中大致治。王厥有成命治民，今休。用是土中致治，則王其有天之成命，治民今獲太平之美。王先服殷御事，比介于我有周御事。召公既述周公所言，又自陳己意，以終其戒。言當先服治殷家御事之臣，使比近於我有周治事之臣，必和協乃可一。○〔比〕毗志反。節性，惟日其邁。和比殷周之臣，時節其性，令不失中，則道化惟日其行。王敬作所，不可不敬德。敬為所不可不敬之德，則下敬奉其命矣。我不可不監于有夏，亦不可不監于有殷。言王當視夏殷，法其歷年，戒其不長。我不敢知曰：有夏服天命，惟有歷年。以能敬德，故多歷年數，我不敢獨知，亦王所知。我不敢知曰：不其延。惟不敬厥德，乃早墜厥命。言桀不謀長久，惟以不敬其德，故乃早墜失其王命，亦王所知。我不敢知曰：有殷受天命，惟有歷年。夏言服，殷言受，明受而服行之，互相兼也。殷之賢王猶夏之賢王，所以歷年，亦王所知。我不敢知曰：不其延。惟不敬厥德，乃早墜厥命。紂早墜其命，猶桀不敬其德，亦王所知。今王嗣受厥命，我亦惟茲二國命，嗣若功。其夏殷也。繼受其王命，亦惟當以此夏殷長短之命為監戒，繼順其功德者而法則之。王乃初服。嗚呼！若生子，罔不在厥初生，自貽哲命。言王新即政，始服行教化，當如子之初生，習為善則善矣。自遺智命，無不在其初生。為政之道，亦猶是也。○〔遺〕去聲。今天其命哲，命吉凶，命歷年。今天制此三命，惟人所修。修敬德則有智，則常吉，則歷年；為不敬德，則愚凶不長。雖說之於天，其實在人。知今我初服，宅新邑，肆惟王其疾敬德。天已知我王今初服政，居新邑洛都，故惟王其當疾行敬德。王其德之用，祈天永命。言王當其德之用，求天長命以歷年。其惟王勿以小民淫用非彝，勿用小民過用非常，欲其重民秉常。亦敢殄戮用乂民。亦當果敢絕刑戮之道，用治民，戒以慎罰。若有功。其惟王位在德元。順行禹湯所有成功，則其惟王居位在德之首。小民乃惟刑用于天下，越王顯。王在德元，則小民乃惟用法於天下，言治致於王，亦有光明。上下勤恤。其曰我受天命，丕若有夏歷年，式勿替有殷歷年。言當君臣勤憂敬德，曰我受天命，大順有夏之多歷年，勿用廢有殷歷年，庶幾兼之。欲王以小民受天永命。我欲王用小民受天長命，言常有民。拜手稽首曰：予小臣敢以王之讎民百君子拜手，首至手。稽首，首至地。盡禮致敬以入其言。言我小臣謙辭，敢以王之匹民百君子治民者，非一人。言民在下，自上匹之。越友民，保受王威命明德。言與匹民百君子，於友愛民者，共安受王之威命明德，奉行之。王末有成命，王亦顯。臣下安受王命，則王終有天成命於王，亦昭著。我非敢勤，惟恭奉幣，用供王能祈天永命。言我非敢獨勤而已，惟恭敬奉其幣帛，用供待王，能求天長命，將以慶王多福。必上下勤恤，乃與小民受天永命。○〔奉〕如字，又芳孔反。〔供〕音恭，又紀用反。

尚書卷第八

尚書卷第九

洛誥第十五

周書　　孔氏傳

召公既相宅周公往營成周使來告卜召公先相宅卜之周公自後至經營作之遣使以所卜吉兆逆告成王○[相]息亮反[使]所吏反作洛誥洛誥既成洛邑將致政成王告以居洛之義

周公拜手稽首曰朕復子明辟周公盡禮致敬言我復還明君之政於子子成王年二十成人故必歸政而退老○[辟]必亦反王如弗敢及天基命定命如往也言王往日幼少不敢及知天始命周家安定天下之命故己攝予乃胤保大相東土其基作民明辟我乃繼文武安天下之道大相洛邑其始爲民明君之治予惟乙卯朝至于洛師致政在冬本其春來至洛衆說始卜定都之意我卜河朔黎水我乃卜澗水東瀍水西惟洛食我使人卜河北黎水上不吉又卜澗瀍之閒南近洛吉今河南城也卜必先墨畫龜然後灼之兆順食墨○[瀍]音纏我又卜瀍水東亦惟洛食伻來以圖及獻卜今洛陽也將定下都遷殷頑民故并卜之遣使以所卜地圖及獻所卜吉兆來告成王○[伻]普庚反

王拜手稽首曰公不敢不敬天之休來相宅其作周匹休成王尊敬周公荅其拜手稽首而受其言述而美之言公不敢不敬天之美來相宅其作周以配天之美公既定宅伻來來視予卜休恆吉我二人共貞公言前已定宅遣使來來視我以所卜之美常吉之居我與公共正其美公其以予萬億年敬天之休公其當用我萬億年敬天之美十千爲萬十萬爲億言久遠拜手稽首誨言成王盡禮致敬於周公求教誨之言

周公曰王肇稱殷禮祀于新邑咸秩無文言王當始舉殷家祭祀以禮典祀于新邑皆次秩不在禮文者而祀之予齊百工伻從王于周予惟曰庶有事我整齊百官使從王於周行其禮典我惟曰庶幾有善政事今王即命曰記功宗以功作元祀今王就行王命於洛邑曰當記人之功尊人亦當用功大小爲序有大功則列大祀謂功施於民者惟命曰汝受命篤弼丕視功載乃汝其悉自教工惟天命我周邦汝受天命厚矣當輔大天命視羣臣有功者記載之乃汝新即政其當盡自教衆官躬化之孺子其朋孺子其朋其往少子慎其朋黨少子慎其朋黨戒其自今已往無若火始燄燄厥攸灼敘弗其絕言朋黨敗俗所宜禁絕無令若火始燄燄尚微其所及灼然有次序不其絕事從微至著防之宜以初○[燄]音豔敘絕句馬讀敘字屬下厥若彝及撫事如予惟以在周工其順常道及撫國事如我所爲惟用在周之百官往新邑伻嚮即有僚明作有功惇大成裕汝永有辭往行政化於新邑當使臣下各嚮就有官明爲有功厚大成寬裕之德則汝長有歎譽之辭於後世○[嚮]許亮反[惇]都昆反

公曰已汝惟沖子惟終已乎汝惟童子嗣父祖之位惟當終其美業汝其敬識百辟享亦識其有不享享多儀儀不及物惟曰不享奉上謂之享言汝爲王其當敬識百君諸侯之奉上者亦識其有違上者惟不役志于享凡民惟曰不奉上之道多威儀威儀不及禮物惟曰不奉上享惟事其爽侮言人君惟不役志於奉上則凡人化之惟曰不奉上矣如此則惟政事其差錯侮慢不可治理乃惟孺子頒朕不暇聽朕教汝于棐民彝我爲政常若不暇汝惟小子當分取我之不暇而行之聽我教汝於輔民之常而用之○[棐]音匪汝乃是不蘉乃時惟不永哉汝乃是不勉爲政汝是惟不可長哉欲其必勉爲可

長○〔釐〕莫剛反篤敘乃正父罔不若予不敢廢乃命厚次序汝正父之道而行之無不順我所爲則天下不敢棄汝命常奉之汝往敬哉茲予其明農哉汝往居新邑敬行教化哉如此我其退老明教農人以義哉彼裕我民無遠用戾彼天下被寬裕之政則我民無遠用來言皆來○〔被〕皮寄反王若曰公明保予沖子成王順周公意請留之自輔言公當明安我童子不可去之公稱丕顯德以予小子揚文武烈言公當留舉大明德用我小子褒揚文武之業而奉順天○〔褒〕薄謀反切韻博毛反奉荅天命和恒四方民居師又當奉當天命以和常四方之民居處其衆惇宗將禮稱秩元祀咸秩無文厚尊大禮舉秩大祀皆次敘無禮文而宜在祀典者凡此待公而行惟公德明光于上下勤施于四方言公明德光於天地勤政施於四海萬邦四夷服仰公德而化之旁作穆穆迓衡不迷文武勤教四方旁來爲敬敬之道以迎太平之政不迷惑於文武所勤之教言化洽○〔旁〕步光反〔迓〕五嫁反予沖子夙夜毖祀言政化由公而立我童子徒早起夜寐慎其祭祀而已無所能○〔毖〕音祕王曰公功棐迪篤罔不若時公之功輔道我已厚矣天下無不順而是公之功王曰公予小子其退即辟于周命公後我小子退坐之後便就君於周命立公後公當留佐我於四方迪亂未定于宗禮亦未克敉公功言四方雖道治猶未定於尊禮禮未彰是亦未能撫順公之大功明不可以去○〔敉〕亡婢反迪將其後監我士師工公留教道將助我其今已後之政監篤我政事衆官委任之言○〔監〕工銜反誕保文武受民亂爲四輔大安文武所受之民治之爲我四維之輔明當依倚公我王曰公定予往已公功肅將祗歡公留以安定我我從公言往至洛邑已矣公功已進大天下咸敬樂公功公無困

哉我惟無斁其康事公勿替刑四方其世享公必留無去以困我哉我惟無厭其安天下事公勿去以廢法則四方其世世享公之德○〔斁〕音亦周公拜手稽首曰王命予來承保乃文祖受命民拜而後言許成王留言王命我來承安汝文德之祖文王所受命之民是汝所以不得去越乃光烈考武王弘朕恭於汝大業之父武王大使我恭奉其道敘成王留己意孺子來相宅其大惇典殷獻民少子今所以來相宅於洛邑其大厚行典常於殷賢人亂爲四方新辟作周恭先言當治理天下新其政化爲四方之新君爲周家見恭敬之王後世所推先也曰其自時中乂萬邦咸休惟王有成績曰其當用是土中爲治使萬國皆被美德如此惟王乃有成功予旦以多子越御事篤前人成烈荅其師作周孚先我旦以衆卿大夫於御治事之臣厚率行先王成業當其衆心爲周家立信者之所推先考朕昭子刑乃單文祖德伻來毖殷乃命寧我所成明子法乃盡文祖之德謂典禮也所以居土中是文武使己來慎教殷民乃見命而安之○〔單〕音丹予以秬鬯二卣曰明禋拜手稽首休享周公攝政七年致太平以黑黍酒二器明潔致敬告文武以美享既告而致政成王留之故本而說之○〔秬〕音巨〔鬯〕音暢〔卣〕音酉〔禋〕音因予不敢宿則禋于文王武王言我見天下太平則潔告文武不經宿惠篤敘無有遘自疾萬年猒于乃德殷乃引考汝爲政當順典常厚行之使有次序無有遇用患疾之道者則天下萬年猒於汝德殷乃長成爲周○〔遘〕工豆反〔猒〕於豔反飫也王伻殷乃承敘萬年其永觀朕子懷德王使殷民上下相承有次序則萬年之道民其長觀我子孫而歸其德矣勉使終之戊辰王在新邑烝祭歲文王騂牛成王既受周公誥遂就居洛邑以十二月戊辰晦到

一武王騂牛一王命作冊逸祝冊惟告周公其後明月夏之仲冬始於新邑烝祭故曰烝祭歲古者褒德賞功必於祭日示不專也特加文武各一牛告白尊周公立其後爲魯侯○〔烝〕之承反〔騂〕息營反〔祝〕之又反一之六反王賓殺禋咸格王入太室祼王賓異周公殺牲精意以享文武皆至其廟親告也太室清廟祼鬯告神○〔祼〕官喚反王命周公後作冊逸誥王爲冊書使史逸誥伯禽封命之書皆同在烝祭日周公拜前魯公拜後在十有二月惟周公誕保文武受命惟七年言周公攝政盡此十二月大安文武受命之事惟七年天下太平自戊辰以下史所終述○誕保文武受命絕句馬同惟七年周公攝政七年天下太平馬同鄭云文王武王受命及周公居攝皆七年

多士第十六

周書　　孔氏傳

成周既成洛陽下都遷殷頑民殷大夫士心不則德義之經故徙近王都教誨之周公以王命誥稱成王命告令之作多士多士所告者即衆士故以名篇

惟三月周公初于新邑洛用告商王士周公致政明年三月始於新邑洛用王命告商王之衆士王若曰爾殷遺多士順其事稱以告殷遺餘衆士所順在下弗弔旻天大降喪于殷稱天以愍下言愍道至者殷道不至故旻天下喪亡於殷○弔音的〔旻〕閔巾反〔喪〕息浪反我有周佑命將天明威言我有周受天佑助之命故得奉天明威致王罰勑殷命終于帝天命周致王者之誅罰正黜殷命終周於帝王肆爾多士非我小國敢弋殷命天佑我故汝衆士臣服我弋取也非我敢取殷王命乃天命○〔弋〕音翼惟天不畀允罔固亂弼我我其敢求位惟天不與信無堅固治者故輔佐我我其敢求天位乎○〔畀〕必利反惟帝不畀惟我下民秉爲惟天明畏惟天不與紂惟我周家不民秉心爲我皆是天明德可畏之效○〔爲〕于僞反我聞曰上帝引逸有夏不適逸則惟帝降格言上天欲民長逸樂有夏桀爲政不之逸樂故天下至戒以譴告之嚮于時夏弗克庸帝大淫泆有辭天下至戒是嚮於時夏不背弃桀不能用天戒大爲過逸之行有惡辭聞於世○〔嚮〕許亮反于時夏絕句馬以時字絕句〔泆〕音逸惟時天罔念聞厥惟廢元命降致罰惟是桀惡有辭故天無所念聞言不佑其惟廢其大命下致天罰乃命爾先祖成湯革夏俊民甸四方天命湯更代夏用其賢人治四方○〔甸〕徒遍反自成湯至于帝乙罔不明德恤祀自帝乙以上無不顯用有德憂念齊敬奉其祭祀言能保宗廟社稷○〔齊〕側皆反亦惟天丕建保乂有殷殷王亦罔敢失帝罔不配天其澤湯既革夏亦惟天大立安治於殷殷家諸王皆能憂念祭祀無敢失天道者故無不配天布其德澤在今後嗣王誕罔顯于天矧曰其有聽念于先王勤家後嗣王紂大無明於天道行昏虐天且忽之況曰其有聽念先祖勤勞國家之事乎誕淫厥泆罔顧于天顯民祗言紂大過其過無顧於天無能明人爲敬暴亂甚惟時上帝不保降若茲大喪惟是紂惡天不安之故下若此大喪亡之誅○〔喪〕息浪反惟天不畀不明厥德凡四方小大邦喪罔非有辭于罰惟天不與不明其德者故凡四方小大國喪滅無非有辭於天所罰言皆有闇亂之辭王若曰爾殷多士今惟我周王丕靈承帝事周王文武也大神奉天事言明德恤祀有命曰割殷告勑于帝天有命命周割絕殷命告正於天謂既克紂柴於牧野告殷不頓兵傷士惟我事不貳適惟爾王家我適言天下事已之我周矣不貳之他惟汝殷

王家己之我不復有變予其曰惟爾洪無度我不爾動自乃邑我其曰惟汝大無法度謂紂無道我不先動誅汝亂從汝邑起言自召禍予亦念天即于殷大戾肆不正我亦念天就於殷大罪而加誅者故以紂不能正身念法王曰猷告爾多士予惟時其遷居西爾以道告汝衆士我惟汝未達德義是以徙居西汝於洛邑教誨汝非我一人奉德不康寧時惟天命我徙汝非我天子奉德不能使民安之是惟天命宜然無違朕不敢有後無我怨汝無違命我亦不敢有後誅汝無怨我惟爾知惟殷先人有冊有典殷革夏命言汝所親知殷先世有冊書典籍說殷改夏王命之意今爾又曰夏迪簡在王庭有服在百僚簡大也今汝又曰夏之衆士蹈道者大在殷王庭有服職在百官言見任用予一人惟聽用德肆予敢求爾于天邑商言我周亦法殷家惟聽用有德故我敢求汝於天邑商將任用之予惟率肆矜爾非予罪時惟天命惟我循殷故事憐愍汝故徙教汝非我罪咎是惟天命王曰多士昔朕來自奄予大降爾四國民命昔我來從奄謂先誅三監後伐奄淮夷民命謂君也大下汝民命謂誅四國君我乃明致天罰移爾遐逖比事臣我宗多遜四國君叛逆我下其命乃所以明致天罰今移徙汝於洛邑使汝遠於惡俗比近臣我宗周多爲順道○〔遜〕他歷反〔比〕毗志反王曰告爾殷多士今予惟不爾殺予惟時命有申所以徙汝是我不欲殺汝故惟是教命申戒之今朕作大邑于茲洛予惟四方罔攸賓今我作此洛邑以待四方無有遠近無所賓外亦惟爾多士攸服奔走臣我多遜非但待四方亦惟汝衆士所當服行奔走臣我多爲順事爾乃尚有爾土爾乃尚寧幹止汝多爲順事乃庶幾還有汝本土乃庶幾安汝故事止居以反所生誘之爾克敬天惟畀矜爾汝能敬行順事則爲天所與爲天所憐爾不克敬爾不啻不有爾土予亦致天之罰于爾躬汝不能敬順其罰深重不但不得還本土而已我亦致天罰於汝身言刑殺○〔啻〕始豉反今爾惟時宅爾邑繼爾居爾厥有幹有年于茲洛今汝惟是敬順居汝邑繼汝所當居爲則汝其有安事有豐年於此洛邑言由洛修善得還本土有幹有年爾小子乃興從爾遷汝能敬則子孫乃起從汝化而遷善王曰又曰時予乃或言爾攸居言汝衆士當是我勿非我也我乃有教誨之言則汝所當居行

無逸第十七

周書　　孔氏傳

周公作無逸中人之性好逸豫故戒以無逸無逸成王即政恐其逸豫故以所戒名篇

周公曰嗚呼君子所其無逸歎美君子之道所在念德其無逸豫君子且猶然況王者乎先知稼穡之艱難乃逸則知小人之依稼穡農夫之艱難事先知之乃謀逸豫則知小人之所依怙相小人厥父母勤勞稼穡厥子乃不知稼穡之艱難視小人不孝者其父母躬勤艱難而子乃不知其勞○〔相〕息亮反乃逸乃諺既誕否則侮厥父母曰昔之人無聞知小人之子既不知父母之勞乃爲逸豫遊戲乃叛諺不恭已欺誕父母不欺則輕侮其父母曰古老之人無所聞知○〔諺〕五旦反周公曰嗚呼我聞曰昔在殷王中宗太戊也殷家中世尊其德故稱宗嚴恭寅畏天命自度言太戊嚴恪恭敬畏天命用法度治民祗懼不敢荒寧爲政敬身畏懼不敢荒怠自安肆中宗

之享國七十有五年。以敬長之故，得壽考之福。其在高宗時，舊勞于外，爰暨小人。武丁其父小乙使之久居民間，勞是稼穡，與小人出入同事。作其卽位，乃或亮陰，三年不言。武丁起其卽王位，則小乙死，乃有信默，三年不言，孝行著。其惟不言，言乃雍。在喪則其惟不言，喪畢發言，則天下和。不敢荒寧。亦法中宗，不敢荒怠自安。嘉靖殷邦。善謀殷國。至于小大，無時或怨。至于小大之政，人無是有怨者，言無非。肆高宗之享國五十有九年。高宗爲政，小大無怨，故亦享國永年。其在祖甲，不義惟王，舊爲小人。湯孫太甲，爲王不義，久爲小人之行，伊尹放之桐。作其卽位，爰知小人之依，能保惠于庶民，不敢侮鰥寡。在桐三年，思集用光，起就王位，於是知小人之所依，依仁政，故能安順於衆民，不敢侮慢惸獨。○[惸]求營反。肆祖甲之享國三十有三年。太甲亦以知小人之依，故得久年。此以德優劣立年多少爲先後，故祖甲在下。殷家亦祖其功，故稱祖。自時厥後立王，生則逸。從是三王各承其後而立者，生則逸豫無度。生則逸，不知稼穡之艱難，言與小人之子同其敝。不聞小人之勞，惟耽樂之從。過樂謂之耽。惟樂之從，言荒淫。○[耽]丁南反。[樂]音洛。自時厥後，亦罔或克壽。以耽樂之故，從是其後，亦無有能壽考。或十年，或七八年，或五六年，或四三年。高者十年，下者三年，言逸樂之損壽。周公曰：嗚呼！厥亦惟我周太王、王季，克自抑畏。太王，周公曾祖。王季卽祖。言皆能以義自抑畏，敬天命，將說文王，故本其父祖。文王卑服，卽康功田功。文王節儉，卑其衣服，以就其安人之功，以就田功，以知稼穡之艱難。徽柔懿恭，懷保小民，惠鮮鰥寡。以美道和民，故民懷之；以美政恭民，故民安之。又加惠鮮乏鰥寡之人。○[鮮]息淺反，注同。自朝至于日中昃，不遑暇食，用咸和萬民。從朝至日昳不暇食，思慮政事，用皆和萬民。○[昃]音側。[昳]田節反。文王不敢盤于遊田，以庶邦惟正之供。文王不敢樂於遊逸田獵，以衆國所取法則，當以正道供待之故。○[供]音恭。文王受命惟中身，厥享國五十年。文王九十七而終，中身卽位時年四十七，言中身，舉全數。周公曰：嗚呼！繼自今嗣王，繼從今已往嗣世之王，皆戒之。則其無淫于觀、于逸、于遊、于田，以萬民惟正之供。所以無敢過於觀遊逸豫田獵者，用萬民當惟正身以供待之故。無皇曰：今日耽樂。乃非民攸訓，非天攸若，時人丕則有愆。無敢自暇曰惟今日樂，後日止。夫耽樂者，乃非所以教民，非所以順天，是人則大有過矣。○[愆]起虔反。無若殷王受之迷亂，酗于酒德哉！以酒爲凶謂之酗。言紂心迷政亂，以酗酒爲德。戒嗣王無如之。○[酗]況付反。周公曰：嗚呼！我聞曰：古之人猶胥訓告，胥保惠，胥教誨。歎古之君臣，雖君明臣良，猶相道告，相安順，相教誨以義方。民無或胥譸張爲幻。譸張，誑也。君臣以道相正，故下民無有相欺誑幻惑也。○[譸]竹求反。[幻]音患。此厥不聽，人乃訓之，乃變亂先王之正刑，至于小大。此其不聽中正之君，人乃教之以非法，乃變亂先王之正法，至于小大，無不變亂。言已有以致之。民否則厥心違怨，否則厥口詛祝。以君變亂正法，故民否則其心違怨，否則其口詛祝，言皆患其上。○[詛]側助反。[祝]之又反。周公曰：嗚呼！自殷王中宗及高宗及祖甲，及我周文王，茲四人迪哲。言此四人皆蹈智明德以臨下。厥或告之曰：小人怨汝詈汝。則皇自敬德。其有告之，言小人怨詈汝者，則大自敬德，增修善政。[詈]力智反。○厥愆，曰：朕之愆。允若時，不啻不敢含怒。

其人有過，則曰我過；百姓有過，在予一人。信如是怨詈，則四王不啻不敢含怒，以罪之言，常和悅。此厥不聽，人乃或譸張爲幻，曰：小人怨汝詈汝，則信之。此其不聽中正之君，有人誑惑之，言小人怨憾詛詈汝，則信受之。則若時，不永念厥辟，不寬綽厥心，則如是信讒者，不長念其爲君之道，不寬緩其心，言含怒。亂罰無罪，殺無辜，怨有同，是叢于厥身。信讒含怒，罰殺無罪，則天下同怨讎之，叢聚於其身。〔叢〕才工反。○周公曰：嗚呼！嗣王其監于茲。視此亂罰之禍以爲戒。

尚書卷第九

尚書卷第十

君奭第十八

周書　　孔氏傳

召公爲保。周公爲師。相成王爲左右。召公不說。周公作君奭。君奭。尊之曰君。奭，名。同姓也。陳古以告之，故以名篇。○〔相〕息亮反。〔說〕音悅。〔奭〕始亦反。

周公若曰。君奭。順古道呼其名而告之。弗弔。天降喪于殷。殷既墜厥命。我有周既受。言殷道不至，故天下喪亡於殷。殷已墜失其王命，我有周道至已受之。○〔弔〕音的。○我不敢知曰。厥基永孚于休。若天棐忱。廢興之跡，亦君所知。言殷家其始長信於美道，順天輔誠，所以國也。○〔棐〕音匪。我亦不敢知曰。其終出于不祥。言殷紂其終墜厥命，以出於不善之故，亦君所知。嗚呼。君已。曰時我。我亦不敢寧于上帝命。歎而言曰：君已當是我之留，我亦不敢安于上天之命，故不敢不留。○〔已〕音以。弗永遠念天威越我民罔尤違。言君不長遠念天之威而勸化於我民，使無過違之闕。惟人在我後嗣子孫。大弗克恭上下。遏佚前人光在家不知。惟衆人共存在我後嗣子孫，若大不能恭承天地，絕失先王光大之道，我老在家，則不得知。○〔遏〕於葛反，絕也。〔佚〕音逸。天命不易。天難諶。乃其墜命。弗克經歷。天命不易，天難信，無德者乃其墜失王命，不能經久歷遠，不可不慎。〔易〕以豉反。〔諶〕氏壬反。○嗣前人恭明德。在今予小子旦。繼先王之大業，恭奉其明德，正在今我小子旦，言異於餘臣。非克有正迪。惟前人光施于我沖子。我留非能有改正，但欲蹈行先王光大之道，施政於我童子。童子，成王。又曰。天不可信。我道惟寧王德延。無德去之，是天不可信，故我以道惟安寧王之德，謀欲延久。○〔道〕馬本作我迪。〔去〕如字，又起呂反。天不庸釋于文王受命。言天不用令釋廢於文王所受命，故我留佐成王。

公曰。君奭。我聞在昔成湯既受命。已放桀受命爲天子。時則有若伊尹格于皇天。尹摯佐湯，功至大天，謂致太平。○〔摯〕音至。在太甲。時則有若保衡。太甲繼湯，時則有如此伊尹，爲保衡，言天下所取安，所取平。在太戊。太甲之孫。時則有若伊陟臣扈。格于上帝。巫咸乂王家。伊陟臣扈率伊尹之職，使其君不隕祖業，故至天之功不隕。巫咸治王家，言不及二臣。○〔隕〕于敏反。在祖乙。時則有若巫賢。祖乙殷家亦祖其功，時賢臣有如此巫賢。賢，咸子，巫氏。在武丁。時則有若甘盤。高宗即位，甘盤佐之，後有傅說。○〔說〕音悅。率惟茲有陳。保乂有殷。故殷禮陟配天。多歷年所。言伊尹至甘盤六臣佐其君，循惟此道，有陳列之功，以安治有殷，故殷禮能升配天，享國久長，多歷年所。○〔治〕直吏反，下同。天惟純佑命。則商實百姓。殷禮配天，天惟大佑助其王命，使商家百姓豐實，皆知禮節。王人罔不秉德明恤小臣屏侯甸。自湯至武丁，其王人無不持德立業，明憂其小臣，使得其人，以爲蕃屏侯甸之服，小臣且憂得人，則大臣可知。○〔屏〕賓領反。矧咸奔走。惟茲惟德稱。用乂厥辟。王猶秉德憂臣，況臣下得不皆奔走惟王此事，惟有德者舉用，治其君事。○〔辟〕必亦反。故一人有事于四方。若卜筮罔不是孚。一人，天子也。君臣務德，故有事於四方，而天下化服，如卜筮無不是而信之。

公曰。君奭。天壽平格。保乂有殷。有殷嗣天滅威。言天壽有平至之君，故安治有殷，有殷嗣子紂不能平至，天滅亡加之以威。今汝永念。則有固命。厥亂明我新造邦。今汝長念平至者安治，反是者滅亡，以爲法戒，則有堅固王命，其治理足以明我新成國矣。

公曰。君奭。在昔

上帝割申勸寧王之德。其集大命于厥躬。在昔上天割制其義重勸文王之德故能成其大命於其身謂勸德以受命○重直用反惟文王尚克修和我有夏。亦惟有若虢叔。有若閎夭。文王庶幾能修政化以和我所有諸夏亦惟賢臣之助爲治有如此虢閎閎氏虢國叔字文王弟夭名○虢寡白反閎音宏夭於表反徐於驕反有若散宜生。有若泰顛。有若南宮括。散泰南宮皆氏宜生顛括皆名凡五臣佐文王爲胥附奔走先後禦侮之任○散素但反顛丁田反括工活反又曰。無能往來。茲迪彝教。文王蔑德降于國人。有五賢臣猶曰其少無所能往來而五人以此道法教文王以精微之德下政令於國人言雖聖人亦須良佐○蔑亡結反亦惟純佑秉德。迪知天威。乃惟時昭文王。文王亦如殷家惟天所大佑文王亦秉德蹈知天威乃惟是五人明文王之德迪見冒聞于上帝。惟時受有殷命哉。言能明文王德蹈行顯見覆冒下民彰聞上天惟是故受有殷之王命○見賢遍反冒莫報反聞音問或如字武王惟茲四人尚迪有祿。文王沒武王立惟此四人庶幾輔相武王蹈有天祿虢叔先死故曰四人○相息亮反後暨武王誕將天威。咸劉厥敵。言此四人後與武王皆殺其敵謂誅紂惟茲四人昭武王惟冒。丕單稱德。惟此四人明武王之德使布冒天下大盡舉行其德今在予小子旦。若游大川。予往暨汝奭其濟。小子同未在位。誕無我責。我新還政今任重在我小子旦不能同於四人若游大川我往與汝奭其共濟渡成王同於未在位卽政時汝大無非責我留收罔勗不及。耇造德不降。我則鳴鳥不聞。矧曰其有能格。今與汝留輔成王欲收教無自勉不及道義者立此化而老成德不降意爲之我周則鳴鳳不得聞況曰其有能格于皇天乎○造才老反一七到反公曰。嗚呼。

君肆其監于茲。我受命無疆惟休。亦大惟艱。以朝臣無能立功至天故其當視於此我周受命無窮惟美亦大惟艱難不可輕忽謂之易治○朝直遙反易以豉反告君乃猷裕。我不以後人迷。告君汝謀寬饒之道我留與汝輔王不用後人迷惑故欲教之公曰。前人敷乃心。乃悉命汝。作汝民極。前人文武布其乃心爲法度乃悉以命汝矣爲汝民立中正矣○爲于僞反曰。汝明勗偶王。在亶乘茲大命。汝以前人法度明勉配王在於誠信行此大命而已○亶丁但反惟文王德丕承無疆之恤。惟文王聖德爲之子孫無忝厥祖大承無窮之憂公曰。君告汝朕允。告汝以我之誠信保奭。其汝克敬以予監于殷喪大否。呼其官而名之勑使能敬以我言視於殷喪亡大否言其大不可不戒○喪息浪反否方九反肆念我天威。予不允惟若茲誥。予惟曰。襄我二人。以殷喪大故當念我天德可畏言命無常我不信惟若此誥我惟曰當因我文武之道而行之汝有合哉言。曰。在時二人。天休滋至。惟時二人弗戡。言汝行事動當有所合哉發言常在是文武則天美周家日益至矣惟是文武不勝受言多福○戡音堪其汝克敬德。明我俊民。在讓後人于丕時。其汝能敬行德明我賢人在禮讓則後代將於此道大且是嗚呼。篤棐時二人。我式克至于今日休。言我厚輔是文武之道而行之我用能至于今日其政美我咸成文王功于不怠。丕冒海隅出日。罔不率俾。今我周家皆成文王功于不懈怠則德教大覆海隅日所出之地無不循化而使之○俾必耳反公曰。君。予不惠若茲多誥。予惟用閔于天越民。我不順若此多誥而已欲使汝念我躬行之閔勉也我惟用勉於天道加於民公曰。嗚呼。君惟乃知民德。亦罔不能厥初。惟其終。惟汝所知民德亦無不能其初，鮮能有終，惟其終則惟君子。戒召公以慎終。○[鮮]息淺反。祗若茲，往敬用治。當敬順我此言，自今以往敬用治民職事。

蔡仲之命第十九

周書　孔氏傳

蔡叔既沒，以罪放而卒。王命蔡仲踐諸侯位，成王也。父卒命子，罪不相及。作蔡仲之命。冊書命之。

蔡仲之命。蔡，國名。仲，字。因以名篇。

惟周公位冢宰，正百工。百官總己以聽冢宰，謂武王崩時。羣叔流言，乃致辟管叔于商，囚蔡叔于郭鄰，以車七乘。致法謂誅殺，囚謂制其出入。郭鄰，中國之外地名。從車七乘，言少。管、蔡，國名。○[辟]婢亦反。[乘]繩證反。[從]才用反。降霍叔于庶人，三年不齒。罪輕，故退為眾人。三年之後乃齒錄，封為霍侯，子孫為晉所滅。蔡仲克庸祗德，周公以為卿士。蔡仲能用敬德，稱其賢也。明王之法，誅父用子，言至公。周公圻內諸侯，二卿治事。○[圻]巨依反。叔卒，乃命諸王邦之蔡。叔之所封圻內之蔡，仲之所封淮汝之間。圻內之蔡名已滅，故取其名以名新國，欲其戒之。王若曰：「小子胡，言小子，明當受教訓。胡，仲名。順其事而告之。惟爾率德改行，克慎厥猷。言汝循祖之德，改父之行，能慎其道。數其賢。○[行]下孟反。肆予命爾侯于東土，往即乃封，敬哉！以汝率德改行之故，故我命汝為諸侯於東土。往就汝所封之國，當修己以敬哉。○[封]如字。徐甫用反。爾尚蓋前人之愆，惟忠惟孝。汝當庶幾修德，掩蓋前人之過，子能蓋父，所以為惟忠惟孝。爾乃邁迹自身，克勤無怠，以垂憲乃後。汝乃行善迹，用汝身使可蹤迹而法循之，能勤無懈怠，以垂法子孫，世世稱頌，乃當我意。率乃祖文王之彝訓，無若爾考之違王命。言當循文武之常教，以父違命為世戒。皇天無親，惟德是輔；民心無常，惟惠之懷。天之於人，無有親疏，惟有德者則輔佐之。民心於上，無有常主，惟愛己者則歸之。為善不同，同歸于治；為惡不同，同歸于亂。言又為善為惡各有百端，未必正同，而治亂所歸不殊，宜慎其微。○[治]直吏反。爾其戒哉！慎厥初，惟厥終，終以不困；不惟厥終，終以困窮。汝其戒治亂之機哉。作事云為，必慎其初，念其終，則終用不困窮。懋乃攸績，睦乃四鄰，以蕃王室，以和兄弟。勉汝所立之功。親汝四鄰之國，以蕃屏王室，以和協同姓之邦，諸侯之道。○[懋]音茂。[蕃]方元反。康濟小民，率自中，無作聰明亂舊章。汝為政，當安小民之居，成小民之業，循用大中之道，無敢為小聰明作異辯，以變亂舊典文章。詳乃視聽，罔以側言改厥度，則予一人汝嘉。」詳審汝視聽，非禮義勿視聽，無以邪巧之言易其常度，必斷之以義，則我一人善汝矣。○[度]如字。[斷]丁亂反。王曰：「嗚呼！小子胡，汝往哉！無荒棄朕命。」歎而勑之，欲其念戒。小子胡，汝往之國哉，無廢棄我命，欲其終身奉行，後世遵則。

成王東伐淮夷，遂踐奄，成王即政，淮夷、奄國又叛，王親征之，遂滅奄而徙之，以其數反覆。○[踐]似淺反。[數]色角反。作成王政。為平淮夷徙奄之政令。亡。成王既踐奄，將遷其君於蒲姑。已滅奄而徙其君及人臣之惡者於蒲姑。蒲姑，齊地，近中國，教化之。○[蒲]如字，又扶各反。周公告召公，作將蒲姑。言將徙奄新立之君於蒲姑，告召公使此冊書告令之。亡。

多方第二十

周書　孔氏傳

成王歸自奄，伐奄歸。在宗周，誥庶邦，誥以禍福。作多方。

多方。眾方，天下諸侯。惟五月丁亥，王來自奄，至于宗周。周公歸政之明年，淮夷奄又叛魯征淮夷作費誓王親征奄滅其國五月還至鎬京○〔費〕音祕周公曰王若曰猷告爾四國多方周公以王命順大道告四方稱周公以別王自告○〔別〕彼列反惟爾殷侯尹民我惟大降爾命爾罔不知殷之諸侯正民者我大下汝命謂誅紂也言天下無不知紂暴虐以取亡洪惟圖天之命弗永寅念于祀惟帝降格于夏大惟為王謀天之命不長敬念于祭祀謂夏桀惟天下至戒於夏以譴告之謂災異○〔譴〕弃戰反有夏誕厥逸不肯慼言于民有夏桀不長天戒而大其逸豫不肯憂言於民無憂民之言乃大淫昏不克終日勸于帝之迪言桀乃大為過昏之行不能終日勸於天之道○〔迪〕徒歷反乃爾攸聞言桀之惡乃汝所聞厥圖帝之命不克開于民之麗桀其謀天之命不能開於民所施政教麗施也言昏昧○〔麗〕力馳反乃大降罰崇亂有夏因甲于內亂桀乃大下罰於民重亂有夏言殘虐外不憂民內不勸德因甲於二亂之內言昏甚○〔重〕直用反又直龍反不克靈承于旅罔丕惟進之恭洪舒于民言桀不能善奉於人眾無大惟進恭德而大舒惰於治民亦惟有夏之民叨懫日欽劓割夏邑桀洪舒於民故亦惟有夏之民貪叨忿懫而逆命於是桀日尊敬其能劓割夏邑者謂殘賊臣○〔懫〕勑二反〔劓〕魚器反天惟時求民主乃大降顯休命于成湯天惟是桀惡故更求民主以代之大下明美之命於成湯使王天下刑殄有夏惟天不畀純命湯刑絕有夏惟天不與桀亦已大○〔畀〕必二反乃惟以爾多方之義民不克永于多享天所以不與桀以其乃惟用汝多方之義民為臣而不能長久多享國故惟夏之恭多士大不克明保享于民惟桀之所謂恭人眾士大不能明安享于民言亂主所任任同己者乃胥惟虐于民至于百為大不

克開桀之眾士乃相與惟暴虐於民至於百端所為言虐非一大不能開民以善言與桀合志乃惟成湯克以爾多方簡代夏作民主乃惟成湯能用汝眾方之賢大代夏政為天下民主慎厥麗乃勸厥民刑用勸湯慎其施政於民民乃勸善其人雖刑亦用勸善言政刑清以至于帝乙罔不明德慎罰亦克用勸言自湯至于帝乙皆能成其王道長慎輔相無不明有德慎去刑罰亦能用勸善○〔相〕息亮反要囚殄戮多罪亦克用勸開釋無辜亦克用勸帝乙已上要察囚情絕戮眾罪亦能用勸善開放無罪之人必無枉縱亦能用勸善○〔要〕一遙反又一妙反〔殄〕他典反今至于爾辟弗克以爾多方享天之命今至於汝君謂紂不能用汝眾方享天之命故誅滅之○〔辟〕必亦反嗚呼王若曰誥告爾多方非天庸釋有夏歎而順其事以告汝眾方非天用釋弃桀桀縱惡自弃故誅放非天庸釋有殷乃惟爾辟以爾多方大淫圖天之命屑有辭非天用弃有殷乃惟汝君紂用汝眾方大為過惡者共謀天之命惡事盡有辭說布在天下故見誅滅乃惟有夏圖厥政不集于享天降時喪有邦閒之更說桀也言桀謀其政不成于享故天下是喪亡以禍之使天下有國聖人代之言有國明皇天無親佑有德○〔閒〕閒廁之閒乃惟爾商後王逸厥逸後王紂逸豫其過逸言縱恣無度圖厥政不蠲烝天惟降時喪紂謀其政不潔進于善故天惟下是喪亡謂誅滅○〔蠲〕吉縣反〔烝〕之承反惟聖罔念作狂惟狂克念作聖惟聖人無念於善則為狂人惟狂人能念於善則為聖人言桀紂非實狂愚以不念善故滅亡天惟五年須暇之子孫誕作民主罔可念聽天以湯故五年須暇湯之子孫冀其改悔而紂大為民主肆行無道事無可念言無可聽武王服喪三年還師二年天惟求爾多方大動

以威開厥顧天。天惟求汝衆方之賢者。大動紂以威。開其能顧天可以代者。惟爾多方。罔堪顧之。惟我周王。靈承于旅。惟汝衆方之中無堪顧天之道者。惟我周王善奉於衆。言以仁政得人心。克堪用德。惟典神天。言周文武能堪用德。惟可以主神天之祀。任天王。○〔任〕音壬。天惟式教我用休。簡畀殷命。尹爾多方。天以我用德之故。惟用教我用美道。代殷。大與我殷之王命。以正汝衆方之諸侯。○〔畀〕弁至反。今我曷敢多誥。我惟大降爾四國民命。今我何敢多誥汝而已。我惟大下汝四國民命。謂誅管蔡商奄之君。爾曷不忱裕之于爾多方。汝何不以誠信行寬裕之道於汝衆方。欲其戒四國崇和協。爾曷不夾介乂我周王。享天之命。夾。近也。汝何不近大見治於我周王。以享天之命。而爲不安乎。○〔夾〕音協。今爾尚宅爾宅。畋爾田。爾曷不惠王熙天之命。今汝殷之諸侯皆尚得居汝常居。臣民皆尚得畋汝故田。汝何不順從王政。廣天之命。而自懷疑乎。爾乃迪屢不靜。爾心未愛。汝所蹈行數爲不安。汝心未愛我周故。○〔數〕色角反。爾乃不大宅天命。爾乃屑播天命。汝乃不大居安天命。是汝乃盡播弃天命。爾乃自作不典。圖忱于正。汝未愛我周。播弃天命。是汝乃自爲不常。謀信于正道。我惟時其教告之。我惟時其戰要囚之。我惟汝如是不謀信于正道。故其教告之。謂訊以文誥。其戰要囚之。謂討其倡亂。執其朋黨。○〔要〕一遙反。至于再。至于三。再謂三監淮夷叛時。三謂成王即政又叛。言迪屢不靜之事。乃有不用我降爾命。我乃其大罰殛之。我教告戰要囚汝已至再三。汝其有不用我命。我乃大下誅汝君。乃其大罰誅之。○〔殛〕紀加反。非我有周秉德不康寧。乃惟爾自速辜。非我有周執德不安寧自誅汝。乃惟汝自召罪以取誅。王曰。嗚呼。猷告爾有方多士。

暨殷多士。王數而以道告汝衆方與殷多士。今爾奔走臣我監五祀。監謂成周之監。此指謂所遷頑民殷衆士。今汝奔走來徙臣我。我監五年無過則得還本土。越惟有胥伯小大多正。爾罔不克臬。於惟有相長事小大衆正官之人。汝無不能用法。欲其皆用法。○〔臬〕魚列反。〔長〕丁丈反。自作不和。爾惟和哉。爾室不睦。爾惟和哉。爾邑克明。爾惟克勤乃事。小大多正自爲不和。汝有方多士當和之哉。汝親近室家不睦。汝亦當和之哉。汝邑中能明。是汝惟能勤汝職事。爾尚不忌于凶德。亦則以穆穆在乃位。汝庶幾不自忌入于凶德。亦則用敬敬常在汝位。克閱于乃邑謀介。爾乃自時洛邑。尚永力畋爾田。汝能使我閱具于汝邑。而以汝所謀爲大。則汝乃用是洛邑庶幾長力畋汝田矣。言雖還徙而以修善得反邑里。○〔閱〕音悅。天惟畀矜爾。我有周惟其大介賚爾。汝能修善。天惟與汝憐汝。我有周惟其大大賜汝。言受多福之祚。迪簡在王庭。尚爾事。有服在大僚。非但受憐賜。又乃蹈大道在王庭。庶幾修汝事。有所服行在大官。王曰。嗚呼。多士。爾不克勸忱我命。爾亦則惟不克享。凡民惟曰不享。王數而言曰。衆士。汝不能勸信我命。汝亦則惟不能享天祚矣。凡民亦惟曰不享於汝祚矣。爾乃惟逸惟頗。大遠王命。則惟爾多方探天之威。我則致天之罰。離逖爾土。若爾乃爲逸豫頗僻。大弃王命。則惟汝衆方取天之威。我則致行天罰。離遠汝土。將遠徙之。○〔頗〕破多反。〔探〕吐南反。王曰。我不惟多誥。我惟祗告爾命。我不惟多誥汝而已。我惟敬告汝吉凶之命。又曰。時惟爾初不克敬于和。則無我怨。又誥汝。是惟汝初不能敬于和道。故誅汝。汝無我怨。解所以再三加誅之意。

立政第二十一

周書　孔氏傳

周公作立政周公既致政成王恐其怠忽故以君臣立政爲戒立政言用臣當共立政故以名篇周公若曰拜手稽首告嗣天子王矣順古道盡禮致敬告成王言嗣天子今以爲王矣不可不慎○〔盡〕津忍反下同用咸戒于王曰王左右常伯常任準人綴衣虎賁周公用王所立政之事皆戒於王曰常所長事常所委任謂三公六卿準人平法謂士官綴衣掌衣服虎賁以武力事王皆左右近臣宜得其人○〔任〕而鴆反〔準〕之允反〔綴〕丁衞反又丁劣反〔賁〕音奔〔長〕丁丈反周公曰嗚呼休茲知恤鮮哉歎此五者立政之本知憂得其人者少○〔鮮〕息淺反古之人迪惟有夏乃有室大競顲俊尊上帝古之人道惟有夏禹之時乃有卿大夫室家大強猶乃招呼賢俊與共尊事上天○〔顲〕音喻迪知忱恂于九德之行禹之臣蹈知誠信於九德之行謂賢智大臣九德皐陶所謀○〔忱〕市林反〔恂〕音荀〔行〕如字徐下孟反乃敢告教厥后曰拜手稽首后矣曰宅乃事宅乃牧宅乃準茲惟后矣知九德之臣乃敢告教其君以立政君矣亦猶王矣宅居也居汝事六卿掌事者牧牧民九州之伯居內外之官及平法者皆得其人則此惟君矣謀面用丕訓德則乃宅人茲乃三宅無義民謀所面見之事無疑則能用大順德乃能居賢人于衆官若此則乃能三居無義民大罪宥之四裔次九州之外次中國之外桀德惟乃弗作往任是惟暴德罔後桀之爲德惟乃不爲其先王之法往任是惟暴德之人故絕世無後亦越成湯陟丕釐上帝之耿命桀之昏亂亦於成湯之道得升大賜上天之光命王天下○〔釐〕力之反〔耿〕工迥反乃用三有宅克卽宅曰三有俊克卽俊湯乃用三有居惡人之法能使就其居言服罪又曰能用剛柔正直三德之俊能就其俊事言明德嚴惟丕式克用三宅三俊言湯所以能嚴威惟可大法象者以能用三居三德之法其在商邑用協于厥邑其在四方用丕式見德湯在商邑用三宅三俊之道和其邑其在四方用是大法見其聖德言遠近化○〔見〕賢遍反嗚呼其在受德暋惟羞刑暴德之人同于厥邦受德紂字帝乙愛焉爲作善字而反大惡自強惟進用刑與暴德之人同于其國並爲威虐○〔暋〕眉謹反〔強〕其丈反乃惟庶習逸德之人同于厥政乃惟衆習爲過德之人同于其政言不任賢帝欽罰之乃伻我有夏式商受命奄甸萬姓天以紂惡故敬罰之乃使我周家王有華夏用商所受天命同治萬姓言皇天無親佑有德○〔伻〕普耕反亦越文王武王克知三有宅心灼見三有俊心紂之不善亦於文武之道大行以能知三有居惡人之心灼然見三有賢俊之心以敬事上帝立民長伯言文武知三宅三俊故能以敬事上天立民正長謂郊祀天建諸侯立政任人準夫牧作三事文武亦法禹湯以立政常任準人及牧治爲天地人之三事虎賁綴衣趣馬小尹趣馬掌馬之官言此三者雖小官長必慎擇其人○〔趣〕七口反左右攜僕百司庶府雖左右攜持器物之僕及百官有司主券契藏吏亦皆擇人○〔券〕音勸〔契〕苦計反〔藏〕才浪反大都小伯藝人表臣百司小臣猶皆慎擇其人況大都邑之小長以道藝爲表幹之人及百官有司之職可以非其任乎太史尹伯庶常吉士太史下大夫掌邦六典之貳尹伯長官大夫及衆掌常事之善士皆得其人司徒司馬司空亞旅此有三卿及次卿衆大夫則是文武未伐紂時舉文武之初以爲法則夷微盧烝三亳阪尹蠻夷微盧之衆帥及亳人之歸文王者三所爲之立監及阪地之尹長皆用賢○〔阪〕音反文

王惟克厥宅心。乃克立茲常事司牧人。以克俊有德。文王惟其能居心遠惡舉善，乃能立此常事司牧人，用能俊有德者。○〔遠〕于萬反。文王罔攸兼于庶言。庶獄庶慎。惟有司之牧夫。文王無所兼知於毀譽衆言，及衆刑獄衆當所慎之事，惟慎擇有司牧夫而已，勞於求才，逸於任賢。是訓用違。庶獄庶慎。文王罔敢知于茲。是萬民順法用違法、衆獄衆慎之事，文王一無敢自知於此，委任賢能而已。亦越武王。率惟敉功。不敢替厥義德。亦於武王，循惟文王撫安天下之功，不敢廢其義德，奉遵父道。○〔敉〕亡婢反。率惟謀從容德。以竝受此丕丕基。武王循惟謀從文王寬容之德，故君臣以竝受此大大之基業，傳之子孫。嗚呼。孺子王矣。歎稚子今以爲王矣，可不勤法祖考之德。繼自今我其立政立事。準人牧夫。我其克灼知厥若。丕乃俾亂。繼用今已往，我其立政大臣、立事小臣及準人牧夫，我其能灼然知其順者，則大乃使治之，言知臣下之勤勞，然後莫不盡心力。○〔俾〕必爾反。相我受民。和我庶獄庶慎。時則勿有閒之。能治我所受天民，和平我衆獄衆慎之事，如是則勿有以代之，言不可復變。○〔相〕如字，馬息亮反，下勸相同。〔閒〕閒廁之閒。〔復〕扶又反。自一話一言。我則末惟成德之彥。以乂我受民。言政當用一善，善在一言而已，欲其口無擇言，如此我則終惟有成德之美以治我所受之民。○〔話〕戶怪反。嗚呼。予旦已受人之徽言咸告孺子王矣。歎所受賢聖說禹湯之美言，皆以告稚子王矣。繼自今文子文孫。其勿誤于庶獄庶慎。惟正是乂之。文子文孫，文王之子孫，從今以往，惟以正是之道治衆獄衆慎，其勿誤。自古商人。亦越我周文王立政。立事。牧夫。準人。則克宅之。克由繹之。茲乃俾乂。言用古商湯亦於我周文王立政立事用賢人之法，能居之於心，能用陳之，此乃使天下治。○〔繹〕音亦。

國則罔有立政用憸人。不訓于德。是罔顯在厥世。商周賢聖之國，則無有立政用憸利之人者，憸人不順於德，是使其君無顯名在其世。○〔憸〕息廉反。繼自今立政。其勿以憸人。其惟吉士。用勱相我國家。立政之臣惟以吉士，用勉治我國家。○〔勱〕音邁。今文子文孫。孺子王矣。告文王之子孫，言稚子以即政爲王矣，所以厚戒。其勿誤于庶獄。惟有司之牧夫。獨言衆獄有司，欲其重刑慎官人。其克詰爾戎兵。以陟禹之迹。其當能治汝戎服兵器，威懷竝設，以升禹治水之舊迹。○〔詰〕起一反。方行天下。至于海表。罔有不服。方四方，海表蠻夷戎狄，無有不服化者。以覲文王之耿光。以揚武王之大烈。能使四夷賓服，所以見祖之光明，揚父之大業。嗚呼。繼自今後王立政。其惟克用常人。其惟能用賢才爲常人，不可以天官有所私。周公若曰。太史。順其事，幷告太史。司寇蘇公。式敬爾由獄。以長我王國。忿生爲武王司寇，封蘇國，能用法，敬汝所用之獄，以長施行於我王國，言主獄當求蘇公之比。茲式有慎。以列用中罰。此法有所慎行，必以其列用中罰，不輕不重，蘇公所行，太史掌六典，有廢置官人之制，故告之。

尚書卷第十

尚書卷第十一

周官第二十二

周書　孔氏傳

成王既黜殷命。滅淮夷。黜殷在周公東征時滅淮夷在成王即政後事相因故連言之還歸在豐。作周官。成王雖作洛邑猶還西周○〔還〕音旋又音全周官。言周家設官分職用人之法

惟周王撫萬邦。巡侯甸。即政撫萬國巡行天下侯服甸服○〔行〕下孟反四征弗庭。綏厥兆民。四面征討諸侯之不直者所以安其兆民十億日兆言多六服羣辟。罔不承德。歸于宗周。董正治官。六服諸侯奉承周德言協服還歸於豐督正治理職司之百官○〔辟〕必亦反

王曰。若昔大猷。制治于未亂。保邦于未危。言當順古大道制治安國必於未亂未危之前思患豫防之。曰。唐虞稽古。建官惟百。內有百揆四岳。外有州牧侯伯。道堯舜考古以建百官內置百揆四岳象天之有五行外置州牧十二及五國之長上下相維外內咸治言有法庶政惟和。萬國咸寧。官職有序故衆政惟和萬國皆安所以爲至治夏商官倍。亦克用乂。禹湯建官二百亦能用治言不及唐虞之清要明王立政。不惟其官。惟其人。言聖帝明王立政修教不惟多其官惟在得其人今予小子祗勤于德。夙夜不逮。今我小子敬勤於德雖夙夜匪懈不能及古人言自有極○〔逮〕音代又大計反仰惟前代時若。訓迪厥官。言仰惟先代之法是順順蹈其所建官而則之不敢自同堯舜之官準擬夏殷而蹈之立太師。太傅。太保。茲惟三公。論道經邦。燮理陰陽。師天子所師法傅傅相天子保保安天子於德義者此惟三公之任佐王論道以經緯國事和理陰陽言有德乃堪之○〔燮〕素協反官不必備。惟其人。三公之官不必備員惟其人有德乃處之少師。少傅。少保。曰三孤。此三官名曰三孤孤特也言卑於公尊於卿特置此三者○〔少〕詩照反貳公弘化。寅亮天地。弼予一人。副貳三公弘大道化敬信天地之教以輔我一人之治冢宰掌邦治。統百官。均四海。天官卿稱太宰主國政治統理百官均平四海之內邦國言任大司徒掌邦教。敷五典。擾兆民。地官卿司徒主國教化布五常之教以安和天下衆民使小大協睦○〔擾〕而小反宗伯掌邦禮。治神人。和上下。春官卿宗廟官長主國禮治天地神祇人鬼之事及國之吉凶賓軍嘉五禮以和上下尊卑等列司馬掌邦政。統六師。平邦國。夏官卿主戎馬之事掌國征伐統正六軍平治王邦四方國之亂者司寇掌邦禁。詰姦慝。刑暴亂。秋官卿主寇賊法禁治姦惡刑强暴作亂者夏司馬討惡助長物秋司寇刑姦順時殺○〔慝〕吐得反司空掌邦土。居四民。時地利。冬官卿主國空土以居民士農工商四人使順天時分地利授之土能吐生百穀故曰土六卿分職。各率其屬。以倡九牧。阜成兆民。六卿各率其屬官大夫士治其所分之職以倡道九州牧伯爲政大成兆民之性命皆能其官則政治○〔倡〕尺亮反〔阜〕音負六年。五服一朝。五服侯甸男采衛六年一朝會京師○〔朝〕直遙反又六年王乃時巡。考制度于四岳。周制十二年一巡守春東夏南秋西冬北故曰時巡考正制度禮法于四岳之下如虞帝巡守然諸侯各朝于方岳。大明黜陟。四方諸侯各朝于方岳之下大明考績黜陟之法王曰。嗚呼。凡我有官君子。欽乃攸司。慎乃出令。令出惟行。弗惟反。有官君子大夫已上敕而戒之使敬汝所司慎汝出令從政之本令出必惟行之不惟反改若二三其令亂之道以公滅私。民其允懷。從政以公平滅私情則民其信歸之學古入官。議事以制。

政乃不迷言當先學古訓然後入官治政凡制事必以古義議度終始政乃不迷錯其爾典常作之師無以利口亂厥官其汝爲政當以舊典常故事爲師法無以利口辯佞亂其官蓄疑敗謀怠忽荒政不學牆面莅事惟煩積疑不決必敗其謀怠惰忽略必亂其政人而不學其猶正牆面而立臨政事必煩○〔蓄〕勑六反〔莅〕音利戒爾卿士功崇惟志業廣惟勤惟克果斷乃罔後艱此戒凡有官位但言卿士舉其掌事者功高由志業廣由勤惟能果斷行事乃無後難言多疑必致患○〔斷〕丁亂反位不期驕祿不期侈貴不與驕期而驕自至富不與侈期而侈自來驕侈以行己所以速亡恭儉惟德無載爾僞言當恭儉惟以立德無行姦僞作德心逸日休作僞心勞日拙爲德直道而行於心逸豫而名日美爲僞飾巧百端於心勞苦而事日拙不可爲居寵思危罔不惟畏弗畏入畏言雖居貴寵當思危懼無所不畏若乃不畏則入可畏之刑推賢讓能庶官乃和不和政厖賢能相讓俊乂在官所以和諧厖亂也○〔厖〕武江反舉能其官惟爾之能稱匪其人惟爾不任所舉能修其官惟亦汝之功能舉非其人亦惟汝之不勝其任王曰嗚呼三事暨大夫敬爾有官亂爾有政歎而勑之公卿已下各敬居汝所有之官治汝所有之職以佑乃辟永康兆民萬邦惟無斁言當敬治官政以助汝君長安天下兆民則天下萬國惟乃無厭我周德○〔斁〕音亦成王既伐東夷肅慎來賀海東諸夷駒麗扶餘馯貊之屬武王克商皆通道焉成王即政而叛王伐而服之故肅慎氏來賀○〔駒〕俱付反又如字〔麗〕力支反〔馯〕戶旦反王俾榮伯作賄肅慎之命榮國名同姓諸侯爲卿大夫王使之爲命書以幣賄賜肅慎之夷亡○〔俾〕必爾反周公在豐致政老歸將沒欲葬成周己所營作示終始念之公薨成

王葬于畢不敢臣周公故使近文武之墓告周公作亳姑周公徙奄君於亳姑因告柩以葬畢之義幷及奄君已定亳姑言所遷之功成亡

君陳第二十三

周書　　孔氏傳

周公既沒命君陳分正東郊成周成王重周公所營故命君陳分居正東郊成周之邑里官司○君陳鄭注禮記云周公之子作君陳作書命之君陳臣名也因以名篇王若曰君陳惟爾令德孝恭言其有令德善事父母行己以恭惟孝友于兄弟克施有政言善父母者必友于兄弟能施有政令命汝尹茲東郊敬哉正此東郊監殷頑民教訓之昔周公師保萬民民懷其德往慎乃司茲率厥常言周公師安天下之民民歸其德今往承其業當慎汝所主循此其常法而教訓之懋昭周公之訓惟民其乂勉明周公之教惟民其治○〔懋〕音茂我聞曰至治馨香感于神明黍稷非馨明德惟馨所聞上古聖賢之言政治之至者芬芳馨氣動於神明所謂芬芳非黍稷之氣乃明德之馨勵之以德爾尚式時周公之猷訓惟日孜孜無敢逸豫汝庶幾用是周公之道教殷民惟當日孜孜勤行之無敢自寬暇逸豫○〔孜〕音茲凡人未見聖若不克見既見聖亦不克由聖此言凡人有初無終未見聖道如不能得見已見聖道亦不能用之所以無成爾其戒哉爾惟風下民惟草汝戒勿爲凡人之行民從上教而變猶草應風而偃不可不慎圖厥政莫或不艱有廢有興出入自爾師虞庶言同則繹謀其政無有不先慮其難有所廢有所起出納之事當用汝衆言度之衆言同則陳而布之禁其專○〔繹〕音亦爾有嘉謀嘉猷

則入告爾后于內，爾乃順之于外。汝有善謀善道，則入告汝君於內，汝乃順行之於外。曰：斯謀斯猷，惟我后之德。此善謀此善道，惟我君之德，善則稱君，人臣之義。嗚呼！臣人咸若時，惟良顯哉。歎而美之曰臣於人者皆順此道，是惟良臣，則君顯明於世。王曰：君陳，爾惟弘周公丕訓，無依勢作威，無倚法以削。汝為政當闡大周公之大訓，無乘勢位作威人上，無倚法制以行刻削之政。寬而有制，從容以和。寬不失制，動不失和，德教之治。○〔從〕七容反。殷民在辟，予曰辟，爾惟勿辟；予曰宥，爾惟勿宥，惟厥中。殷人有罪在刑法者，我曰刑之，汝勿刑；我曰赦宥，汝勿宥。惟其當以中正平理斷之。○〔辟〕扶亦反。有弗若于汝政，弗化于汝訓，辟以止辟，乃辟。有不順於汝政、不變於汝教，刑之而懲止犯刑者，乃刑之。狃于姦宄，敗常亂俗，三細不宥。習於姦宄凶惡，毀敗五常之道，以亂風俗之教，罪雖小，三犯不赦，所以絕惡源。○〔狃〕女九反。爾無忿疾于頑，無求備于一夫。人有頑嚚不喻，汝當訓之，無忿怒疾之；使人當器之，無責備于一夫。必有忍，其乃有濟；有容，德乃大。為人君長，必有所含忍，其乃有所成；有所包容，德乃為大。欲其忍恥藏垢。簡厥修，亦簡其或不修。簡別其德行修者，亦別其有不修者，善以勸能，惡以沮否。進厥良，以率其或不良。進顯其賢良者，以率勉其有不良者，使為善。惟民生厚，因物有遷。言人自然之性敦厚，因所見所習之物有遷變之道，故必慎所以示之。違上所命，從厥攸好。人之於上，不從其令，從其所好，故人主不可不慎所好。○〔好〕呼報反。爾克敬典在德，時乃罔不變。允升于大猷。汝治人能敬常在道德，是乃無不變化，其政教則信升于大道。惟予一人膺受多福。汝能升大道，則惟我一人亦當受其多福，無凶危。其爾之休，終

有辭於永世。非但我受多福而已，其汝之美名亦終見稱誦於長世，言其沒而不朽。

顧命第二十四

周書　　　　孔氏傳

成王將崩，命召公、畢公二公為二伯，中分天下而治之。率諸侯相康王，作顧命。臨終之命曰顧命。○〔相〕息亮反。〔顧〕工戶反。顧命實命羣臣，敘以要言。惟四月，哉生魄，王不懌。成王崩年之四月，始生魄，月十六日，王有疾，故不悅懌。○〔懌〕音亦。甲子，王乃洮頮水，相被冕服，憑玉几。王將發大命，臨羣臣，必齊戒沐浴，今疾病，故但洮盥頮面，扶相者被以冠冕，加朝服，憑玉几以出命。○〔洮〕他刀反，徐音逃。〔頮〕音悔。〔盥〕音管。乃同召太保奭、芮伯、彤伯、畢公、衛侯、毛公，同召六卿，下至御治事。太保、畢、毛稱公，則三公矣。此先後六卿次第，冢宰第一，召公領之；司徒第二，芮伯為之；宗伯第三，彤伯為之；司馬第四，畢公領之；司寇第五，衛侯為之；司空第六，毛公領之。召、芮、彤、畢、衛、毛皆國名，入為天子公卿。○〔奭〕音釋。〔芮〕如銳反。〔彤〕徒冬反。師氏、虎臣、百尹、御事。師氏，大夫官。虎臣，虎賁氏。百尹，百官之長。及諸御治事者。王曰：嗚呼！疾大漸，惟幾。自歎其疾大進，篤惟危殆。○〔幾〕音機，徐音畿。病日臻，既彌留，恐不獲誓言嗣，茲予審訓命汝。病日至，言困甚，已久留，言無瘳，恐不得結信出言嗣續我志，以此故我詳審教命汝。昔君文王、武王宣重光，奠麗陳教則肄，言昔先君文武布其重光累聖之德，定天命，施陳教，則勤勞。○〔重〕直龍反。〔麗〕力馳反。〔肄〕以至反。肄不違，用克達殷集大命。文武定命陳教，雖勞而不違道，故能通殷為周，成其大命。在後之侗，敬迓天威，嗣守文武大訓，無敢昏逾。在文武後之侗稚成王，自斥，敬迎天之威命，言奉順繼守文武大教，無敢昏亂逾越，言戰慄畏懼。○〔侗〕徐音同，又敕動反。今天降疾，殆弗興

弗悟爾尙明時朕言今天下疾我身甚危殆不起不悟言必死汝當庶幾明是我言勿忽略用敬保元子釗弘濟于艱難用奉我言敬安太子釗康王名大渡於艱難勤德政〔釗〕姜遼反又音昭○柔遠能邇安勸小大庶邦言當和遠又能和近安小大衆國勸使爲善思夫人自亂于威儀爾無以釗冒貢于非幾羣臣皆宜思夫人人自治正於威儀有威可長有儀可象然後足以率人汝無以釗冒進于非危之事○〔夫〕如字〔冒〕亡報反茲既受命還此羣臣已受顧命各還本位出綴衣于庭越翼日乙丑王崩綴衣幄帳羣臣既退徹出幄帳於庭王寢於北牖下東首反初生於其明日王崩○〔出〕如字徐尺遂反〔綴〕丁衛反太保命仲桓南宮毛冢宰攝政故命二臣桓毛名俾爰齊侯呂伋以二干戈虎賁百人逆子釗于南門之外臣子皆侍左右將正太子之尊故出於路寢門外使桓毛二臣各執干戈於齊侯呂伋索虎賁百人更新逆門外所以殊之伋爲天子虎賁氏○〔俾〕必爾反〔伋〕居及反延入翼室恤宅宗明室路寢延之使居憂爲天下宗主丁卯命作冊度三日命史爲冊書法度傳顧命於康王○〔度〕舊音杜洛反恐誤注云作冊書法度音宜如字越七日癸酉伯相命士須材邦伯爲相則召公於丁卯七日癸酉召公命士致材木須待以供喪用○〔相〕息亮反狄設黼扆綴衣狄下士扆屏風畫爲斧文置戶牖閒復設幄帳象平生所爲〔黼〕音甫〔扆〕於豈反○牖閒南嚮敷重篾席黼純華玉仍几篾桃枝竹白黑雜繒緣之華彩色華玉以飾憑几仍因也因生時几不改作此見羣臣覲諸侯之坐○〔嚮〕許亮反〔篾〕眠結反〔純〕之允反〔緣〕悅絹反西序東嚮敷重底席綴純文貝仍几東西廂謂之序底蒻苹綴雜彩有文之貝飾几此旦夕聽事之坐○〔底〕之履反青蒲也東序西嚮敷重豐席畫純彫玉仍几豐莞彩色爲畫彫刻鏤此

養國老饗羣臣之坐○〔豐〕芳弓反〔莞〕音官西夾南嚮敷重筍席玄紛純漆仍几西廂夾室之前筍蒻竹玄紛黑綬此親屬私宴之坐故席几質飾○〔夾〕工洽反〔筍〕息允反〔紛〕孚云反〔漆〕音七越玉五重陳寶於東西序坐北列玉五重又陳先王所寶之器物○〔重〕直容反赤刀大訓弘璧琬琰在西序寶刀赤刀削大訓虞書典謨大璧琬琰之珪爲二重○〔琬〕紆晚反〔琰〕以冉反〔削〕音笑大玉夷玉天球河圖在東序三玉爲三重夷常也球雍州所貢河圖八卦伏犧氏王天下龍馬出河遂則其文以畫八卦謂之河圖及典謨皆歷代傳寶之胤之舞衣大貝鼖鼓在西房胤國所爲舞者之衣皆中法大貝如車渠鼖鼓長八尺商周傳寶之西房西夾坐東○〔鼖〕扶云反〔中〕丁仲反〔車〕尺遮反兌之戈和之弓垂之竹矢在東房兌和古之巧人垂舜共工所爲皆中法故亦傳寶之東房東廂夾室○〔兌〕徒外反大輅在賓階面綴輅在阼階面大輅玉綴輅金面前皆南向○〔阼〕才故反先輅在左塾之前次輅在右塾之前先輅象次輅木金玉象皆以飾車木則無飾皆在路寢門內左右塾前北面凡所陳列皆象成王生時華國之事所以重顧命○〔塾〕音孰二人雀弁執惠立于畢門之內士衛殯與在廟同故雀韋弁惠三隅矛路寢門一名畢門○〔弁〕皮彥反四人綦弁執戈上刃夾兩階戺綦文鹿子皮弁亦士堂廉曰戺士所立處○〔綦〕音其〔夾〕工洽反〔戺〕音俟一人冕執劉立于東堂一人冕執鉞立于西堂冕皆大夫也劉鉞屬立於東西廂之前堂○〔鉞〕音越大斧也一人冕執戣立于東垂一人冕執瞿立于西垂戣瞿皆戟屬立于東西下之階上○〔戣〕音逵〔瞿〕其俱反一人冕執銳立于側階銳矛屬也側階北下立階上○〔銳〕以稅反王麻冕黼裳由賓階隮王及羣臣皆吉服用西階升不敢當主○〔隮〕子西反卿士邦君麻冕蟻

裳入即位公卿大夫及諸侯皆同服亦廟中之禮蟻裳名色玄○[蟻]魚綺反太保太史太宗皆麻冕彤裳執事各異裳彤纁也太宗上宗即宗伯也太保承介圭上宗奉同瑁由阼階隮大圭尺二寸天子守之故奉以奠康王所位同爵名瑁所以冒諸侯圭以齊瑞信方四寸邪刻之用阼階升由便不嫌○[瑁]莫報反太史秉書由賓階隮御王冊命太史持冊書顧命進康王故同階曰皇后憑玉几道揚末命命汝嗣訓冊命之辭大君成王言憑玉几所道稱揚終命所以感動康王命汝繼嗣其道言任重因以託戒○[憑]皮冰反臨君周邦率循大卞用是道臨君周國率群臣循大法○[卞]皮彥反燮和天下用答揚文武之光訓言用和道和天下用對揚聖祖文武之大教敘成王意王再拜興答曰眇眇予末小子其能而亂四方以敬忌天威言微微我淺末小子其能如父祖治四方以敬忌天威德乎謙辭託不能○[眇]彌小反乃受同瑁王三宿三祭三咤王受瑁為主受同以祭禮成於三故酌者實三爵於王王三進爵三祭酒三奠爵告已受群臣所傳顧命○[咤]陟嫁反又音妬上宗曰饗祭必受福讚王曰饗福酒太保受同降受王所饗同下堂反於篚盥以異同秉璋以酢太保以盥手洗異同實酒秉璋以酢祭半圭曰璋臣所奉王已祭太保又祭報祭曰酢○[酢]才各反授宗人同拜王答拜宗人小宗伯佐太宗者太宗供王宗人供太保拜白已傳顧命故授宗人同拜王答拜尊所受命太保受同祭嚌太保既拜而祭既祭受福嚌至齒則王亦至齒王言饗太保言嚌互相備○[嚌]才細反宅授宗人同拜王答拜太保居其所授宗人同拜白成王以事畢王答拜敬所白太保降收太保下堂則王下可知有司於此盡收徹○[徹]丑列反諸侯出廟門俟言諸侯則卿士已下亦可知殯之所處故曰廟皆待王後命

康王之誥第二十五

周書　孔氏傳

康王既尸天子尸主也主天子之正號遂誥諸侯作康王之誥既受顧命群臣陳戒遂報誥之因事曰遂康王之誥求諸侯之見匡弼王出在應門之內出畢門立應門內之中庭南面太保率西方諸侯入應門左畢公率東方諸侯入應門右二公為二伯各率其所掌諸侯隨其方為位皆北面皆布乘黃朱諸侯皆陳四黃馬朱鬣以為庭實○[乘]繩證反賓稱奉圭兼幣曰一二臣衛敢執壤奠賓諸侯也舉奉圭兼幣之辭言一二見非一也為蕃衛故曰臣衛來朝而遇國喪遂因見新王敢執壤地所出而奠贄也○[壤]如丈反[見]賢遍反皆再拜稽首王義嗣德答拜諸侯拜送幣而首至地盡禮也康王以義繼先人明德答其拜受其幣太保暨芮伯咸進相揖皆再拜稽首冢宰與司徒皆共群臣諸侯並進陳戒不言諸侯以內見外曰敢敬告天子皇天改大邦殷之命大天改大國殷之王命謂誅紂也惟周文武誕受羑若克恤西土言文武大受天道而順之能憂我西土之民本其所起○[羑]羊久反道也惟新陟王畢協賞罰戡定厥功用敷遺後人休惟周家新升王位當盡和天下賞罰能定其功用布遺後人之美言施及子孫無窮○[戡]音堪[遺]唯季反今王敬之哉敬天道務崇先人之美張皇六師無壞我高祖寡命言當張大六師之眾無壞我高德之祖寡有之教命○[壞]音怪王若曰庶邦侯甸男衛順其戒而告之不言群臣以外見內惟予一人釗報誥報其戒昔君文武丕平富不務咎言先君文武道大政化平美不務咎惡底至齊信用昭明于天下

致行至中信之道，用顯明於天下，言聖德洽。○［底］之履反。則亦有熊羆之士、不二心之臣，保乂王家。言文武既聖，則亦有勇猛如熊羆之士、忠一不二心之臣，共安治王家。○［熊］音雄。［羆］彼皮反。用端命于上帝，皇天用訓厥道，付畀四方。君聖臣良，用受端直之命於上天，大天用順其道，付與四方之國，王天下。○［畀］必利反。乃命建侯樹屏，在我後之人。言文武乃施政令，立諸侯，樹以爲蕃屏，傳王業在我後之人，謂子孫。今予一二伯父，尚胥暨顧綏爾先公之臣服于先王。天子稱同姓諸侯曰伯父。言今我一二伯父，庶幾相與顧念文武之道，安汝先公之臣服於先王而法循之。雖爾身在外，乃心罔不在王室。言雖汝身在外土爲諸侯，汝心常當忠篤，無不在王室。熊羆之士，勵朝臣，此督諸侯。用奉恤厥若，無遺鞠子羞。當各用心奉憂其所行順道，無自荒怠，遺我稚子之羞辱。稚子，康王自謂也。○［鞠］居六反。羣公既皆聽命，相揖趨出。已聽誥命，趨出罷退，諸侯歸國，朝臣就次。王釋冕，反喪服。脱去黼冕，反服喪服，居倚廬。

尚書卷第十一

尚書卷第十二

畢命第二十六

周書　　孔氏傳

康王命作冊畢（命爲冊書以命畢公）分居里成周郊（分別民之居里異其善惡成定東周郊境使有保護）作畢命（言畢公見命之書）惟十有二年六月庚午朏（康王即位十二年六月三日庚午○〔朏〕普忽反徐芳尾反）越三日壬申王朝步自宗周至于豐（於朏三日壬申王朝行自宗周至于豐宗周鎬京豐文王所都○〔朝〕陟遙反）○以成周之衆命畢公保釐東郊（用成周之民衆命畢公使安理治正成周東郊令得所○〔釐〕力之反）王若曰嗚呼父師惟文王武王敷大德于天下用克受殷命（王順其事歎告畢公代周公爲大師爲東伯命之代君陳言文武布大德於天下故天佑之用能受殷之王命）惟周公左右先王綏定厥家（言周公助先王安定其家）毖殷頑民遷于洛邑密邇王室式化厥訓（慎殷頑民恐其叛亂故徙於洛邑密近王室用化其教○〔毖〕音秘）既歷三紀世變風移四方無虞予一人以寧（言殷民遷周已經三紀世代民易頑者漸化四方無可度之事我天子用安矣十二年曰紀父子曰世○〔度〕徒洛反）道有升降政由俗革不臧厥臧民罔攸勸（天道有上下交接之義政教有用俗改更之理民之俗善以善養之俗有不善以法御之若乃不善其善則民無所勸慕）惟公懋德克勤小物弼亮四世正色率下罔不祗師言（言公勉行德能勤小物輔佐文武成康四世爲公卿正色率下下人無不敬仰師法○〔懋〕音茂）嘉績多于先王予小子垂拱仰成（公之善功多大先人之美我小子爲王垂拱仰公成理言其上顯父兄下施子孫○〔拱〕九勇反〔仰〕如字徐五亮反）王曰嗚呼父師今予祗命公以周公之事往哉（今我敬命公以周公所爲之事往爲之哉言非周公所爲不敢枉公往治）旌別淑慝表厥宅里彰善癉惡樹之風聲（言當識別頑民之善惡表異其居里明其爲善病其爲惡立其善風揚其善聲○〔癉〕丁但反）弗率訓典殊厥井疆俾克畏慕（其不循教道之常則殊其井居田界使能畏爲惡之禍慕爲善之福所以沮勸○〔俾〕必爾反）申畫郊圻慎固封守以康四海（郊圻雖舊所規畫當重分明之又當謹慎堅固封疆之守備以安四海京畿安則四海安矣○〔守〕始救反）政貴有恆辭尚體要不惟好異（政以仁義爲常辭以理實爲要故貴尚之若異於先王君子所不好○〔好〕呼報反）商俗靡靡利口惟賢餘風未殄公其念哉（紂以靡靡利口惟賢覆亡國家今殷民利口餘風未絶公其念絶之）我聞曰世祿之家鮮克由禮以蕩陵德實悖天道（特言我聞自古有之世有祿位而無禮教少不以放蕩陵邈有德者如此實亂天道○〔鮮〕息淺反〔悖〕布內反）敝化奢麗萬世同流（言敝俗相化車服奢麗雖相去萬世若同一流○〔敝〕毗祭反）茲殷庶士席寵惟舊怙侈滅義服美于人（此殷衆士居寵日久怙恃奢侈以滅德義服飾過制美於其民言僭上○〔怙〕音戶）驕淫矜侉將由惡終雖收放心閑之惟艱（言殷衆士驕恣過制矜其所能以自侉大如此不變將用惡自終雖今順從周制心未厭服以禮閑禦其心惟難○〔侉〕苦瓜反）資富能訓惟以永年惟德惟義時乃大訓不由古訓于何其訓（以富資而能順義則惟可以長年命矣有德義是乃大順若不用古訓典籍於何其能順乎）王曰嗚呼父師邦之安危惟茲殷士不剛不柔厥德允修（言邦國所以安危惟在和此殷士而已治

之不剛不柔寬猛相濟則其德政信修立惟周公克慎厥始。惟君陳克和厥中。惟公克成厥終。周公遷殷頑民以消亂階能慎其始君陳弘周公之訓能和其中畢公闡二公之烈能成其終三后協心。同厎于道。道洽政治。澤潤生民。三君合心爲一終始相成同致于道道至普洽政化治理其德澤惠施乃浸潤生民言三君之功不可不尚四夷左衽。罔不咸賴。予小子永膺多福。言東夷西戎南蠻北狄被髮左衽之人無不皆恃賴三君之德我小子亦長受其多福○[衽]而甚反公其惟時成周。建無窮之基。亦有無窮之聞。公其惟以是成周之治爲周家立無窮之基業於公亦有無窮之名聞於後世子孫訓其成式。惟乂。言後世子孫順公之成法惟以治嗚呼。罔曰弗克。惟既厥心。人之爲政無曰不能惟在盡其心而已罔曰民寡。惟慎厥事。無曰人少不足治也惟在慎其政事無敢輕之欽若先王成烈。以休于前政。敬順文武成業以美於前人之政所以勉畢公

君牙第二十七

周書　孔氏傳

穆王命君牙。爲周大司徒。穆王康王孫昭王子作君牙。君牙臣名君牙。命以其名遂以名篇王若曰。嗚呼。君牙。順其事而歎稱其名而命之惟乃祖乃父。世篤忠貞。服勞王家。厥有成績。紀于太常。言汝父祖世厚忠貞服事勤勞王家其有成功見紀錄書於王之太常以表顯之王之旌旗畫日月曰太常惟予小子。嗣守文武成康遺緒。亦惟先王之臣。克左右亂四方。惟我小子繼守先王遺業亦惟父祖之臣能佐助我治四方言己無所能心之憂危。若蹈虎尾。涉于春冰。言祖業之大己才之弱故心懷危懼虎尾畏噬春冰畏陷危懼之甚○[蹈]徒報反今命爾予翼。作股肱心膂。今命汝爲我輔翼股肱心體之臣言委任○[膂]音旅纘乃舊服。無忝祖考。弘敷五典。式和民則。繼汝先祖故所服忠勤無辱累祖考之道大布五常之教用和民令有法則爾身克正。罔敢弗正。民心罔中。惟爾之中。言汝身能正則下無敢不正民心無中從汝取中必當正身示民以中正夏暑雨。小民惟曰怨咨。夏月暑雨天之常道小人惟曰怨歎咨嗟言心無中也冬祁寒。小民亦惟曰怨咨。冬天寒亦天之常道民猶怨嗟厥惟艱哉。思其艱以圖其易。民乃寧。天不可怨民猶怨嗟治民其惟難哉當思慮其難以謀其易民乃安○[易]以豉反嗚呼。丕顯哉。文王謨。歎文王所謀大顯明丕承哉。武王烈。言武王業美大可承奉啓佑我後人。咸以正罔缺。文武之謀業大明可承奉開助我後嗣皆以正道無邪缺○[缺]苦穴反爾惟敬明乃訓。用奉若于先王。汝惟當敬明汝五教用奉順於先王之道對揚文武之光命。追配于前人。言當荅揚文武光明之命君臣各追配於前令名之人王若曰。君牙。乃惟由先正舊典時式。民之治亂在茲。汝惟當奉用先正之臣所行故事舊典文籍是法民之治亂在此而已用之則民治廢之則民亂率乃祖考之攸行。昭乃辟之有乂。言當循汝父祖之所行明汝君之有治功○[辟]必亦反

冏命第二十八

周書　孔氏傳

穆王命伯冏。爲周太僕正。伯冏臣名也太僕長太御中大夫○[冏]九永反作冏命。冏命。以冏見命名篇王若曰。伯冏。惟予弗克于德。嗣先

人宅丕后。順其事以命伯冏。言我不能於道德，繼先人居大君之位，人輕任重。怵惕惟厲，中夜以興，思免厥愆。言常悚懼惟危，夜半以起，思所以免其過悔。○怵，勑律反。〔惕〕他歷反。昔在文武聰明齊聖，小大之臣咸懷忠良。聰明，視聽遠。齊，通無滯礙。臣雖官有尊卑，無不忠良。其侍御僕從罔匪正人。雖給侍進御僕役從官，官雖微，無不用中正之人。○〔從〕才用反。以旦夕承弼厥辟，出入起居，罔有不欽。小臣皆良，僕役皆正，以旦夕承輔其君，故君出入起居，無有不敬。發號施令，罔有不臧。下民祗若，萬邦咸休。言文武發號施令，無有不善，下民敬順其命，萬國皆美其化。惟予一人無良，實賴左右前後有位之士，匡其不及。惟我一人無善，實特左右前後有職位之士，匡正其不及，言此責羣臣正己。繩愆糾謬，格其非心，俾克紹先烈。言侍左右之臣，彈正過誤，檢其非妄之心，使能繼先王之功業。○〔繩〕市陵反。〔俾〕必爾反。今予命汝作大正，正于羣僕侍御之臣。欲其教正羣僕，無敢佞僞。懋乃后德，交修不逮。言侍御之臣無小大親疏，皆當勉汝君爲德，更代修進其所不及。慎簡乃僚，無以巧言令色便辟側媚，其惟吉士。當謹慎簡選汝僚屬侍臣，無得用巧言無實、令色無質、便辟足恭、側媚諂諛之人，其惟皆吉良正士。○〔便〕婢緜反。〔辟〕匹亦反。〔足〕將住反。僕臣正，厥后克正。僕臣諛，厥后自聖。言僕臣皆正，則其君乃能正；僕臣諂諛，則其君乃自謂聖。后德惟臣，不德惟臣。君之有德，惟臣成之；君之無德，惟臣諛之。言君所行善惡，專在左右。爾無昵于憸人，充耳目之官，迪上以非先王之典。汝無親近於憸利小子之人，充備侍從在視聽之官，道君上以非先王之法。○〔昵〕女乙反。〔憸〕息廉反，利口也。非人其吉，惟貨其吉。若非人其實吉良，惟以貨財配其吉良，以求入於僕侍之臣，汝當清審。若時瘝厥官。若用是行貨之人，則病其官職。○〔瘝〕故頑反。惟爾大弗克祗厥辟，惟予汝辜。用行貨之人，則惟汝大不能敬其君，惟我亦以此罪汝。言不忠也。王曰：嗚呼！欽哉，永弼乃后于彝憲。數而勑之，使敬用所言，當長輔汝君於常法。此穆王庶幾欲蹈行常法。

呂刑第二十九

周書　孔氏傳

呂命，呂侯見命爲天子司寇。穆王訓夏贖刑，呂侯以穆王命作書，訓暢夏禹贖刑之法，更從輕以布告天下。○〔贖〕音蜀。作呂刑。呂刑後爲甫侯，故或稱甫刑。

惟呂命，王享國百年，耄荒。言呂侯見命爲卿時，穆王以享國百年，耄亂荒忽。穆王即位過四十矣，言百年大期，雖老而能用賢以揚名。○〔耄〕莫報反。度作刑以詰四方。度時世所宜，訓作贖刑，以治天下四方之民。○〔度〕待洛反，馬如字，云法度也。〔詰〕起一反。

王曰：若古有訓，蚩尤惟始作亂，延及于平民。順古有遺訓，言蚩尤造始作亂，惡化相易，延及平善之人。九黎之君號曰蚩尤。○〔蚩〕尺之反。〔尤〕有牛反。罔不寇賊，鴟義姦宄，奪攘矯虔。平民化之，無不相寇賊，爲鴟梟之義，以相奪攘，矯稱上命，若固有之，亂之甚。○〔鴟〕尺之反。〔宄〕音軌。〔攘〕如羊反。〔矯〕居表反。〔虔〕其然反。苗民弗用靈，制以刑，惟作五虐之刑曰法。三苗之君習蚩尤之惡，不用善化民，而制以重刑，惟爲五虐之刑，自謂得法。蚩尤黃帝所滅，三苗帝堯所誅，言異世而同惡。殺戮無辜，爰始淫爲劓、刵、椓、黥。三苗之主，頑凶若民，敢行虐刑，以殺戮無罪，於是始大爲截人耳鼻，椓陰黥面，以加無辜，故曰五虐。○〔劓〕魚器反。〔刵〕如志反。〔椓〕丁角反。〔黥〕其京反。越茲麗刑并制，罔差有辭。苗民於此施刑，并制無罪，無差有直辭者，言淫濫。○〔麗〕力馳反。〔并〕必政反。民興胥漸，泯泯棼棼，罔中于信以覆詛盟。三苗之民瀆於亂政，起相漸化，泯泯爲亂，棼棼同惡，皆無中于信義，以反背詛盟之約。○〔漸〕子廉反，〔棼〕芳云反，〔覆〕芳服反，〔詛〕側助反。虐威庶戮，方告無辜于上。上帝監民，罔有馨香，德刑發聞惟腥。三苗虐政作威，衆被戮者方方各告無罪於天，天視苗民無有馨香之行，其所以爲德刑，發聞惟乃腥臭。○〔聞〕音問。皇帝哀矜庶戮之不辜，報虐以威，遏絶苗民，無世在下。皇帝，帝堯也。哀矜衆被戮者之不辜，乃報爲虐者以威，誅遏絶苗民，使無世位在下國也。○〔遏〕於葛反。乃命重黎，絶地天通，罔有降格。重即羲，黎即和。堯命羲和世掌天地四時之官，使人神不擾，各得其序，是謂絶地天通。言天神無有降地，地祇不至于天，明不相干。○〔重〕直龍反，〔黎〕力兮反。羣后之逮在下，明明棐常，鰥寡無蓋。羣后諸侯之逮在下國，皆以明明大道輔行常法，故使鰥寡得所，無有掩蓋。○〔棐〕音匪，〔鰥〕居頑反。皇帝清問下民，鰥寡有辭于苗。帝堯詳問民患，皆有辭怨於苗民。德威惟畏，德明惟明。言堯監苗民之見怨，則又增修其德，行威則民畏服，明賢則德明，人所以無能名焉。乃命三后，恤功于民。伯夷降典，折民惟刑；禹平水土，主名山川；稷降播種，農殖嘉穀。伯夷下典禮，教民而斷以法；禹治洪水，山川無名者主名之；后稷下教民播種，農畝生善穀。所謂堯命三君憂功於民。○〔折〕之設反，〔種〕章用反，〔殖〕承力反。三后成功，惟殷于民。各成其功，惟所以殷盛於民。言禮教備，衣食足。士制百姓于刑之中，以教祗德。言伯夷道民典禮，斷之以法；皋陶作士，制百官於刑之中，助成道化，以教民爲敬德。○〔祗〕止而反。穆穆在上，明明在下，灼于四方，罔不惟德之勤。堯躬行敬敬在上，三后之徒秉明德明君道於下，灼然彰著四方，故天下之士無不惟德之勤。故乃明于刑之中，率乂于民棐彝。天下皆勤立德，故乃能明於用刑之中正，循道以治於民，輔成常教。典獄非訖于威，惟訖于富。言堯時主獄，有威有德有恕，非絶於威，惟絶於富，世治，貨賂不行。敬忌，罔有擇言在身。堯時典獄皆能敬其職，忌其過，故無有可擇之言在其身。惟克天德，自作元命，配享在下。凡明於刑之中，無擇言在身，必是惟能天德，自爲大命，配享天意，在於天下。

王曰：嗟！四方司政典獄，非爾惟作天牧？主政典獄，謂諸侯也。非汝惟爲天牧民乎？言任重是汝。今爾何監？非時伯夷播刑之迪？言當視是伯夷布刑之道而法之。其今爾何懲？惟時苗民匪察于獄之麗。其今汝何懲戒乎？所懲戒惟是苗民非察於獄之施刑，以取滅亡。○〔麗〕力馳反。罔擇吉人，觀于五刑之中，惟時庶威奪貨。言苗民無肯選擇善人使觀視五刑之中正，惟是衆爲威虐者任之，以奪取人貨，所以爲亂。斷制五刑，以亂無辜。上帝不蠲，降咎于苗。苗民任奪貨姦人斷制五刑，以亂加無罪，天不絜其所爲，故下咎罪，謂誅之。○〔蠲〕吉緣反，〔咎〕其九反。苗民無辭于罰，乃絶厥世。言罪重無以辭於天罰，故堯絶其世。申言之，爲至戒。

王曰：嗚呼！念之哉！念以伯夷爲法，苗民爲戒。伯父、伯兄、仲叔、季弟、幼子、童孫，皆聽朕言，庶有格命。皆王同姓，有父兄弟子孫列者。伯仲叔季，順少長也。舉同姓，包異姓，言不殊也。聽從我言，庶幾有至命。今爾罔不由慰日勤，爾罔或戒不勤。今汝無不用安自居，曰當勤之，汝無有徒念戒而不勤。天齊于民，俾我一日非終，惟終在人。天整齊於下民，使我爲之，一日所行非爲天所終，惟爲天所終，在人所行。爾尚敬逆天命，以奉我一人。雖畏勿畏，雖休勿休。汝當庶幾敬逆天命，以奉我一人之戒，行事雖見畏，勿自謂可敬畏；雖見美，勿自謂有德美。惟敬五刑，以成三德。一人有慶，兆民賴之。

其寧惟永。先戒以勞謙之德次教以惟敬五刑所以成剛柔正直之三德也天子有善則兆民
賴之其乃安寧長久之道王曰。吁。來。有邦有土。告爾祥刑。吁歎也有國土
諸侯告汝以善用刑之道在今爾安百姓。何擇非人。何敬非刑。何
度非及。在今爾安百姓兆民之道當何所擇非惟吉人乎當何所敬非惟五刑乎當何所度非惟
及世輕重所宜乎○度待洛反兩造具備。師聽五辭。兩謂囚證造至也兩至具備則
衆獄官共聽其入五刑之辭○造七報反注同五辭簡孚。正于五刑。五辭簡核信有
罪驗則正之於五刑五刑不簡。正于五罰。不簡核謂不應五刑當正五罰出金贖罪
五罰不服。正于五過。不服不應罰也正於五過從赦免五過之疵。惟
官惟反惟內惟貨惟來。五過之所病或嘗同官位或詐反囚辭或內親用事或行
貨枉法或舊相往來皆病所在○疵才斯反其罪惟鈞。其審克之。以病所在出入
人罪使在五過罪與犯法者同其當清察能使之不行五刑之疑有赦。五罰之
疑有赦。其審克之。刑疑赦從罰罰疑赦從免其當清察能得其理簡孚有衆。
惟貌有稽。簡核誠信有合衆心惟察其貌有所考合重刑之至無簡不聽。具嚴
天威。無簡核誠信不聽理其獄皆當嚴敬天威無輕用刑墨辟疑赦。其罰百鍰。
閱實其罪。刻其額而涅之曰墨刑疑則赦從罰六兩曰鍰鍰黃鐵也閱實其罪使與罰名相當
○辟婢亦反鍰戶關反閱音悅劓辟疑赦。其罰惟倍。閱實其罪。截鼻曰劓
刑倍百爲二百鍰剕辟疑赦。其罰倍差。閱實其罪。刖足曰剕倍差謂倍
之又半爲五百鍰○剕扶謂反差初加反宮辟疑赦。其罰六百鍰。閱實其
罪。宮淫刑也男子割勢婦人幽閉次死之刑序五刑先輕轉至重者事之宜大辟疑赦。其
罰千鍰。閱實其罪。死刑也五刑疑各入罰不降相因古之制也墨罰之屬

千。劓罰之屬千。剕罰之屬五百。宮罰之屬三百。大辟
之罰其屬二百。五刑之屬三千。別言罰屬合言刑屬明刑罰同屬互見其
義以相備上下比罪。無僭亂辭。勿用不行。上下比方其罪無聽僭亂之辭
以自疑勿用折獄不可行○僭子念反惟察惟法。其審克之。惟當清察罪人之辭
附以法理其當詳審能之上刑適輕。下服。重刑有可以虧減則之輕服下罪下刑
適重。上服。輕重諸罰有權。一人有二罪則之重而輕幷數輕重諸刑罰各有權
宜刑罰世輕世重。惟齊非齊。有倫有要。言刑罰隨世輕重也刑新
國用輕典刑亂國用重典刑平國用中典凡刑所以齊非齊各有倫理有要義罰懲非死。人
極于病。刑罰所以懲過非殺人欲使惡人極於病苦莫敢犯者非佞折獄。惟良
折獄。罔非在中。非口才可以斷獄惟平良可以斷獄無不在中正察辭于差。
非從惟從。察囚辭其難在於差錯非從其僞辭惟從其本情哀敬折獄。明啓
刑書胥占。咸庶中正。當憐下人之犯法敬斷獄之害人明開刑書相與占之使刑當
其罪皆庶幾必得中正之道其刑其罰。其審克之。其所刑其所罰其當詳審能之
無失中正獄成而孚。輸而孚。斷獄成辭而信當輸汝信於王謂上其鞫劾文辭其
刑上備。有幷兩刑。其斷刑文書上王府皆當備具有幷兩刑亦具上之王曰。嗚
呼。敬之哉。官伯族姓。朕言多懼。敬之哉告使敬刑官長諸侯族同族姓異
姓也我言多可戒懼以儆之朕敬于刑。有德惟刑。我敬於刑當使有德者惟典刑
今天相民。作配在下。明清于單辭。今天治民人君爲配天在下當承天
意聽訟當清審單辭單辭特難聽故言之○相如字馬息亮反助也民之亂。罔不中聽
獄之兩辭。民之所以治由典獄之無不以中正聽獄之兩辭兩辭弃虛從實刑獄清則民治

無或私家于獄之兩辭。典獄無敢有受貨聽詐，成私家於獄之兩辭。獄貨非寶，惟府辜功，報以庶尤。受獄貨非家寶也，惟聚罪之事，其報則以衆人見罪。永畏惟罰，非天不中，惟人在命。當長畏懼，惟爲天所罰，非天道不中，惟人在教命使不中，不中則天罰之。天罰不極，庶民罔有令政在于天下。天道罰不中，令衆民無有善政在於天下，由人主不中，將亦罰之。王曰：嗚呼！嗣孫，今往何監，非德于民之中，尚明聽之哉！嗣孫，諸侯嗣世子孫，非一世。自今已往，當何監視？非當立德於民，爲之中正乎？庶幾明聽我言而行之哉。哲人惟刑，無疆之辭，屬于五極，咸中有慶。言智人惟用刑，乃有無窮之善辭，名聞於後世，以其折獄屬五常之中正，皆中有善，所以然也。○屬音燭。受王嘉師，監于茲祥刑。有邦有土，受王之善衆而治之者，視於此善刑，欲其勤而法之，爲無疆之辭。

尚書卷第十二

尚書卷第十三

文侯之命第三十

周書　孔氏傳

平王錫晉文侯秬鬯圭瓚。（以圭為杓柄謂之圭瓚○〔秬〕音巨〔鬯〕敕亮反〔瓚〕才但反）作文侯之命。（所以名篇幽王為犬戎所殺平王立而東遷洛邑晉文侯迎送安定之故錫命焉）

文侯之命。（平王命為侯伯）

王若曰。父義和。（順其功而命之文侯同姓故稱曰父義和字也稱父者非一人故以字別之）丕顯文武。克慎明德。（大明乎文王武王之道能詳慎顯用有德）昭升于上。敷聞在下。惟時上帝集厥命于文王。（更述文王所以王也言文王聖德明升于天而布聞在下民惟以是故上天集成其王命德流子孫○〔閔〕音問）亦惟先正。克左右昭事厥辟。（言君既聖明亦惟先正官賢臣能左右明事其君所以然○〔辟〕必亦反）越小大謀猷。罔不率從。肆先祖懷在位。（文王君聖臣良於小大所謀道德天下無不循從其化故我後世先祖歸在上位）

嗚呼。閔予小子嗣。造天丕愆。（數而自痛傷也言我小子而遭天大罪過父死國敗祖業隤隤○〔愆〕去虔反〔隤〕杜回反）殄資澤于下民。侵戎我國家純。（言周邦喪亂絕其資用惠澤於下民侵兵傷我國及卿大夫之家禍甚大○〔殄〕徒典反）即我御事。罔或耆壽俊在厥服。予則罔克。（所以遇禍卽我治事之臣無有耆宿壽考俊德在其服位我則材劣無能之致）曰惟祖惟父。其伊恤朕躬。嗚呼。有績。予一人永綏在位。（王曰同姓諸侯在我惟祖惟父列者其惟當憂念我身嗚呼能有成功則我一人長安在王位言恃諸侯）

父義和。汝克昭乃顯祖。（重稱字親之不稱名尊之言汝能明汝顯祖唐叔之道襃之）汝肇刑文武。用會紹乃辟。追孝于前文人。（言汝今始法文武之道矣當用是道合會繼汝君以善使追孝於前文德之人汝君平王自謂也繼先祖之志為孝○〔辟〕扶亦反）汝多修扞我于艱若汝予嘉。（戰功曰多言汝之功多甚修矣乃扞我於艱難謂救周誅犬戎汝功我所善○〔扞〕下旦反）

王曰。父義和。其歸視爾師。寧爾邦。（遣令還晉國其歸視汝眾安汝國內上下）用賚爾秬鬯一卣。（黑黍曰秬釀以鬯草不言圭瓚可知卣中罇也當以錫命告其始祖故賜鬯○〔賚〕力代反）彤弓一。彤矢百。盧弓一。盧矢百。（彤赤盧黑也諸侯有大功賜弓矢然後專征伐彤弓以講德習射藏示子孫○〔彤〕徒冬反）馬四匹。（馬供武用四匹日乘侯伯之賜無常以功大小為度）父往哉。柔遠能邇。惠康小民。無荒寧。（父往歸國哉懷柔遠人必以文德能柔遠者必能柔近然後國安安小人之道必以順無荒廢人事而自安）簡恤爾都。用成爾顯德。（當簡核汝所任憂治汝都鄙之人人和政治則汝顯用有德之功成矣不言鄙由近以及遠）

費誓第三十一

周書　孔氏傳

魯侯伯禽宅曲阜。（始封之國居曲阜○伯禽魯侯名）徐夷並興東郊不開。（徐戎淮夷並起為寇於魯故東郊不開）作費誓。（魯侯征之於費地而誓眾也諸侯之事而連帝王孔子序書以魯有治戎征討之備秦有悔過自誓之戒足為世法故錄以備王事猶詩錄商魯之頌〔費〕音祕）

○費誓。（費魯東郊之地名）

公曰。嗟人無譁。聽命。（伯禽為方伯監七百里內之諸侯帥之以征歎而勑之使無諠譁欲其靜聽誓命○〔譁〕戶瓜反〔監〕工銜反）徂茲淮夷徐戎並興。（今往征此淮浦之夷徐州之戎並起為寇此戎夷帝王所羈縻統敘故錯居九州之內秦始皇逐出之）善敹乃甲冑。敿乃干。無敢不弔。（言當善簡汝甲鎧胄兜鍪施汝楯紛無敢不令至攻堅使可用○〔斁〕了彫反〔敿〕居表反〔弔〕音的〔鎧〕苦代反備乃弓矢。鍛乃戈矛。礪乃鋒刃。無敢不善。備汝弓矢弓調矢利鍛鍊戈矛磨礪鋒刃皆使無敢不功善○〔鍛〕丁亂反〔礪〕力世反今惟淫舍牿牛馬。今軍人惟大放舍牿牢之牛馬言軍所在必放牧也○〔牿〕工毒反杜乃擭。敜乃穽。無敢傷牿。牿之傷。汝則有常刑。擭捕獸機檻當杜塞之穽穿地陷獸當以土窒敜之無敢令傷所放牿牢之牛馬牛馬之傷汝則有殘人畜之常刑○〔擭〕華化反〔敜〕乃協反又乃結反〔穽〕在性反馬牛其風。臣妾逋逃。勿敢越逐。馬牛其有風佚臣妾逋亡勿敢棄越壘伍而求逐之役人賤者男曰臣女曰妾○〔逋〕布吳反祗復之。我商賚汝。衆人其有得佚馬牛逃臣妾皆敬還復之我則商度汝功賜與汝○〔賚〕力代反乃越逐不復。汝則有常刑。越逐為失伍不還為攘盜汝則有此常刑無敢寇攘。踰垣牆。軍人無敢暴劫人踰越人垣牆物有自來者無敢取之○〔攘〕如羊反〔垣〕音袁竊馬牛。誘臣妾。汝則有常刑。軍人盜竊馬牛誘偷奴婢汝則有犯軍令之常刑甲戌。我惟征徐戎。誓後甲戌之日我惟征之峙乃糗糧。無敢不逮。汝則有大刑。皆當儲峙汝糗糒之糧使足食無敢不相逮及汝則有乏軍興之死刑○〔峙〕直理反〔糗〕去九反又昌紹反〔糧〕音良〔糒〕音備魯人三郊三遂。峙乃楨榦。甲戌。我惟築。總諸國之兵而但稱魯人峙具楨榦道近也題曰楨旁曰榦言三郊三遂明東郊距守不峙甲戌日當築攻敵壘距塹之屬○〔楨〕音貞〔榦〕工翰反無敢不供。汝則有無餘刑。非殺。峙具楨榦無敢不供不供汝則有無餘之刑刑者非一也然亦非殺汝魯人三郊三遂。峙乃芻茭。無敢不多。汝則有大刑。郊遂多積芻茭供軍牛馬不多汝則亦有乏軍興之大刑○〔芻〕初俱反〔茭〕音交

秦誓第三十二

周書　　孔氏傳

秦穆公伐鄭。晉襄公帥師敗諸崤。崤晉要塞也以其不假道伐而敗之囚其三帥○〔崤〕戶交反〔塞〕悉代反還歸。作秦誓。晉舍三帥還歸秦穆公悔過作誓

秦誓。貪鄭取敗悔而自誓公曰。嗟。我士。聽無譁。誓其羣臣通稱士也予誓告汝羣言之首。衆言之本要古人有言曰。民訖自若是多盤。言民之行己盡用順道是多樂稱古人言悔前不順忠臣責人斯無難。惟受責俾如流。是惟艱哉。人之有非以義責之此無難也若己有非惟受人責即改之如水流下是惟難哉○〔俾〕必爾反我心之憂。日月逾邁。若弗云來。言我心之憂欲改過自新如日月並行過如不復云來雖欲改悔恐死及之無所益惟古之謀人。則曰未就予忌。惟為我執古義之謀人謂忠賢蹇叔等也則曰未成我所欲反忌之耳○〔為〕于僞反惟今之謀人。姑將以為親。惟指今事為我所謀之人我且將以為親而用之悔前違古從今以取破敗雖則云然。尚猷詢茲黃髮。則罔所愆。言前雖則有云然之過今我庶幾以道謀此黃髮賢老則行事無所過矣番番良士。旅力既愆。我尚有之。勇武番番之良士雖衆力已過老我今庶幾欲有此人而用之○〔番〕音波仡仡勇夫。射御不違。我尚不欲。仡仡壯勇之夫雖射御不違我庶幾不欲用自悔之至○〔仡〕許訖反又魚乞反惟截截善諞言。俾君子易辭。我皇多有之。昧昧我思之。惟察察便巧善為辯佞之言使君子回心易辭我前多有之以我昧昧思之不明故也○〔截〕才節反〔諞〕音辨又敷連反〔易〕羊石反如有一介臣。斷斷猗無他技。其心休休焉。其如有容。如有束脩一介臣斷斷猗

然專一之臣，雖無他技藝，其心休休焉樂善，其如是則能有所容。言將任之。○〔斷〕丁亂反。〔猗〕於綺反，又於宜反。〔技〕其綺反。人之有技，若己有之；人之彥聖，其心好之，不啻如自其口出，是能容之，人之有技，若己有之，樂善之至也。人之美聖，其心好之，不啻如自其口出，心好之至也。是人必能容之。○〔好〕呼報反。〔啻〕失豉反。以保我子孫黎民，亦職有利哉。用此好技聖之人，安我子孫衆人，亦主有利哉，言能興國。人之有技，冒疾以惡之；人之彥聖，而違之俾不達。見人之有技藝，蔽冒疾害以惡之，人之美聖而違背壅塞之，使不得上通。○〔冒〕莫報反。〔惡〕烏路反。是不能容，以不能保我子孫黎民，亦曰殆哉。冒疾之人，是不能容，人用之，不能安我子孫衆人，亦曰危殆哉。○〔殆〕唐在反。邦之杌隉，曰由一人；杌隉，不安，言危也。一人所任用，國之傾危，曰由所任不用賢。○〔杌〕五骨反。〔隉〕五結反。邦之榮懷，亦尚一人之慶。國之光榮，為民所歸，亦庶幾其所任用賢之善也。穆公陳戒，背賢則危，用賢則榮，自誓改前過之意。

尚書卷第十三